赵 阳 著

社会变迁中的
英国中世纪城堡

生活·讀書·新知 三联书店

Copyright © 2017 by SDX Joint Publishing Company.
All Rights Reserved.
本作品版权由生活 · 读书 · 新知三联书店所有。
未经许可，不得翻印。

图书在版编目（CIP）数据

社会变迁中的英国中世纪城堡 / 赵阳著. —北京：生活 · 读书 · 新知三联书店，2017.7
ISBN 978-7-108-05721-1

Ⅰ. ①社… Ⅱ. ①赵… Ⅲ. ①城堡-研究-英国-中世纪
Ⅳ. ① K956.16

中国版本图书馆 CIP 数据核字（2016）第 134088 号

责任编辑 张 荷
装帧设计 薛 宇
责任校对 张 睿
责任印制 张雅丽
出版发行 生活 · 讀書 · 新知 三联书店
（北京市东城区美术馆东街 22 号 100010）
网 址 www.sdxjpc.com
经 销 新华书店
印 刷 北京铭传印刷有限公司
版 次 2017 年 7 月北京第 1 版
2017 年 7 月北京第 1 次印刷
开 本 635 毫米 × 965 毫米 1/16 印张 16.5
字 数 227 千字
定 价 49.00 元
（印装查询：01064002715；邮购查询：01084010542）

目　录

引　言

城堡是西欧中世纪文明的重要载体，与西欧封建制度相伴而生，在中世纪中晚期几乎遍布西欧各地。生活在今天的人们，每当提及漫长的欧洲中世纪，就会立即联想到王室、贵族、骑士、城堡。然而物是人非，无论当时是威震一方，还是称雄一世，王室、贵族、骑士等显赫的特殊阶层要么已经消失，要么就是隐匿于现代社会的喧杂之中，唯有那些历经战火纷飞的洗礼和风霜雨雪的侵蚀仍然屹立的城堡，在向过往的今人述说它昔日的辉煌与沧桑，直到现代，城堡还在历史与考古研究、观光旅游和博物馆收藏等方面发挥着它们独有的作用。从19世纪中期开始，一些西方学者出于建筑学和考古学的兴趣，对包括城堡在内的中世纪建筑进行了广泛考察，并使城堡逐渐走进历史学家的视野。但在早期研究中，城堡还只是作为单纯的防御工事被关注。直到19世纪末20世纪初，随着三部英国早期城堡学专著的出版，[1] 史学家逐渐拓宽研究视野，城堡广泛的社会属性开始得以显现。

[1] G. T. 克拉克于1884年出版的《英格兰的中世纪军事建筑》(G. T. Clark, *Medieval Military Architecture in England*)，伦敦；阿米蒂奇夫人于1912年出版的《不列颠岛的早期诺曼城堡》(Ella S. Armitage, *The Early Norman Castles of the British Isles*)，伦敦；汉密尔顿·汤普森于1912年出版的《中世纪英格兰军事建筑》(Hamilton Thompson, *Military Architecture in England During the Middle Age*)，牛津。

一、国内外研究综述

英国对中世纪城堡的研究大致可以分为三个阶段。

第一个阶段是起步初创阶段。英国本土学者从19世纪末开始对中世纪城堡萌发研究兴趣，到20世纪末城堡研究作为一门学科得以初步确认，几乎经历了一个世纪的时间。其实在西方国家中，最早对城堡感兴趣的不是历史学家，而是那些既拥有充足的闲暇时间，又在资金方面较为充裕的富贵闲人。他们的研究对城堡学来说是一把双刃剑。一方面，他们自身缺乏专业知识，依靠的仅仅是对城堡超出常人的兴趣，因此，许多研究成果的科学性往往经不起时间的检验，不仅使他们难以在史学领域取得重要的学术地位，而且有些行为还给城堡研究带来一些负面影响（如对城堡遗址的破坏）；但另一方面，他们将城堡这一重要历史遗存带入了专业研究人士的视野，使城堡可以作为一种具有独特史学价值的研究对象，而不仅仅是中世纪建筑中的一个类别。同时，他们还为后人留下了上千张至今仍可看到的翔实、可靠和精美的城堡绘图，成为后来城堡学研究的重要史料。

在这样的背景下，1799～1804年，英国学者爱德华·金（Edward King）出版了四卷本巨著《古代城堡的记录或评论》（*Munimenta Antiqua or Observations on Antient Castles*）。[1]尽管这部著作存在许多史实方面的错误，还不能被看作严谨的学术著作，但由于规模宏大，表达优美，并附有希腊和拉丁语资料，尤其是在第三卷中，爱德华·金描写了各种形式的诺曼和撒克逊防御建筑，其精美的城堡绘图和引人入胜的传奇故事逐渐将更多的有识之士吸引到城堡研究上来。该书的问世可以视为英国城堡研究起步阶段的一个重要标志，但也就

---

[1] 爱德华·金：《古代城堡的记录或评论》（Edward King, *Munimenta Antiqua or Observations on Antient Castles*），伦敦，1804年版。

仅此而已。因为这本书的出版，并没有立即引发英国城堡研究的繁荣，在接下来的很长一段时间，对包括城堡在内的土木工事的研究在英国史学界仍处于寂静的阶段，而且这种情形一直持续到了 19 世纪后半期，直到 G. T. 克拉克于 1884 年出版《英格兰的中世纪军事建筑》才得到明显改观。以至于后来阿米蒂奇夫人对此发出这样的感叹："当我们翻看五十年前左右的考古杂志，我们将为那一时期（英国）关于土木工事论文的稀少而震惊，尤其是几乎完全忽略了与城堡相关的大多数实例。"[1]

在阿米蒂奇夫人对英国城堡研究状况发出感叹的那段时间里，丹麦和法国的学者在城堡研究方面走在了前面，其思维方式和研究成果对英国学者产生了重要的学术影响。这一时期，丹麦考古学家率先对本国建筑遗址产生兴趣。索弗斯·缪勒（Dr. Sophus Müller）在他的著作 *Vor Oldtid* 中有一章专门提到丹麦土木工程，包括建在山丘之上的简易城堡。斯蒂恩斯特普（Steenstrup）则在其著作 *Normannerna* 中定义了丹麦土木工程的性质。与此同时，法国学者也在中世纪建筑研究领域中，取得了一些有关城堡的研究成就，其中影响最大的学者当属阿尔西斯·德·科蒙（Arcisse de Caumont）。他在 1830 年和 1841 年先后出版了《至 17 世纪的法国西部艺术史》（*History of Art in the West of France up to the Seventeenth Century*）和《中世纪宗教建筑史》（*The History of Religious Architecture in the Middle Ages*），这是两部带有精美插图的包含城堡建筑在内的建筑艺术方面的著作。1850～1862 年，他又出版了著名的三卷本著作《考古学基本原理读本》（*Abécédaire ou Rudiment d' Archéologie*），这部著作里面有更加详细的包括城堡在内的建筑绘图，尤其在第二卷中，包含了他对民用和军用建筑类型化的评论。科蒙对城堡学发展影响最大的是，他把城堡历史分成五个发

---

[1] 埃拉·S. 阿米蒂奇：《不列颠岛的早期诺曼城堡》（Ella S. Armitage, *The Early Norman Castles of the British Isles*），伦敦：约翰默里有限公司（London: John Murray），1912 年版，第 1 页。

展阶段进行分析。[1]除科蒙外，法国学者维奥莱·勒·杜克（Viollet le Duc），在身体力行对一些残败城堡进行修复之余，还于1854年至1869年撰写了十卷本《11～16世纪法国建筑词典》（*Dictionnaire d' Architecture Francaise du XI au XVI siècles*），书中的图解对后来卡米尔·恩拉特（Camille Enlart）的著作《曼纽尔的法兰西考古》（*Manuel d' Archéologie Francaise*）产生了重要影响。恩拉特在这部著作的许多章节中分别探讨了有关城堡的起源以及它们的发展问题。[2]

在丹麦和法国学者相关研究的启发和示范下，英国本土学者开始打破沉寂，崭露头角，如皮特·里弗斯将军（General Pitt-Rivers）和I. 乔克利先生（Mr. I. Chalkley）。皮特·里弗斯提供了关于营地和土堤挖掘的初步认识，他的研究扩展了新的研究分支。在土木工事研究中有进一步发展的是乔克利先生，他的主要贡献是成立了“古代土木工事委员会”（Committee for Antient Earthworks），并且制定了土木工事的分类标准。[3]20世纪初，这些标准已逐渐为当时的考古学专家所采纳。在此之后，英国学界出现了一批城堡学专家，其代表人物就是前述提到的G. T. 克拉克。他在《英格兰的中世纪军事建筑》一书中对英国和法国的城堡遗址进行了详细叙述，在重点介绍某些特许城堡的发展的同时，还以建筑设计师的独特视角对私人城堡进行解释。其主要学术成就是将城堡视为军事建筑，并提出英国城堡本土起源论。《英格兰的中世纪军事建筑》一书的出版，标志着英国城堡学学科经过近一

---

[1] 这是对城堡分期的尝试。即5～7世纪的要塞、11～12世纪的法国城堡、13世纪的法国城堡、14～15世纪的法国城堡及15世纪末和16世纪的法国城堡。转引自琼·库尼汉：《1850年以来英格兰和欧陆城堡研究的发展》（Joan Counihan, “The Growth of Castle Studies in England and on the Continent since 1850”），《盎格鲁－诺曼研究》第11辑（*Anglo-Norman Studies* XI），1989，第79页。

[2] 同上书，第80页。

[3] 乔克利将土木工事分为八个类型：即悬崖或峭壁要塞（promontory or cliff forts）；丘陵要塞（hill forts）；矩形要塞（rectagular forts）；护城河环绕的山丘（moated hillocks）；有庭院相邻的护城河环绕的山丘（moated hillocks with courts attached）；土堤和沟渠环绕的宅邸（banks and ditches surrounding homesteads）；庄园宅邸式工事（manorial works）；防御村庄（fortified villages）。转引埃拉·S. 阿米蒂奇：《不列颠岛的早期诺曼城堡》，第3页。

个世纪的探索与发展，终于完成了起步初创阶段，为英国中世纪城堡研究的进一步发展奠定了基础。

第二个阶段是范式形成阶段。英国近代史家阿米蒂奇夫人于1912年出版了《不列颠岛的早期诺曼城堡》一书，该书的出版是英国城堡学正式形成的重要标志。该书在出版之初就受到广泛重视，因为作者较好地解决了以下三个关于英国中世纪城堡的重大问题。第一，关于城堡起源问题。在第五章“私人城堡的起源”中，阿米蒂奇夫人指出：我们所熟知的丘堡可能建于10世纪中叶，由保尔特（Thibault-le-Tricheur）建造，我们可以确定“城堡是封建制度的产物，也就是说不早于10世纪”。[1]而且她还强调英国封建制度和城堡是“从法兰西传过来的”。[2]第二，关于撒克逊和丹麦防御要塞的准确性质问题。阿米蒂奇夫人从城堡与征服前防御工事建筑面积的比较入手，得出盎格鲁-撒克逊堡镇（burh）和丹麦时期防御要塞，后来发展成borough（筑堡城镇），而不是山冈—城廓式城堡，进而从属性上提出，私人诺曼城堡属于生活在被征服者之中的封建领主。而筑堡城镇的主要意义与罗马时期或中世纪早期英国国家防御要塞的意义相同——为了公共防御的需要而不是为个人。第三，关于英国城堡的类型与分布问题。阿米蒂奇夫人在总结前人研究成果的基础上，又进一步归纳了北部威尔士、南部威尔士、苏格兰和爱尔兰的山冈—城廓式城堡。该书最重要的部分是第七章英格兰早期诺曼城堡的目录分类，篇幅占全书的一半。可以说该书是对英国早期城堡的一次系统而全面的总结，邓肯·蒙塔古米尔先生（Mr. Duncan Montagomerie）为书绘制了平面图，二者共同构成了包含英格兰、威尔士和爱尔兰的“山丘城堡”的详细目录，为后来学者的城堡研究工作提供了极大的方便。

---

[1] 埃拉·S. 阿米蒂奇：《不列颠岛的早期诺曼城堡》（Ella S. Armitage, *The Early Norman Castles of the British Isles*），伦敦：约翰默里有限公司（London: John Murray），1912年版，第70页。

[2] 同上书，第63页。

阿米蒂奇夫人的这部著作是英国城堡学研究的标志性成果，其基本观点对后来的相关研究具有重要影响。例如在20世纪60年代，因为在新的考古挖掘中发现有些早期的诺曼城堡不是丘堡类型而是环状工事，于是城堡的诺曼来源说开始受到质疑。1966年，B. K. 戴维森（B. K. Davison）指出在威廉征服前的诺曼底地区也很少建有山丘城堡，因此，山丘城堡不太可能是由征服者引进的。进而他还暗示说如果城堡被认为是"领主的防御住宅"，那么它对1066年的英格兰来说就不是什么新生事物。戴维森的观点立即遭到布朗的反对，他激烈地重申城堡是由诺曼输出，阿米蒂奇夫人早就已经回答了所有关于城堡起源及其更早时期的主要问题。[1] 戴维森与布朗关于城堡起源的这场论战，[2] 后来因戴维森的观点没有得到考古挖掘的进一步证明而不了了之，城堡诺曼起源说至今仍是学界主流。再如卡斯卡特·金于1983年出版的《英国城堡：英格兰、威尔士及其岛屿的城堡索引和目录》，[3] 也深受阿米蒂奇夫人研究的影响，该书最重要的城堡索引和目录就是以《不列颠岛的早期诺曼城堡》为蓝本加以扩充而成。

1912年出版的另一部重要的城堡学著作是汉密尔顿·汤普森（A. Hamilton Thompson）的《中世纪英格兰军事建筑》（*Military Architecture in England During the Middle Age*）。从表面上看，汤普森对城堡学的影响似乎没有阿米蒂奇夫人那么广泛，后世学者专门探讨其观点的理论文章也较少，其实不然。由于阿米蒂奇的著作在城堡起

[1] B. K. 戴维森：《早期土木城堡：一种新模型》（B. K. Davison, "Early Earthwork Castles: A New Model"），《盖拉德城堡》（*Chăteau-Gaillard*），1969年版，第3页。

[2] B. K. 戴维森：《英格兰城堡的起源》（B. K. Davison, "The Origins of the Castle in England: The Institute's Research Project"），《考古杂志》（*Archaeological Journal*）第124卷，1967，第202～211页；R. 艾伦·布朗：《一位历史学家对英国城堡起源的探讨》（R. Allen Brown, "An Historian's Approach to the Origins of the Castle in England"），《考古杂志》（*Archaeological Journal*）第126卷，1969，第131～148页。阅读这两篇论文可进一步了解当时关于城堡起源的论战。

[3] D. J. 卡斯卡特·金：《英国城堡：英格兰、威尔士及其岛屿的城堡索引和目录》（D. J. Cathcart King, *Castellarium Anglicanum: An Index and Bibliography of the Castles in England, Wales and the Islands*），纽约：克劳斯国际出版公司（New York: Kraus International Publication），1983年版。

源和城堡索引方面提供了核心观点与大量基础史料，这些内容无论后来者是否赞同都是难以逾越和回避的，故其影响显而易见。而汤普森在《中世纪英格兰军事建筑》一书中，虽然也有一些研究结论对之后学者产生直接影响，如布朗在其著作《英国城堡》中，就以城堡发展的军事功能变化作为城堡发展的三个阶段：诺曼和金雀花王朝时期[1]、顶峰时期和衰弱时期。甚至在文章的标题中，他也借用一些汤普森那种带有军事色彩的词汇。但总的来看，汤普森留给后人最大的学术贡献，是其运用达尔文的进化理论对城堡发展军事因素的探索。在该书第四章"进攻与防御的进化"中，汤普森清晰地表达了"军事建筑防御功能的任何进步都是进攻方式改进的结果"[2]的观点。他在书中列举了许多防御工事随着进攻手段的提高而不断增强的例子。以城堡城墙为例，随着敌人攻击栅栏或围墙能力的增强，木制栅栏开始被石墙所取代；随着敌人攻城手段不断提高，城墙也被不断地增高和加固；最后，火器逐渐取代了旧式的主要进攻武器，迫使进攻者放弃传统的中世纪围攻战术，寻求新战术的发展。[3]汤普森对城堡军事功能的研究正是该书的精华所在。汤普森在城堡学领域更多地是研究方法与学术思路方面的影响，他开辟了一条将城堡放在特定的社会背景中，把社会变迁与城堡发展变化紧密联系的学术思路，这个思路不仅适用于分析城堡的军事因素，也同样适用于政治、经济、文化等涉及城堡学研究的所有领域。因此，汤普森对英国城堡历史研究的贡献不亚于阿米蒂奇夫人。阿米蒂奇夫人以城堡遗址和早期城堡资料为依据，有力地论证了英国城堡的"诺曼来源"说，并探讨了诺曼遗址的分布，还对城堡的景观（landscape）及其他领域做了前瞻性研究。她的著作是英

[1] "金雀花王朝"得名于亨利二世的父亲杰弗里，因其经常在头盔上佩戴一支金雀花。因亨利二世的父亲杰弗里也是安茹伯爵，金雀花王朝也常常被称为安茹王朝。

[2] 汉密尔顿·汤普森：《中世纪英格兰军事建筑》（A. Hamilton Thompson, *Military Architecture in England During the Middle Age*），牛津：牛津大学出版社（Oxford: Oxford University Press），1912 年版，第 58 页。

[3] 同上书，第 59 页。

国城堡学研究的经典，是研究不列颠岛封建建筑历史的重要著作。而汉密尔顿·汤普森则从社会互动角度描写了城堡军事功能的演进过程，提出了城堡发展的“达尔文进化论”理论。他们的研究成果对探讨城堡在11世纪到中世纪末的发展变化提供了模板，是后世城堡学研究的指引大纲，对之后“城堡学研究领域的扩展与深入起到极其重要的推动作用”。[1]如果阿米蒂奇夫人的影响可以誉为广泛，那么汤普森的影响被誉为深远可能更为贴切。

在充分肯定这两位学者及其著作对英国城堡学研究范式形成的重要贡献的同时，也需看到其存在的不足。阿米蒂奇夫人虽然以考古学方法为主要研究方法，但“有时钟情于过于浪漫的虚构和传说”，[2]致使有些内容在今天看来还不够严谨；尽管她提到中世纪城堡的私有属性与诺曼征服前英格兰防御工事的公共属性的区别，但也仅是点到为止，对其深刻广泛的社会原因没有展开进一步的理论分析。而汤普森在其著作中提出的城堡发展的“达尔文进化论”，无论在当时还是现在都是一个重要的理论范式，但他对军事因素过分关注，使他对城堡社会因素的分析缺乏全面性。此外，以军事来说，汤普森的理论也并非没有缺陷。库尔森说道：“他们所描述的城堡的军事特点是英国历史、战争和殖民主义‘维多利亚’式观点的自然结果。”[3]这反映了那个时代的两个特点：即大英帝国的地位和全球力量。这两点对英国人是不同寻常的，也是英国历史骄傲的巨大来源。在相当长的历史时期里，城堡的军事解释牢固地占据统治地位，这一学术现象直到“二战”后才真正发生改变。

---

[1] 罗伯特·利迪亚德：《环境中的城堡：权力、象征和景观，1066～1500》（Robert Liddiard, *Castles in Context: Power, Symbolism and Landscape, 1066～1500*），伯灵顿：温德盖德出版社（Bollington: Windgather Press Ltd.），2005年版，第3页。

[2] R. 艾伦·布朗：《英国城堡》（R. Allen Brown, *English Castles*），伍德布里奇：博伊德尔出版社（Woodbridge: The Boydell Press），2004年版，Introduction，第X页。

[3] C. L. H. 库尔森：《中世纪社会中的城堡》（C. L. H. Coulson, *Castles in Medieval Society*），牛津：牛津大学出版社（Oxford: Oxford University Press），2003年版，Introduction。

第三个阶段是研究领域的扩展阶段。20世纪中期至今，英国中世纪城堡研究开始逐渐走向广泛和深入，其基本状况可以概括为：军事因素仍然受到特别关注，其他社会属性的研究得到明显扩展。其研究范围的扩展或发展趋向主要表现在以下五个方面。

第一，城堡的军事属性研究继续深入。该阶段的主要代表人物是R.艾伦·布朗（R. Allen Brown），其代表作是《英国城堡》（*English Castles*）。[1] 该书全面考察了英格兰中世纪城堡的源起、兴盛和衰落的全过程。主要学术贡献有三：一是明确揭示了中世纪城堡不同于其他时期防御工事的特点，认为城堡是领主的防御住宅，军事和民用的二元性及与公共或社区性质相反的私属性，使它不同于西方较早和较晚时期的防御工事。二是清晰地把英国中世纪城堡的发展历史划分为三个阶段：初起于诺曼征服时代；至13世纪和14世纪早期达到顶峰；15世纪和16世纪逐步走上了衰落之路。三是对城堡与社会发展的全面互动关系理解更为深刻。认为所有社会在每个时代都有自己的各种防御工事和防御手段，所有军事组织和建筑类型都反映了社会的需要。因此城堡是封建社会不可分割的一部分，以至最后成为封建社会的象征。这些都是非常富有启发性的思想。然而不得不指出的是，布朗虽然敏锐地注意到城堡与社会的全面互动关系，也多次提到城堡在和平时期的重要性不亚于在战争中的作用，但事实上，其指导思想仍没完全走出汤普森的城堡军事功能说框架。全书近80%的篇幅用来描述城堡的军事功能或相关内容，非军事方面的内容仅占一章多，论述不足以支撑他在前面所提出来的城堡与社会的全面互动关系的正确结论，没有充分体现城堡在和平时期非军事方面的重要性。但瑕不掩瑜，他把军事建筑与社会背景广泛联系的观念和尝试推动了后来城堡非军事领域的研究。

---

[1] 该书首次出版于1954年，后来多次再版。本文依据的版本是：R.艾伦·布朗：《英国城堡》（R. Allen Brown, *English Castles*），伍德布里奇：博伊德尔出版社（Woodbridge: The Boydell Press），2004年版。

布朗之后，M. W. 汤普森的《城堡的衰落》(*The Decline of the Castle*)[1]也是一部侧重于军事方面的城堡著作，其亮点是开始注重实证与量化分析。依据统计数据，认为由于面临的社会环境不同，英国城堡在中世纪中晚期的军事功能，从北方（苏格兰）、威尔士、南部、中部、西南依次递减，城堡的衰落明显具有时空差异性。M. W. 汤普森稍后出版了《城堡的兴起》(*The Rise of the Castle*)，[2]该书在以军事叙述为主的同时，还特别注意到中世纪城堡与城镇发展的关系，认为城堡在威廉征服后的一个世纪中对城镇的发展起到促进作用，是城市化进程的推动力之一，但由于当时经济发展缓慢以及人口的较快增长，城市化趋势并不明显。

第二，城堡的政治属性研究受到重视。与城堡军事功能相对应的概念是民用功能或非军事功能，应包含政治、经济和文化等更加广阔的领域，此前关于城堡政治方面的内容几乎完全为其军事因素所掩盖。约瑟夫和弗朗西斯·吉斯 1974 年出版《中世纪城堡内的生活》(*Life in a Medieval Castle*)，[3]主要内容是详细描述城堡内居民的日常生活，但在城堡衰落原因的分析上不乏新意。如认为经济和政治因素才是城堡衰落的根本原因，城堡真正的破坏者不是枪炮而是中央政府，即围绕着君主进行的政治联合的快速发展。N. J. G. 庞兹 1990 年出版《英格兰和威尔士的中世纪城堡：一部社会政治史》(*The Medieval Castle in England and Wales: A Social and Political History*)，[4]作者从社会政治史的角度，探讨了中世纪英国城堡的兴起与发展过程。认为城堡产生

---

[1] M. W. 汤普森：《城堡的衰落》(M. W. Thompson, *The Decline of the Castle*)，剑桥：剑桥大学出版社（Cambridge: Cambridge University Press），2008 年版。

[2] M. W. 汤普森：《城堡的兴起》(M. W. Thompson, *The Rise of the Castle*)，剑桥：剑桥大学出版社（Cambridge: Cambridge University Press），2008 年版。

[3] 约瑟夫、弗朗西斯·吉斯：《中世纪城堡内的生活》(Joseph and Frances Gies, *Life in a Medieval Castle*)，纽约：哈帕和罗出版社（New York: Harper & Row Publishers），1974 年版。

[4] N. J. G. 庞兹：《英格兰和威尔士的中世纪城堡：一部社会政治史》(N. J. G. Pounds, *The Medieval Castle in England and Wales: A Social and Political History*)，剑桥：剑桥大学出版社（Cambridge: Cambridge University Press），1990 年版。

于中世纪早期部落社会衰败到近代中央集权国家出现这一西方社会发展的特殊时期，这是一个政治组织还不成熟、政府的许多权力不得不下放给地方组织执行的时期。城堡的兴衰反映了政治权力的流向，随着国家政治权力的集中和社会秩序的稳定，城堡存在的政治意义逐渐衰弱。C. L. H. 库尔森 2003 年的《中世纪社会中的城堡》(*Castles in Medieval Society*)[1]一书也值得一读，作者认为由于诺曼征服的特殊性，中世纪英国城堡具有管理和控制被征服居民的政治功能，这使得城堡主的私人权力与公共义务不可能截然分开。库尔森提出的最重要的观点是，城堡建造时往往出于一种社会责任，私人城堡经常服务于公共事务，尽管城堡的私有属性对公共秩序和君主权力时常构成威胁，但从根本上看城堡并不是反社会的。上述观点较之传统研究更为深刻，具有启发性。城堡的和平时期远比它用于战争的时间长。“城堡虽然兴起于封建领主的自我防御运动，但不单纯是防御工事，事实上，它还具有法律、社会及政治重构的重大意义。”[2]

第三，城堡的经济属性研究初露端倪。比较而言，城堡与经济的互动是英国中世纪城堡研究的薄弱之处。朱尔根·布劳尔和休伯特·范·特雷尔合著的、出版于 2008 年的《城堡、战役和炸弹：如何用经济解释军事史》(*Castles, Battles, and Bombs: How Economics Explains Military History*)，[3]是一部不多见的以经济学研究方法对城堡现象进行分析的专著。其主要观点是：国王、领主等统治者在面对军事进攻或防御时，必须在强化防御工事还是雇用军人，即修建城堡还是征募新兵之间做出最经济和最有效的一种选择。尽管建造城堡需要较大的开支，但

---

[1] C. L. H. 库尔森：《中世纪社会中的城堡》(C. L. H. Coulson, *Castles in Medieval Society*)，牛津：牛津大学出版社（Oxford: Oxford University Press），2003 年版。

[2] 安德·沃沙兹：《中世纪百科全书》第一卷（Ander Vauchez, *Encyclopedia of the Middle Age* Vol.1），伦敦：劳特里奇出版社（London: Routledge Press），2000 年版，第 251 页。

[3] 朱尔根·布劳尔、休伯特·范·特雷尔：《城堡、战役和炸弹：如何用经济解释军事史》(Jurgen Brauer, Hubert van Tuyll, *Castles, Battles, and Bombs: How Economics Explains Military History*)，芝加哥：芝加哥大学出版社（Chicago: University of Chicago Press），2008 年版。

城堡的优势远大于它的花费；组织一支常备军当然也很重要，但常备军开支更高，优势并不明显。以当时的军事技术围攻城堡，所需的金钱是难以想象的，而且除金钱外还有时间成本。领主们在明知城堡造价不菲的情况下继续修建城堡，这是慎重权衡的结果。作者不仅明确指出城堡是统治者在特定条件下，运用经济理性进行抉择的必然结果，而且还清楚认识到经济与军事的相互影响，认为中世纪的统治者在战争中的巨大开销，意味着战争中的每个方面对经济趋势有重要影响。反过来也一样，改进的税收政策能够支持越来越大的军事开销，战争需要大量这样的改进。10～11 世纪，土地所有者可能有足够的资金来修筑简单的丘堡，包括一个土堆、一个环状城墙，在中央有防御塔楼作为最后撤退的地方。但是后来随着商品经济的发展，单纯依靠封建领地的收益显然跟不上战争花费的增长。随着地方领主势力逐渐衰弱，君主们在增加财政收入方面越来越有创造力，英国国王在中世纪中后期开始征收土地开发税、动产税和羊毛出口税、铸币税等。这种税收制度与战争之间的相互影响，在法国和西班牙也同样能够看到。

该书最大的价值在于为城堡研究提供了一个经济学的视角。但由于此书所要解决的问题不同，他对经济与城堡关系的研究仅此而已，无法满足城堡研究在经济领域方面的空间要求。例如对城堡起源的其他经济因素、城堡的经济功能、经济发展对城堡衰落的影响等方面的研究明显不够，而这些方面又恰恰可能是中世纪城堡兴衰演变的关键因素。

第四，城堡的象征寓意得以挖掘。中世纪城堡不仅仅具有实用功能，其象征意义也被越来越多的学者所阐释。1979 年，查尔斯·库尔森发表了他的著名论文《中世纪城堡建筑的结构象征》，[1] 他不仅视城堡为军事建筑，更将其视为显示城堡主身份地位的符号，认为城堡具

[1] 查尔斯·库尔森：《中世纪城堡建筑的结构象征》(Charles Coulson, "Structural Symbolism in Medieval Castle Architecture"),《英国考古协会杂志》(*Journal of the British Archaeological Association*) 第 132 卷，1979，第 73～90 页。

有身份、地位、权力和金钱的象征意义。城堡包含了骑士的习俗、伟大的生活方式和过去的传说。他甚至具体指出城堡的箭垛应该解释成高贵身份的象征，在当时获得筑垛许可几乎就相当于获得贵族身份的牌照，凭此可以进入显贵圈子之中。N. J. G. 庞兹在其后的研究中，统计了 1200～1500 年五百个此类许可被执行的情况，发现实际上仅仅有约 13% 的许可曾经完美地完成，甚至只有约四十个许可最终实现了真正城堡的建立。他进而认为筑垛对城堡主而言，更多地是为了展示地位与身份，而不是阻碍进攻。[1] 奥利弗·克赖顿（Oliver Creighton）和罗伯特·海厄姆（Robert Higham）指出，城堡的象征主义还表现在城堡空间结构的组合和变化的社会意义上，城堡特殊部分的位置和设计不仅为社会生活中具体的功能目的服务，它们也象征性地反映了居住在城堡中人们的不同社会地位。[2] 艾伦·布朗则是从整体上强调中世纪城堡的象征意义。他认为城堡是会说话的建筑，代表了领地的概念，是城堡主地位的象征，是权力等级和财富的展示，是有意识并能够为外界明确感知的符号，是完美的封建领主的建筑表达方式。[3] 利泽·E. 赫尔（Lise E. Hull）对城堡也持同样的观点，认为不列颠（包括西欧其他地区）的中世纪是有雄心的人努力追求社会地位和政治影响力的时代，荣誉和成功的最明显的标志，就是建造和拥有城堡。[4]

第五，城堡的景观研究日渐活跃。城堡的景观研究，简而言之其实是一种空间结构上的研究，探求的是城堡与其外部空间的相互作用和影响。对城堡建筑与其所处环境的关系问题，早期学者如阿米蒂奇

---

[1] 参见 N. J. G. 庞兹：《英格兰和威尔士的中世纪城堡：一部社会政治史》（N. J. G. Pounds, *The Medieval Castle in England and Wales: A Social and Political History*），剑桥：剑桥大学出版社（Cambridge: Cambridge University Press），1990 年版。

[2] 奥利弗·克赖顿、罗伯特·海厄姆：《中世纪城堡》（Oliver Creighton and Robert Higham, *Medieval Castles*），里斯伯勒王子城：夏尔出版社（Princes Risborough: Shire），2003 年版。

[3] R. 艾伦·布朗：《城堡：历史与简介》（R. Allen Brown, *Castles: A History and Guide*），多塞特：布兰福德出版社（Dorset: Blandford Press），1980 年版。

[4] 利泽·E. 赫尔：《不列颠的中世纪城堡》（Lise E. Hull, *Britain's Medieval Castles*），伦敦：格林伍德出版社（London: Greenwood Press），2006 年版。

夫人也有论及，但有意识地系统开展景观研究还是自20世纪50年代开始流行的。W. G. 霍斯金（W. G. Hoskin）的《英国景观的形成》（*The Making of the English Landscape*）[1]以精美的城堡图片，以及对它们给城市居住和乡村社会变化的影响的分析，突出了城堡景观研究的主题。到20世纪80年代晚期，随着当代社会环境意识的提高和文化构建的需要，“城堡研究协会”[2]的创建主题提出要对城堡在中世纪社会中广泛的作用做更加充分的评价，强调它们在社区发展中的角色和它们作为景观重建和经济环境的价值。这更加促进了城堡的景观研究。缪尔（R. Muil）在2000年发表的《景观新解读：景观史中的防御工事》（*The New Reading the Landscape: Fieldwork in Landscape History*）[3]一书中，进一步探讨分析了城堡与它们周边环境的相互影响。系统拓展该领域研究的是奥利弗·克赖顿（O. H. Creighton），21世纪初出版的《城堡和景观》（*Castles and Landscape*）一书，[4]分析了城堡和它们所处环境之间的多元社会联系，考察了世俗城堡和教会城堡的商业关系、城堡建筑对社区生活的影响，以及城堡对乡村市场发展的促进。该书认为城堡作为乡村和庄园的中心以及交通要道的枢纽，再加上城堡附近可以说是当时的社会情况下最为安全的地方，城堡对人群聚集的引力必然是巨大的，城堡大门附近是市场活动的天然中心；在当时的社会经济条件下，当地经济活动的能量尚不足以支持两个竞争的市场同时兴旺时，其中一个市场不可避免地在商业活动中会降低作用，甚至最终停止经营。罗伯特·利迪亚德（Robert Liddiard）2005年出版

---

[1] W. G. 霍斯金：《英国景观的形成》（W. G. Hoskin, *The Making of the English Landscape*），伦敦：霍德和斯托顿出版集团（London: Hodder & Stoughton），1955年版。

[2] 城堡研究协会（Castle Studies Groups），创建于1987年，由英格兰最出色的城堡学者组成，是一个面向公众的开放性学术团体，其宗旨是促进城堡研究。

[3] R. 缪尔：《景观新解读：景观史中的防御工事》（R. Muil, *The New Reading the Landscape: Fieldwork in Landscape History*），埃克塞特：埃克塞特大学出版社（Exeter: Exeter University Press），2000年版。

[4] 奥利弗·克赖顿：《城堡和景观》（O. H. Creighton，*Castles and Landscape*），伦敦：康廷努姆国际出版集团（London: Continuum），2002年版。

《环境中的城堡：权力、象征和景观，1066～1500》(*Castles in Context: Power, Symbolism and Landscape, 1066～1500*)，[1] 该书最大的特点是把城堡置于社会与自然两大环境中，把象征与景观结合起来，全面审视城堡的社会文化意义。认为在城堡的规划方面，根据功能不同而有所区别，生产型城堡景观，重点考虑方便给领主提供服务和原料、食物等生产性因素；生活型城堡景观，景观要与领主的喜爱和需求密切相关，要方便领主及家人的日常生活，还要体现高贵和富裕；领地型城堡景观，重点强调的是城堡的体量与气势，象征对领地的占有和控制，体现领主的政治权力与主人身份。同时他还正确地指出，城堡是一种文化继承和文化体现，尤其是城堡在中世纪浪漫文学的艺术表达中具有不可或缺的特殊地位，是与骑士、爱情及贵族荣耀紧密相关的时代背景。

在对英国中世纪城堡研究的学术史简要回顾后，还有必要了解国内在该领域的研究现状。近年来，随着中国史学事业的发展，国内学者在欧洲中世纪史研究方面，无论在领域扩展，还是研究深度上都有长足的进步，并在有关欧洲贵族、骑士及犹太人研究等方面已经取得了一些可喜的成果。尽管城堡研究在英、法等西欧国家中已经成为较为系统的学科，但中国史学界对城堡的研究却仍少有涉及，纯粹从史学角度对中世纪城堡进行深入研究的学术成果寥寥无几。其他涉及欧洲中世纪城堡的文章，大多是对小说《城堡》中人物形象及意义的文学评论，或者是介绍欧洲城堡的一般性文章，意在城堡的文化宣传和旅游开发。不仅目前国内研究欧洲城堡的专门论文少之又少，而且在书籍方面也真的是屈指可数，仅有的几部著作可以大体分为三类：一是文化普及类著作。如南开大学陈志强教授等撰写的《城堡·骑士·贵族》，将中世纪上流社会的三大标志糅为一体，简要阐述了城堡的类型、发展、衰落以及城堡在战争中的作用；描述了城堡内骑士、贵族

[1] 罗伯特·利迪亚德：《环境中的城堡：权力、象征和景观，1066～1500》(Robert Liddiard, *Castles in Context: Power, Symbolism and Landscape, 1066～1500*)，伯灵顿：温德盖德出版社(Bollington: Windgather Press Ltd.)，2005 年版。

的社会状况和生活方式，以及他们的成长过程，是一部非常通俗易懂的文化普及性读物。二是在其他专题研究中涉及城堡问题。如河北师范大学倪世光教授所著的《西欧中世纪骑士的生活》一书，将城堡作为骑士生活的背景来考察，进而叙述骑士的生活状况，将城堡分为军事堡垒和生活乐园，认为中世纪城堡的兴衰与封建制度的兴衰有关系，指出罗马于三四世纪在不列颠和高卢建造的营寨可视为中世纪城堡的前身，而于5世纪，建筑了真正意义上的城堡。[1]接着，作者又分析了城堡与庄园的关系，认为城堡与城堡周围乡村的庄园相结合，形成了一个自给自足的封闭空间，庄园是住在城堡中领主的领地和骑士们的采邑，庄园是农业社会一个自给自足的经济实体，在西欧中世纪，庄园、城堡和骑士三者相互依托，紧密关联，形成立体结构，构成别具一格的社会文化特征。三是通史类著作中的零散言论。如杨共乐、彭小瑜主编的《世界史》古代卷，提出了"城堡为中世纪西欧最基层的行政单位"[2]的观点。

综上所述，一百多年来英国的中世纪城堡研究，经过几代学者的不断努力，已经在一定程度上发展成为一个体系比较完整的学科。其研究成果与不足可以概括为以下四个方面：一是对城堡的起源、历史分期、不同类型、建筑结构、地域分布等自然因素有比较充分的研究，而对当时社会促使城堡大规模产生的政治、经济、军事和文化等方面的制度化条件的探索，缺乏自觉性和深刻性。二是在对城堡社会属性的研究中，对战争因素关注过多，其中的分析不乏合理之处，但也存在简单和表面化的问题。例如关于城堡衰落的原因，夸大了火炮出现的作用，事实上，真正摧毁城堡的不是火炮。恩格斯曾在《论封建制度的瓦解和民族国家的产生》一文中明确指出："骑士的城堡在被火炮轰开以前很久，就已经被货币破坏了。……凡是在货币关系排挤了人

[1] 著者在书中并未深入探究中世纪城堡的兴衰与封建制度兴衰之间的关系，且文中关于中世纪城堡的前身及建造真正意义上的城堡的时间值得商榷。

[2] 杨共乐、彭小瑜主编：《世界史》(古代卷)，北京：高等教育出版社，2006年版，第318页。

身关系和货币贡赋排挤了实物贡赋的地方，封建关系就让位于资产阶级关系。”[1]三是从20世纪中后期至今，虽然除传统的城堡军事功能外，城堡的政治、经济、象征与景观意义也开始得以挖掘和研究，但也仅仅是新趋势的开端，离深入和系统研究还有很大距离。四是在研究的方法上，以传统的考古学或单一的历史学研究范式居多，不同学科的交叉研究和不同时空的比较研究运用得还不够自觉和普遍。

此外，从前面对国内城堡研究现状的介绍中可以明显看出，包括英国城堡在内的西欧中世纪城堡研究，在我国还基本处于萌动或者起步阶段，这种研究现状与城堡在西欧中世纪的历史地位极不相称。针对上述国内外城堡研究的现状和不足，国内学者应当，也完全可以站在前人的臂膀上，以历史学、社会学、政治学、经济学、军事学、考古学、建筑学等多学科的不同视角和研究方法对中世纪英国城堡的社会属性进行更加系统的综合研究，在全方位探讨和阐释中世纪英国城堡（也包括整个西欧的中世纪城堡）兴起和演变的广阔社会背景，准确揭示城堡与中世纪社会在政治、经济、军事、文化及日常生活等领域的相互作用方面取得新的学术成果。

二、研究内容与意义

本书拟将城堡这一具体事物置于英国中世纪这一特定的时空维度之中，在借鉴前人以往研究成果的基础上，以历史学、社会学、政治学、经济学、军事学、文化学、建筑学等多学科的不同视角对中世纪英国城堡的社会属性进行系统的综合研究。本书的核心内容蕴涵在书名之中——“社会变迁中的英国中世纪城堡”，意在强调本书研究城堡，不是考古学和建筑学的视角，也不是单纯军事学或政治学等单一学科

[1] 中共中央马克思恩格斯列宁斯大林著作编译局：《马克思恩格斯全集》第21卷，北京：人民出版社，1965年版，第450页。

的角度，而是以西欧中世纪的大环境为广阔背景，以英国中世纪城堡为例，以历史社会学的视野来探讨城堡特有的基本特征、城堡兴起与变迁的社会原因、城堡的社会功能及其演变等基本问题。空间上基本以英国为研究范围，但在一般性背景叙述时，范围通常也会扩展至西欧，而在对城堡进行微观分析时，本书研究的空间又主要是构成英国的主体部分——英格兰，个别地方才会涉及威尔士和苏格兰。时间上则定位在中世纪，目前学术界通常将1066年诺曼征服到1485年都铎王朝的建立称之为英国的中世纪时期。出于研究需要，可能要向前、向后延长一段时间，以助于进一步深刻了解英格兰历史与城堡发展的完整脉络。

本书研究的具体问题主要有以下五个：其一，在城堡特有的社会属性方面，中世纪城堡的特殊社会属性是什么？如何理解中世纪城堡除军事属性外，还普遍具有民用属性和私有属性？其二，在城堡起源方面，西欧中世纪城堡兴起的共同性原因是什么？与欧陆其他国家城堡的起源相比，中世纪英国城堡缘起的特殊性何在？其三，在城堡兴起的社会条件方面，根本原因是什么？是否可以将西欧中世纪早期特殊的经济形态视为城堡起源的根本原因，而政治、军事、文化等因素则是次一级的重要原因或直接原因？其四，在城堡的分布方面，地缘政治、区域环境、军事战略等因素是如何发挥作用的？其五，城堡承载着哪些社会功能？英国中世纪不同阶段的社会变迁又是如何制约或影响城堡功能变化的？促使城堡衰败的主要社会因素是什么？是否可以认为经济发展是根本因素？

研究英国中世纪城堡具有学术价值与现实意义。

如果说城堡的兴衰像克洛维建国、威廉征服、圣卜尼法斯和查理大帝等历史事件或人物一样深刻影响着欧洲社会的发展与变革，那么，更应当或首先应当说，在西欧中世纪，当时的政治、经济、军事、文化等方面的特定历史条件则从根本上制约和影响着城堡的兴衰。“折戟沉沙铁未销，自将磨洗认前朝”，以一座座经历了千百年沧桑的城堡为导引，可以将我们的视线与思维引向悠远的西欧中世纪的历史长河中。中世纪西欧城堡的兴起、发展和衰亡，伴随着西欧封建社会发展和演变的始终。城堡是我们认识西欧封建社会极好的范例。从这个意义上讲，认识城堡也就在一定程度上认识了中世纪的西欧。

城堡作为欧洲中世纪长期存在并广泛分布的历史遗产，它不仅是西欧中世纪社会文明的一个重要载体，其自身就是西欧中世纪社会文明的重要内容之一。一座座具有独特故事的城堡，悠长、厚重和神秘的沧桑感对历史研究者似乎有一种天然的不可抗拒的魔力。就客观存在而言，城堡的建造者、城堡的主人、城堡的建造材料、城堡的不同种类、城堡的地域分布、城堡的内部结构、城堡的建筑风格等，都需要进一步的了解和严谨的陈述。就社会互动而言，城堡与庄园、城堡与骑士、城堡与城堡、城堡与征服、城堡与战争、城堡与经济、城堡与政治、城堡与地位、城堡与生活、城堡与文学等等，众多的诸如此类的联系与互动，构建了一个以城堡为中心的社会结构。对这些问题的揭示无疑是在丰富城堡史的重要内容。

本研究不仅有学术价值，还具有现实意义。一是随着我国经济社会的发展和人们生活水平的提高，越来越多的国人开始有了了解异域文化的渴望；越来越多的国人有了到域外亲临其境的闲暇与物质条件。研究西欧中世纪城堡的深刻社会意涵，有助于增加人们对西方世界的了解，提升人们对历史遗产的审美品味和鉴赏能力。二是我国改革开放以来，随着国家综合实力的显著提高，遍布各大中心城市的一座座造型各异的摩天大楼，以及一大批标志性大型建筑相继落成。这些建筑不仅是单纯的实用建筑，从历史的角度看，它们是一个国家一个时代的标志。把握城堡与当时社会变迁密切联系的研究思路及其中的若干一般性结论，对人们解读我国当代这些典型建筑的社会意义大有裨益。

第一章

中世纪城堡概述

第一节　城堡的意涵与缘起

城堡是西欧中世纪的显著标志之一，不同学科对城堡有不同的解读。R. 艾伦·布朗指出，研究建筑不能脱离它们特有的历史，所有建筑都反映产生它们的社会的基本情况，也没有人能在没有任何社会背景知识的情况下理解它们。[1]

一、西欧中世纪城堡的特定意涵

从公元前简制木质栅栏到现代复杂防御工事，不同时期都有体现当时社会背景的防御建筑。西欧中世纪城堡存在于特定时（中世纪）空（西欧）之中，当然也具有能够与其他不同时期的防御建筑区别开来的特有社会属性。没有对该属性的正确认知，就难以深刻理解城堡

[1] R. 艾伦·布朗：《城堡建筑绘图指南》（R. Allen Brown, *The Architecture of Castles: A Visual Guide*），纽约：档案出版公司（New York: Facts on File），1984 年版，第 7 页。

是西欧中世纪封建社会象征的说法。

在《中世纪百科全书》的 castle 词条中，城堡（castrum，castellum）被定义为权力者和他的随从居住的防御性住宅。[1]在《中世纪世界百科全书》中，城堡被概括成权力的象征及真正的要塞，经常是王室、封建领主和庄园主居住的场所。[2]而在通俗中世纪史或城堡著作中使用较多、被认可的城堡定义是萨默塞特·弗赖（Somerset Fry）的“城堡是防御军事住宅”。[3]尽管文字表述存在差异，但基本观点高度一致，即中世纪城堡通常同时具备军事属性和民用属性的“二元性”。上述观点极具代表性，但还不够全面。英国城堡学专家 R. 艾伦·布朗给予进一步的诠释：“城堡不仅仅是要塞，还是住宅，是显贵人物居住的宅邸。军事与民用功能的‘二元性’和它的不同于公共和社区性质的私属性，使它不同于其他时代的防御工事，不管是早期还是晚期。”[4]布朗明确指出城堡还具有私属性的特点，尽管对此他没有进行更深入的阐释，但该观点无疑颇有见地、极富启发性。要想更深刻的理解中世纪城堡“三元”合一的社会属性，需要将其置于其他时代或者其他类型的防御工事中进行比较。

西欧中世纪城堡在军事上具有防御功能，属于一种防御工事，但防御工事却不能都称之为城堡。历史上只具有军事属性，而不具有民用属性的防御工事广为存在。例如 2 世纪罗马人在哈德良长城上就建有博罗科维茨姆（Borcovicium）要塞，“要塞四周筑有围墙，中心建筑是司令部，正面是门厅（cross-hall）。门厅一侧有五个房间，中间是小教堂；左边两个房间由军营副官（cornicularius）和他的属下居

[1] 安德·沃沙兹：《中世纪百科全书》第一卷（Ander Vauchez, *Encyclopedia of the Middle Age* Vol.1），伦敦：劳特里奇出版社（London: Routledge Press），2000 年版，第 251 页。

[2] 爱德华·D. 英格利希：《中世纪世界百科全书》第一卷（Edward D. English, *Encyclopedia of the Medieval World* Vol.1），纽约：档案出版公司（New York: Facts on File），2005 年版，第 158 页。

[3] 萨默塞特·弗赖：《大卫和查尔斯的城堡》（Somerset Fry, *The David and Charles Book of Castles*），德文郡：大卫和查尔斯出版社（Devon: David & Charles），1980 年版，第 9 页。

[4] R. 艾伦·布朗：《英国城堡》（R. Allen Brown, *English Castles*），伍德布里奇：博伊德尔出版社（Woodbridge: The Boydell Press），2004 年版，第 3 页。

住；右边两个房间由文书或军需官居住，他们的职责是保管图书、档案和军队的支奉。要塞中还建有医院、粮仓、马厩、工场和洗浴等辅助建筑。要塞中有十支各有八十人的“百人队”，居住在较长的营房（barrack-blocks）里，营房被分割成大约十份，每部分又分成两个房间，一个用于吃饭、睡觉，一个用于存放装备”。[1]这个要塞就是一个兵营，没有普通民众居住，也没有平民的日常生活，与现代的军队驻地没有本质区别。再以中世纪晚期都铎王朝的防御工事为例，亨利八世[2]统治时期，英国刚刚经历完被称为“贵族坟墓”的玫瑰战争，贵族实力大为削弱，王权增长，亨利八世在海岸修筑火炮要塞，也只具有军事功能，没有民用功能。典型的西欧中世纪城堡则不然，军事属性并非是左右城堡兴起与发展的根本因素。“事实上，中世纪的城堡首先是政治权力的中心，是行政管理的首府，是领主的宅第；其次，才是个或多或少带有防御设施、抵御外来侵犯的堡垒。”[3]

如果再从私有属性角度分析，即使同时具备军用、民用“二元性”属性的城堡也未必是典型的中世纪城堡。历史上曾经存在过的防御工事中，同时拥有民用和军事功能的也时有所见。如盎格鲁－撒克逊时期的英格兰，国王伊达[4]（Ida）为保护自己和属下而建造的被比德称之为城市的工事；威塞克斯王修建的防御城镇（burh）；阿尔弗雷德大帝[5]和他的子孙们在丹麦人入侵时，也因防御需要而建造和修复市镇。这类防御建筑虽然同时具有居住和军事“二元性”功能，但通过仔细辨析不难看出，与后来其他众多的，由贵族建造并居住、控制的

[1] 弗兰克·瑟尔：《罗马建筑》（Frank Sear, *Roman Architecture*），纽约：康奈尔大学出版社（New York: Cornell University Press），1983年版，第45～46页。

[2] 亨利八世（1491～1547），都铎王朝（1485～1603）第二任君主。

[3] ［法］让·梅斯基：《城堡：从战争时期到和平年代》，赵念国译，上海：上海书店出版社，2004年版，第14页。

[4] 伊达（517～559），伯尼西亚国王，6世纪伯尼西亚王国为盎格鲁王国之一，位于英国东北部，后来成为诺森伯利亚王国的一部分。

[5] 阿尔弗雷德大帝（849～899），英格兰盎格鲁－撒克逊时期威塞克斯国王，在位期间编撰《盎格鲁－撒克逊编年史》，抵御维京海盗的入侵。

城堡还是有明显区别的。一是防御城镇在规模上往往大于城堡，罗伯特·巴特利特通过比较发现，一般而言，防御城镇的范围要在25英亩（1英亩=0.004047平方公里）左右，即使较小的防御城镇的面积也有5～10英亩，这些城镇以后几乎都发展成为城市。比较而言，绝大多数城堡的面积仅在2英亩左右，甚至最大的诺曼防御工事之伯克汉斯特德（Berkhamstead）丘堡也在4英亩之下。[1]二是这类防御工事不是属于某位领主的私人建筑，而是属于这个国家，或者属于较大规模的社区，是国家防御体系的一部分，是国家公共权力的产物。

由此可见，即使不考虑中世纪城堡民用属性这一特殊因素，仅从城堡的建造主体方面，也不难将中世纪城堡与其他时期的防御建筑区别开来。例如远在罗马帝国时期，经历了罗马共和时代和早期帝国时期近六百年的扩张战争，罗马在边境兴建了庞大的防御工事，称之为边防工事，用以保护帝国领地。边防工事以防御城镇、要塞（castra）、营地（castella）为主体，由木制栅栏、沟渠和土墙（vallum）及瞭望塔等设施相连，形成一条紧密的防御战线。在图密善[2]（Domitian）皇帝的统治之下，德意志沿着莱茵河和多瑙河建起了第一个边防工事，此后该工程在图拉真[3]（Trajan）、哈德良[4]和其他数位皇帝统治时期得以继续进行。[5]可以看出，这是由国家规划与兴建的完整的公共防御体系。这类防御要塞在人类战争史上，并非为中世纪所独有，其他时代也存在；也不为中世纪的西欧所独有，世界其他地区也常见。因此不能深刻反映中世纪西欧的特殊社会历史背景。总的看来，中世纪城堡不是国家公共权

---

[1] 罗伯特·巴特利特：《诺曼和金雀花国王统治下的英格兰，1075～1225》（Robert Bartlett, *England Under the Norman and Angevin Kings 1075～1225*），牛津：克拉伦登出版社（Oxford: Clarendon Press），2000年版，第269～270页。

[2] 图密善（51～96），古罗马弗拉维王朝最后一位皇帝。

[3] 图拉真（53～117），古罗马安敦尼王朝第二任皇帝。

[4] 哈德良（76～138），古罗马安敦尼王朝第三任皇帝。

[5] 吉恩-丹尼斯·G. G. 莱帕西：《中世纪欧洲的城堡和防御城市插图史》（Jean-Denis G. G. Lepace, *Castles and Fortified Cities of Medieval Europe: An Illustrated History*），杰弗逊，N. C.：麦克法兰公司（Jefferson, N. C.: McFarland & Co Inc.），2002年版，第5页。

力的产物，也不是某一更大防御体系的一部分，而是由“大小贵族孤立建造并掌控的私人防御建筑，它们的社会控制和防御功能从来没有与当时社会的封建结构完全脱离”。[1] 正因为它们是私人防御建筑，从国家层面上说，中世纪城堡象征着诸侯割据，国家分裂。

二、西欧中世纪城堡缘起的普遍性

1. 中世纪早期西欧社会特定的经济形态是城堡兴起的根本原因

从总体上看，中世纪早期（大约 600～1050 年）的西欧经济落后。当时，继承了罗马帝国的是君士坦丁堡。作为世界史的一部分，此时的西欧“最好被想象成人口稀疏的广袤荒野，天然的植被把它分割开来，在一簇簇封建小村落里，村民一家挨着一家。除意大利外，我们现在所知道的那些城市几乎都不存在”。[2] 正所谓没有破就没有立，西欧的文艺复兴和引导世界进步，是几个世纪以后才会发生的事情，这一点对理解封建主义非常重要。当时这种落后的经济状况以及与此密切联系的相关经济制度为城堡的出现提供了根本性的社会条件。

首先，农耕生产方式产生相对固化的社会结构，城堡就是这种固化社会结构的重要节点和典型体现。3 世纪到 9 世纪，整个欧洲主要以游牧或半游牧经济为主，客观上还不可能提出用静态坚固的城堡来保卫人身与财产安全的需求。“从西欧发展过程来看，在法兰克人所采用的各种战略防御措施中，影响最为持久的是自 862 年开始出现的要塞、城堡等建筑的修建，开启了一个无与伦比的大建筑时代。”[3] 单纯从经

---

[1] N. J. G. 庞兹：《英格兰和威尔士的中世纪城堡：一部社会政治史》（N. J. G. Pounds, *The Medieval Castle in England and Wales: A Social and Political History*），剑桥：剑桥大学出版社（Cambridge: Cambridge University Press），1990 年版，第 300 页。

[2] ［美］道格拉斯·诺斯、罗伯特·托马斯：《西方世界的兴起》，厉以平、蔡磊译，北京：华夏出版社，2009 年版，第 41 页。

[3] ［美］维克多·李·伯克：《文明的冲突：战争与欧洲国家体制的形成》，王晋新译，上海：上海三联书店，2006 年版，第 58 页。

济制度变迁的角度看，城堡之所以在这个时期得以大规模修建，主要是因为欧洲日耳曼各部族已经基本完成了从游牧经济向农耕经济的转变。此前的罗马文明显然也已经自8世纪末期后，在西欧退回到了一种纯粹的农业状态。

其次，分散的财税制度导致王朝财力匮乏，无法主导国家统一的安全体系的构建；同时各级封建贵族的利益增长，为城堡——地方化防御设施——的建造提供了必要性和可能性。古典时代的罗马帝国之所以强大，是因为有强大的中央政府和庞大的军队，这无疑需要以重税来维持。而在西欧中世纪，尤其是在早中期，根本不存在普遍的征税权力，没有广泛征收的关税，甚至国王也不得不仰仗自己的地产收益而生活，就是说，他们主要依靠王室庄园的收入，而不是依靠国家赋税的进款。由于不存在公共税收制度，查理曼主要依赖王室的土地收入，用以支付帝国统治的开销。为了让贵族效忠自己，查理曼不得不将大量王室土地赠予支持自己的贵族。随着封建制度的进一步强化，贵族与国王、王朝的共同利益趋于弱化，国家统一与强大的经济基础越来越被削弱。当时的王朝并非不想建筑古罗马时期那样统一的国家防御体系，事实上是力不从心。大小贵族凭其掌握的土地而收取岁入，每位贵族的利益都只是其所控制的领地上产生的收益，国王与贵族曾经共同拥有的利益变成贵族们的“个人利益”。只有当私利出现后，才会有保护这种利益的手段和工具的需求，城堡就是保护这种利益的手段和工具。而封建领主在各自领地内的区域性税收及对劳役的直接支配，又为私人城堡的大规模出现提供了资金与劳务上的保障。

再次，庄园制度产生地方性安全需求，而领主有必要，也有义务为自己的家人、扈从，乃至整个领地的居民提供地方性公共产品，城堡就是这类地方性公共产品之一。封建庄园制度是以土地层层封授为基础形成的，一个个庄园都是分散而又独立的经济组织，是一种典型的区域经济模式。马克·布洛赫指出：这种庄园从土地关系上讲，是这样一块被管理的土地，它的大部分地产收入直接或间接地只归一个主人所有；从人与人的关系上讲，就是只服从一个领主；从经济角度看，佃农要对领主尽两种义务：交纳佃租、提供劳役。作为补偿，领主则要为他们提供保护。领主为了在大地产上获得收益，必须要保有必要数量的农奴。为了留住劳动力，领主对农奴的压榨不能无视习惯法的约束，所提供的保护还要有效。领主的土地上若是没有耕种者，则贵族威望大减。再叫其他人来种地倒是一个办法，但当时地广人稀，荒地到处都有，另找人会使耕地长期撂荒。[1]“在保护方面，设防的城堡和具有专门作战技术的骑士提供了地方安全，这是任何装备简陋（武器原始，缺乏军事技术）的农民团体不能相比的。此外，对付从海上或陆地入侵的流寇一类敌人，当地的领主和城堡要比相距甚远的国王和军队更直接便当，保护措施也比较令人安心。当时的动乱加上军事技术的特点使封建单位成为有效的保护模式。”[2]事实上也正是如此，每当受到外部势力的侵害危险时，庄园四周耕作的农奴们便纷纷地涌向城堡，厚重坚实的城墙也能够给予他们实实在在的庇护。一般说来，领主们愿意提供这种保护，因为领主保护领地内的农民也是在保护自己。在加洛林王朝崩溃后，农村到处是无人耕种的土地，在这种情况下，劳动力成为最短缺的，也是最宝贵的生产要素。“每个领主都对住在其庄园的村庄里的农民人数关心备至，因为农奴是中世纪早期社会大部分私人产品的生产者，村庄的规模越大，农民的数量越多，领主的收入越高。”[3]

2. 西欧中世纪地方分权化的政治体制是城堡产生的重要原因

6世纪，西罗马帝国最终崩溃了。在经历了日耳曼各部落相互竞争之后，法兰克人创建起加洛林帝国，这是欧洲一个中央集权化的国家体

---

[1] ［法］马克·布洛赫：《法国农村史》，余中先、张朋浩、车耳译，北京：商务印书馆，2003年版，第86页。

[2] ［美］道格拉斯·诺斯、罗伯特·托马斯：《西方世界的兴起》，厉以平、蔡磊译，北京：华夏出版社，2009年版，第30页。

[3] 同上书，第46页。

制。加洛林帝国在800年前后查理大帝[1]时期最为强盛，查理曼凭借自己的军事天赋和大量战利品所带来的雄厚财富基础，以及在基督教教会中确立起来的事实上的杰出地位，控制了整个法兰克国家。尽管国王为换取贵族的帮助而给予他们足以独立的巨大地产，但国家的政治和行政权力都还掌握在以国王为核心，辅以其他行政官员的行政集团中，此时的国王对其官员还有绝对的控制力。例如，“查理曼为防御外部侵入，组建了军事边区，称为marches（马克），这个术语来源于古代法兰克语marke，意思是边境（frontier）。805年，查理曼成立了阿拉尔（Arar）、奥斯特马克（Ostmark，以后变成Osterreich, 奥地利）边区；811年，建立了西班牙边境边区，称之为marka hispanica（之后变成了加泰罗尼亚王国），在每个行省中，查理曼委托边区长官进行管制”。[2]

但是建立在这个框架之上的中央集权体制极其脆弱，“因为中世纪欧洲各王朝领地与近现代国家版图在内涵上是截然不同的两个概念。它只是若干块领地因政治、婚姻、继承等各种封建关系所致围绕着某个王室家族的聚合。从动态变化上看，这是一种极不稳定的空间结构，具有相对大的游移性、脆弱性和可变性”。[3]不久之后，在其内部动力机制和维京人侵扰的双重压力下，“往昔庞大的加洛林国家体制，一种中央集权化的权力结构被炸成碎片，取而代之以一种与中世纪最为合适、最为普遍的地方分权的非集权化的政治组织形式。与中央集权化的加洛林帝国相比，这种新的政治体制具有相对的孤立性和独立性特质，亦即众所周知的封建主义”。[4]加洛林帝国大致历经三个阶段完成了分裂，第一个阶段以843年《凡尔登条约》的签订为起点，经过

---

[1] 查理大帝（742～814），即查理曼，法兰克王国加洛林王朝国王，800年由教皇立奥三世加冕称帝。

[2] 吉恩-丹尼斯·G. G. 莱帕西：《中世纪欧洲的城堡和防御城市插图史》（Jean-Denis G. G. Lepace, *Castles and Fortified Cities of Medieval Europe: An Illustrated History*），杰弗逊，N. C.：麦克法兰公司（Jefferson, N. C.: McFarland & Co Inc.），2002年版，第16页。

[3] 王晋新：《近代早期不列颠空间整合及类型论》，《世界历史》，2006年第3期，第61页。

[4] ［美］维克多·李·伯克：《文明的冲突：战争与欧洲国家体制的形成》，王晋新译，上海：上海三联书店，2006年版，第48页。

一个相当长的历史过程，最后导致法兰西、德意志和（北）意大利等王国出现。而在西法兰西王国建立后不久，分裂的第二阶段就开始了，这个阶段导致西法兰西王国分裂成若干个地区性国家。这些地区性国家由那些有势力的、行使着通常属于国王的政治权力的家族所控制。而到分裂的第三阶段，西法兰西王国分裂后的几个地区性公国又进一步碎片化，最后导致了基本政治实体的小城堡主阶级的形成。“每个政治实体以一个城堡为中心，行动自主，城堡主和他的一小帮骑士封臣管辖和统治城堡方圆几英里的地区。”[1]国家相当大的一部分实际权力已经分散到了有骑士拥护的各个城堡主手中。

3. 抵御第三次蛮族入侵[2]是中世纪城堡出现的直接原因

9～10世纪，法兰西共遭受到瓦里亚基人[3]四十七次进攻。威尔·杜兰在《信仰的时代》一书中历数了遭受进攻的时间与地点：840年，北欧人劫掠鲁昂；843年，攻进南特；844年，他们溯加龙河到图卢兹；845年到巴黎；……859年到达兰斯；而都尔竟然于853年、856年、862年、873年、886年、903年、918年连续遭到劫掠。810年，阿拉伯人与北欧人共谋取得科西嘉和萨丁尼亚；820年，蹂躏法兰西的利维拉；842年，劫掠亚耳；直到972年，他们一直占据法兰西地中海大部分的海岸。[4]

外族的入侵和定居具有重要的政治影响。加洛林帝国无法抵御外族入侵，只能将国家的防御职能转交给地方武装。“城堡的修建，无论

[1] ［英］J. H. 伯恩斯主编：《剑桥中世纪政治思想史：350年至1450年》上册，程志敏、陈敬贤、徐昕、郑兴凤等译，北京：生活·读书·新知三联书店，2009年版，第237页。

[2] 威廉·哈迪·麦克尼尔在其著作《西方文明史纲》中将410年阿拉里克人劫掠罗马城之后的五个世纪里出现多次迁徙看作三次入侵浪潮。第一次，5至6世纪，日耳曼人入侵罗马各行省；第二次，8世纪，阿拉伯人及奥地利人入侵罗马化的日耳曼诸国；第三次，9至10世纪，匈牙利人和北欧海盗袭扰加洛林王朝。见［美］威廉·哈迪·麦克尼尔著：《西方文明史纲》，北京：新华出版社，1992年版，第185页。

[3] 瓦里亚基人是一种混合的斯堪的纳维亚人。

[4] ［美］威尔·杜兰：《信仰的时代》，台湾幼狮文化公司译，北京：东方出版社，1999年版，第376页。

是获得了国王的恩准或没有获得，在法兰克王国各地普遍地开展起来了，因为贵族们已清楚地意识到国王秃头查理在解决维京人入侵这一外患上，能力实在有限，故而他们必须以自己的力量来保护自己的安全。在9世纪70年代和80年代，即维京人两次大规模入侵之间的间歇期，一个规模浩大、时间漫长的修筑城堡、要塞的浪潮，在全国各地持续地开展起来了。由庞大厚重城墙护卫的城堡遍及西欧大地”，[1]“在此过程中，土地贵族不仅增加了实力和声望，而且履行着较地方政府更多的职责，而这些从前属于国王的职责范围之内。时间一久，这种状况就促成了一种新的政治军事制度的出现”，[2]或者更加确切地说，时间一久，这种状况就强化与发展了一种新的政治军事制度。因为这种制度并非是城堡遍及西欧大地之后出现的，封建政治军事制度的基本结构与属性在此之前就已经出现了。封臣制起源于日耳曼社会，当时武士向他们的领主宣誓效忠。他们为领主而战，作为回报，领主则为武士提供所需用品。在中世纪早期的社会中，贸易量很低，财富主要来源于土地收入，于是土地就成为领主所能补偿封臣服兵役的最重要的赠礼。授予封臣土地以换取他服兵役的土地制度逐渐发展为采邑制。领有采邑的封臣可以在自己的领地内享有司法、行政和立法权。鉴于9世纪加洛林帝国的分崩离析，国王无法提供有效的安全保证，分封制得以迅速扩展。面对外族入侵和诸侯战争，分封制度促使城堡发展，反过来城堡的大规模兴建又强化与扩展了分封制度。

三、英国中世纪城堡缘起的特殊性

我们从上述西欧中世纪城堡缘起的一般性原因中可以得知，城堡

[1] ［美］维克多·李·伯克：《文明的冲突：战争与欧洲国家体制的形成》，王晋新译，上海：上海三联书店，2006年版，第58页。

[2] ［美］杰克逊·J. 斯皮瓦格尔：《西方文明简史》（第四版）上册，董仲瑜、施展、韩炯译，北京：北京大学出版社，2010年版，第201页。

首先出现在原法兰克国家境内，源于9世纪法兰克国家的分崩离析；源于国家不断遭受的外族入侵；源于衰弱的中央政权无力组织“大战略”——国家性防御，从而不得不让各个领主自建城堡，面对外族入侵分而抗之。这一方面加速了加洛林王国的权力分散，另一方面成功阻止了外族入侵。10世纪，几乎所有的欧陆国家的大小领主都已知晓城堡的巨大作用。由于当时的技术和经济条件，城堡通常是由土木建造，“这种简陋的丘堡遍布了整个法国、德国、意大利及低地国家”。[1]由于海峡阻隔，英格兰没有成为此前法兰克王国的一部分，英格兰社会此时还不是封建社会，与封建制度相伴而生的城堡在英格兰还没有出现。诺曼征服给英格兰带来了封建制度，也随之带来了在欧陆早已司空见惯了的城堡。

为了了解英格兰城堡缘起的特殊性，有必要简要回顾一下诺曼征服前英国防御工事的形式。

在英格兰，早在数千年前的新石器时代，就有了简单的防御工事。当时的居民用土墙围住防御地点，在围墙外面还挖有深深的壕堑。“这些土木工事的年代，通过考古文物判断，大多数要比罗马占领的时期还要早很多。”[2]这些防御要塞一般都建在高地、悬崖或土堆上面，其外形类似于“轮廓要塞”（contour fort），即一种随着地面的凸起轮廓用战壕围住的防御体系。这个时期的战争属于战士双方面对面的肉搏阶段，因此他们的防御能力有赖于防御工事迷宫般的复杂性。以梅登城堡（Maiden Castle）为例，要想进入里面就必须通过东面或西面的入口，这两边都是复杂的互相重叠的防御土墙，没有向导的进攻者势必会迷失方向，遭到防御土墙后防御者的反攻。随着时间的推移，防御者在受到

[1] 约瑟夫、弗朗西斯·吉斯：《中世纪城堡中的生活》（Joseph and Frances Gies, *Life in a Medieval Castle*），纽约：哈帕和罗出版社（New York: Harper & Row Publishers），1974年版，第12页。

[2] 汉密尔顿·汤普森：《中世纪英格兰军事建筑》（A. Hamilton Thompson, *Military Architecture in England During the Middle Age*），牛津：牛津大学出版社（Oxford: Oxford University Press），1912年版，第1页。

不断进攻后，会对防御工事加以改进，诸如将要塞的某个部分用石头重新建造。而且这种要塞不仅是单纯的防御工事，经过好几代人发展后，有些可能已经形成了永久性的居住社区。

罗马人的入侵给英格兰带来了新的防御建筑样式，即罗马要塞。它是一种为满足军事需要而建造的要塞，具有一套较为程式化的设计规则。位于哈德良长城上的博罗科维茨姆工事或豪斯坦德（Housesteads）工事就是这类建筑的典型。西德尼·托伊在《城堡：它们的建筑和历史》一书中对其形制进行了相当具体的描述：这类要塞大多呈长方形，每个角为圆形，被 5 英尺（1 英尺＝0.3048 米）厚的石制城墙所包围，其后面则是 15 英尺厚的土墙，且在每个角和四边上建造方形塔楼，塔楼位于城墙之内并超过城墙的高度。要塞有四座大门，都有双马车通道，城门两边建有塔楼。要塞内的建筑都是石制建筑，被街道分割成三个主要部分：中间部分是总督府（praetorium），两侧则是其他官员的府邸，以及谷仓和兵营。[1]

在西德尼·托伊的书中，我们还可以了解到在罗马不列颠时期，除罗马要塞外，罗马的防御城市也是防御工事的重要部分。最著名的当属科尔切斯特（Colchester）和伦敦。科尔切斯特建于 1 世纪后半期，也是有圆角的长方形设计，被 8 英尺厚的由石头建造的围墙所包围，后面还有 20 英尺厚的土墙。有六座大门，南北各两座，东西各一座。城墙上引人注目的是四座半圆形的城墙塔楼，现在西部塔楼和巴尔科米大门（Balkerne Gate）的较低部分仍然得以保留。巴尔科米大门有两个马车通道，被一条狭窄的城墙和两个步行通道分开。该类防御城市的正大门从城墙表面向前突出 30 英尺，而且设有半圆形或方形塔楼位于侧翼，更为普通的形式是由四边形的塔楼位于侧翼。罗马伦敦城建于 2 世纪前半期，占地 330 英亩，约是科尔切斯特的三倍。城市的东面和西面现在还保留着城墙的底座，厚度从 7 英尺到 9 英尺不等。

[1] 西德尼·托伊：《城堡：它们的建筑和历史》（Sidney Toy, *Castles: Their Construction and History*），纽约：多佛出版公司（New York: Dover Publications），1985 年版，第 37 页。.

城墙后面是否有土墙还不清楚。所有的大门目前都已破坏，但它们中的一个在纽盖特（Newgate）被发现。纽盖特有两个通道，每个通道大约 12 英尺宽，且有方形塔楼位于侧翼。城墙塔楼中的一些是实心的，有些是空的，同时整个护城河道看来是在后罗马时期添加的。[1]

罗马人从不列颠撤走之后不久，英格兰进入到遭受多民族侵入的混乱时期，先前罗马人的那种精致、强大和牢固的要塞所发挥的能力减弱。撒克逊人对城墙根本没有兴趣，双方战斗的主要方式是一种阵地战而不是围攻战。撒克逊人的强大，既不依赖土木工事，也不依赖石制工事，而是不断地扩大他们的定居区。其结果就是，从罗马军队最终离开到诺曼征服这几百年的时间里，英格兰军事建筑的历史脉络模糊不清，但可推测其基本的情况是在这一时期军事要塞的作用不大。这种情形一直持续至阿尔弗雷德统治时期，直到 879 年开始，“阿尔弗雷德和其儿女们才尝试建造系统化的防御工事”，[2] 即采用防御城镇的方式进行公共性的防御，由城镇的外墙来保护全体社区居民的安全。在撒克逊英格兰的后期，除防御城镇外，也发现筑有一些“环状工事”，但这种防御工事没有山丘，仅包括护城河、堤坝和周围的栅栏，是一种“围场”形式。用中世纪城堡特有的内涵严格界定，这类“环状工事”无疑属于一种防御工事，但还不能称之为城堡。正如布朗所说：“城堡肯定会拥有它们的防御围栏，而拥有防御围栏的工事则未必就是城堡。”[3]

在诺曼征服前，可以说英国几乎没有城堡。1064 年，在确认威廉[4]已经决心要取得英国王位时，撒克逊英国的实际统治者哈罗德[5]才迅速

---

[1] 西德尼·托伊：《城堡：它们的建筑和历史》（Sidney Toy, *Castles: Their Construction and History*），纽约：多佛出版公司（New York: Dover Publications），1985 年版，第 38～39 页。

[2] 同上书，第 51 页。

[3] R. 艾伦·布朗：《城堡建筑绘图指南》（R. Allen Brown, *The Architecture of Castles: A Visual Guide*），纽约：档案出版公司（New York: Facts on File），1984 年版，第 27 页。

[4] 威廉（1028～1087），此时为诺曼底公爵（1035～1087），1066 年通过诺曼征服，成为英格兰国王（1066～1087）。

[5] 哈罗德（1022～1066），哈罗德·戈德温，盎格鲁 - 撒克逊时期威塞克斯王朝末代君主，1066 年黑斯廷斯战役中被杀。

筹集资金，在定居在英格兰的诺曼人的帮助下，在肯特郡的多佛和克拉沃林建造了两座城堡。但对于英国人来说，哈罗德建造城堡巩固海防的措施启动得太迟。1066年诺曼人登陆前夜，全国总共只有六座城堡。除了两座位于肯特外，其余均在与威尔士接壤的西南部沿边设立。现代研究的结果并没有什么特别有力的证据，可以否定这一论断的准确性："由诺曼人称之为城堡的防御工事在英格兰省区很少被知道。因此，尽管英国人勇敢和好战，也仅能对他们的敌人做轻微的防御。"[1]无疑，12世纪史学家奥德瑞克·维塔里斯（Orderic Vitalis）的观点是正确的，缺乏城堡导致英国人无法抵御诺曼人的入侵。尽管从1066年到1125年，英格兰城堡数量有明显的上升，但这些城堡是由征服者建造的。

当代英国学者克里斯托弗·丹尼尔指出，诺曼征服给英格兰带来的变化是显著的，其中之一就是诺曼人引入的"土垒内庭式"（motte and bailey）城堡。"土垒"是一座土丘，人们将工事修建在土丘之上；"内庭"则是在土丘前筑起高大的城墙，将城堡环于其中。现在在约克仍保留着壮观的土垒痕迹。征服者威廉特别善于建造方形的中央要塞结构，这种结构至今还能在伦敦塔和科尔切斯特城堡上看到。这种城堡能够帮助诺曼领主及其家族抵御侵扰，这也从侧面显示出当时英格兰被外族征服的事实。[2]

以往在欧陆诺曼底的政治与军事实践，使威廉深知城堡在抵御外族入侵中的巨大作用。因此，为了新生的诺曼英格兰国家得以保全，威廉不仅自己建造城堡，而且在明知私人城堡有可能削弱国家中央权力的情况下，还要求有能力的贵族尽可能地修建。理论上，整个中世纪英格兰的城堡建造都在国王的控制之下，需要有王室许可，但实际上，在诺曼征服后的最初几十年间，这种控制较为无力。无数的"非法城堡"被建造，威廉及其

[1] 奥德瑞克·维塔里斯：《英格兰和诺曼底教会史》（Orderic Vitalis, *The Ecclesiastical History of England and Normandy*），牛津：克拉伦登出版社（Oxford: Clarendon Press），1968年版，第19页。

[2] ［英］克里斯托弗·丹尼尔：《周末读完英国史》，侯艳、劳佳译，上海交通大学出版社，2009年版，第51页。

王室在这件事上采取的是默认态度，并在建成之后补给许可。只有在社会稳定后，亨利二世时期才开始严格对待城堡的修建，并对“非法城堡”进行烧毁、破坏。可以说，英国城堡的形成伴随着诺曼英格兰国家的建立，而不是像在法兰克国家那样，城堡兴起伴随着的是国家的崩溃。这是中世纪英国城堡与欧陆城堡在缘起方面的一个明显区别。

第二节 城堡的类型与分布

英国中世纪城堡的类型与分布是十分复杂的问题。如何归纳与分析城堡的类型，取决于区分的标准和看问题的视角。城堡的类型和分布与当时的自然情况和社会结构有着千丝万缕的联系，政治、经济、文化、社会心理、军事和自然环境等因素都可能对其产生重要影响。

一、城堡的类型

1. 以城堡归属为标准，划分为王室城堡与贵族城堡

确定一座城堡是王室城堡，还是贵族城堡，关键是看建造的主体。但这个标准也不是绝对的，还要看城堡建成后，控制在谁的手里。因为同一城堡在不同时期可以有不同的归属，例如阿普比（Appleby）城堡原为王室建造，但在12世纪就曾经几次易手为贵族控制，仅在1173～1179年和1190～1203年控制在王室手中；苏塞克斯郡的阿伦德尔（Arundel）城堡原是贵族城堡，曾在1102年被亨利一世[1]收归王室控制，但在1138年或1139年再次落到贵族手中；再有该郡的奇切斯特（Chichester）城堡，在威廉一世统治时期由罗杰·德·蒙哥马利（Roger de Montgomery）修建，12世纪成为欧比尼（Aubigny）家族的财产，但在1176年威廉·德·欧比尼（William d'Aubigny）死后又转让给了王室。

[1] 亨利一世（1068～1135），英格兰诺曼底王朝国王，威廉一世幼子。

王室城堡和贵族城堡在实用功能方面并无显著差别。在军事方面，它们都具有重要的防御功能；在行政管理方面，它们是整个国家或大领地的行政中心和司法中心，都具有满足国家和地方政治需要的功能；在经济生活方面，作为王室或贵族们的宅邸，它们都是具有安全保障功能的日常生活中心。只是王室城堡大多建在郡的首府或其他重要的大城市，而贵族城堡则建在乡村或小城市。尽管贵族城堡与王室城堡的实用功能大同小异，但在政治意义上却相去甚远，二者的政治关系是中央集权与地方分权的关系。两者的兴衰及力量对比，反映了在当时社会条件下王室权力与贵族权力之争的政治现实。

2. 以建筑材料为标准，划分为木制城堡与石制城堡

人们通常认为所有早期城堡基本都是土木制结构，并与已知的"山冈—城廓式"类型相一致。事实并非如此，正如布朗所说：不是所有的早期城堡都与山冈—城廓城堡相似，也不是所有的早期城堡，包括欧陆和英格兰，都是土制和木制的。例如，在欧洲建造较早的杜埃拉方舟（Doué-la-Fontaine）和朗热堡（Langeais），就是石制建筑，塔楼的形式。而在诺曼英格兰，因其城堡源自欧陆，大量简易木制城堡和石制城堡几乎是同时开始兴建的。除简单的山冈—城廓城堡外，巨大的石制主楼式城堡也在诺曼征服英格兰的第一代中出现，如著名的伦敦塔、科尔切斯特及切普斯托（Chepstow）城堡。[1]

以木结构为主的城堡并非只存在于中世纪早期。阿米蒂奇夫人写道，木制城堡必然代表了最古老的城堡，但没有理由认为这些城堡仅仅出于临时考虑，并很快就会被石制城堡所代替。其实甚至在石制城堡得到充分发展之后，直到很晚的时代，木制城堡仍然作为一种传统的建筑继续发挥它的作用。[2] 例如亨多姆（Hen Domen）是一座由诺曼人于 11 世纪 70 年

---

[1] R. 艾伦·布朗：《城堡建筑绘图指南》（R. Allen Brown, *The Architecture of Castles: A Visual Guide*），纽约：档案出版公司（New York: Facts on File），1984 年版，第 20～29 页。

[2] 埃拉·S. 阿米蒂奇：《不列颠岛的早期诺曼城堡》（Ella S. Armitage, *The Early Norman Castles of the British Isles*），伦敦：约翰默里有限公司（London: John Murray），1912 年版，第 82 页。

代修建的木制城堡，它存在了近两个世纪，没有证据显示它的任何部分是由石头建造。约翰国王[1]时期在爱尔兰也建造了许多此类城堡，甚至晚至1242年，亨利三世在雷岛（Rhe Island）还在建造山丘和木制城堡。从上述例子可以看出，木制和石制城堡的形成和使用可能是因地制宜的，木制城堡不仅广泛地建造在11～12世纪，甚至晚至13～14世纪都有建造，它们与石制城堡同时存在了很长时间并共同发挥作用。

3. 以发展进步为标准，划分为山冈—城廓式城堡、主楼城堡和同轴城堡

山冈—城廓式城堡的普遍存在，给许多中世纪史家留下了深刻印象。一般来说，在决定建造山冈—城廓式城堡之后，贵族们首先要堆砌或寻找一座尽可能高的山丘，然后在山丘周边用宽而深的壕沟包围。在山丘顶部，他们用坚固的固定在一起的原木栅栏围绕，同时每隔一段就修建塔楼来加强防御能力。在围栏内有可以全面防御的中心要塞或主楼。进入要塞首先需要通过桥，穿过沟渠，然后经过通向围场的通道大门，最后到达山丘的顶层。中世纪早期的这些山冈—城廓式城堡虽然一般都非常简单，但“在很长时期里，基本可以发挥它在当时社会的双重作用：一是以很高的陡坡作为阻挡敌人进攻的障碍；二是可以获得一个较好的视野，将周围乡村一览无余，便于控制一定的区域”。[2]无论在欧陆的法国，还是在英格兰，城堡建筑在中世纪早期大多都表现为山冈—城廓式。“对英格兰和威尔士1066～1215年城堡遗址研究的数据表明，大量的城堡是山冈—城廓类型（七百四十一个有山丘，二百零五个没有山丘）。”[3]

主楼城堡主要有两种形式。较早的简易主楼类型是空壳主楼

---

[1] 约翰（1166～1216），英格兰国王，因分割财产时没获得土地，也称“无地王”。

[2] ［法］马克·布洛赫：《封建社会》下卷，李增洪、侯树栋、张绪山译，北京：商务印书馆，2007年版，第497页。

[3] R. 艾伦·布朗：《城堡建筑绘图指南》（R. Allen Brown, *The Architecture of Castles: A Visual Guide*），纽约：档案出版公司（New York: Facts on File），1984年版，第20页。

（shell keep），即用简单的石墙取代原有的山丘栅栏，在山丘中心形成开放式庭院。空壳主楼的主要优势在于散布在山丘上，因而可以建造在松软的人造土堆之上，日后也可以很好地改建或扩建。然而在当时用石头取代栅栏较为简单，但对原有主塔进行木制向石制的改造则非常困难。于是，主楼城堡的另一种形式——不受原有土丘限制、可以独立在低洼地带建造的主塔很快就出现了。这些新式主楼在设计上通常是方形的，它们有的也建造在较高的岩石地面上，但地理位置已不再是关键的限制因素，因为主塔自身就具有足够的高度。在11世纪的法国北部，不管是在山丘上，还是在低洼地带，几乎到处都是这种新式的方形石制主楼，在英格兰也是如此，如威廉·菲茨·奥斯本（William Fitz Osbern）位于切普斯托的城堡、伦敦的白塔、坎特伯雷和科尔切斯特的主楼。

同轴城堡最显著的特征是具有两堵为同心圆的城堡护墙，辅以外面的壕沟、护城河、垒堡等副防御建筑，进行全面、纵深的防御，向更加适应战争与生活的需要发展。城堡的内墙远高于外墙，为的是让内墙上的弓箭手有更大的视野和射击范围，从而形成内外墙上的交叉火力。内墙每隔一段距离，或者在内墙的四角上建有一个个防御塔楼，这样，城堡的主塔变得不像以前那样重要，因为塔楼和门楼即使在敌人进攻内墙时也能独立坚持。城堡主塔由于拥有领主住所和最后阵地的双重特性，使得其设计变得异常讲究，后期建设倾向于外部呈圆形或多角形，内部为方形的城堡主塔。也有的是更加简便的设计，只在方形城堡的主塔外面再围上一圈近距离的高墙，称之为“罩墙”。外圆内方的这种设计不给敌人展现任何平面，火力点分散，更易于防御。而内部利用穹顶和扶墙精心设计出高大空旷的空间，华丽且壮观，更加适于居住。

4. 以主要功能为标准，划分为军事城堡、庄园式城堡和宫殿式城堡

从外部特征看，三者并没有明显的区别，它们的差异主要体现在城堡内部的结构和主要功能方面。在以功能来划分城堡类型时，有两点值得注意。其一，以功能划分的基准不甚清晰，即它们要与“军事”城堡做比较，但何种城堡可以真正称之为军事城堡，即便在城堡学界也没有明确答案，因为城堡自身都拥有军事、民用和私属性的综合特征。具体城堡的类型主要体现在内部结构的变化和在某一时期显示出来的主要功能上，即城堡内的非军事因素是否增添及扩大，如庭院、公园、鹿苑等休闲场所的建造，卧室、厨房等房间的扩展等。其二，军事城堡与庄园、宫殿式城堡之间通常有着前后的承继关系，即部分庄园、宫殿式城堡是从其先前的军事因素主导的城堡中发展而来，这在大型的王室城堡中最为常见，如伦敦塔、多佛和凯尼尔沃思（Keniworth）城堡。可以说，城堡的“庄园、宫殿化”，即非军事化是时代发展的必然趋势，在中世纪末期，除在边境地区的特定城堡外，城堡在设计上都向更加适于居住的庄园房子或宫殿城堡转换。这种城堡类型的划分对了解社会变迁之于城堡演变的影响有它特殊的可取之处。

二、城堡分布的客观性考察

1. 建造在先前防御工事遗址之上的城堡

奥尔克罗夫特（Allcroft）所著的《英格兰的土木工事》[1]（*Earthwork of England*）一书对作为地区遗址的城堡进行了详尽讨论，认为它们经常被建造在较早的重要遗址上，是对以前被废弃的土木工事的重新利用。建造在先前遗址上的原因主要有两点：一是这些遗址的政治或军事重要性，往往已经在历史上得到了验证；二是这些遗址或因自然原因，或因人为因素往往具有明显的高度，特别适宜建造丘堡。如，卡莱尔（Carlisle）城堡于1092年由国王鲁弗斯在原城市北部外缘的遗址上建造；1086年修建的坎特伯雷城堡，坐落在原城市西南部的遗址上。

---

[1] A. H. 奥尔克罗夫特：《英格兰的土木工事：史前，罗马，撒克逊，丹麦，诺曼和中世纪》（A. H. Allcroft, *Earthwork of England: Prehistoric, Roman, Saxon, Danish, Norman and Medieval*），伦敦：辛格出版公司（London: Kessinger Publishing, LLC），1908年版。

2. 建造在教堂或庄园附近的城堡

阿米蒂奇夫人为《维多利亚郡历史》[1]（*Victoria County Histories*）的约克郡卷所写的关于早期城堡位置的相关文章中，已经注意到许多城堡建造在堂区教堂附近。在英格兰，城堡与教堂经常联系在一起，成为乡村英格兰的特点，诸如奥福德（Orford）、诺威奇（Norwich）、科尔切斯特和莱斯特（Leicester）的城堡在建造后不久就并入了该地较早的教堂，并继承了一些堂区的地位和功能。而且城堡在《末日审判书》的记载中还与庄园具有密切联系，这在一定程度上说明某些城堡是源于庄园需要，而不是军事需要，即诺曼领主需要一个能够为自己安全做保障的住宅来抵抗有敌意的农民，而不是利用城堡来对抗具有良好装备和作战技巧的敌军。阿米蒂奇夫人还具体举例说，毕晓普的斯托福德城堡（Bishop's Stortford），建在一个巨大的椭圆形山丘上，它的底座为250×200英尺，高40英尺，它的所在地斯托福德（Stortford）庄园是莫里斯（Maurice）的前任从国王威廉那里获得的；怀特岛的卡里斯布鲁克（Carisbrooke），从《末日审判书》的记载中不难发现，该城堡就坐落在阿尔温斯顿（Alwinestone）庄园之中。[2]

3. 建造在乡村或城镇中的城堡

卡斯卡特·金列举的城堡在英格兰各郡共有一千一百二十五座，大约82%在乡村，13%的城堡与建造城镇相关，仅有5%是真正的"城镇"城堡。[3]诸如，黑斯廷斯城堡，它在诺曼征服前就已经是一座防御城镇，诺曼征服后在原遗址处改建成诺曼城堡；林肯城堡，它的前

[1]《维多利亚郡历史》，简称VCH，开始于1899年的英国历史项目，其目标是撰写英格兰各郡的百科全书式历史。

[2] 埃拉·S. 阿米蒂奇：《不列颠岛的早期诺曼城堡》（Ella S. Armitage, *The Early Norman Castles of the British Isles*），伦敦：约翰默里有限公司（London: John Murray），1912年版，第107、121页。

[3] D. J. 卡斯卡特·金：《英国城堡：英格兰、威尔士及其岛屿的城堡索引和目录》（D. J. Cathcart King, *Castellarium Anglicanum: an Index and Bibliography of the Castles in England, Wales and the Islands*），纽约：克劳斯国际出版公司（New York: Kraus International Publications），1983年版。

身曾是虔诚者爱德华的防御城镇。大量城堡建造在乡村，体现了当时农业社会的时代背景。以北约克郡（North Yorkshire）的谢里夫哈顿（Sheriff Hutton）为例，谢里夫哈顿乡村中曾经建造过两座城堡：第一座城堡建造的时间不能确定，尽管通常被认为是在斯蒂芬[1]无政府时期建造，并有史料记载，其于1140年曾经遭到围攻。该遗址可能同时作为阿瑟提尔·德·布尔默（Aschetil de Bulmer）的庄园中心，这是他在1100年前从转承租人那里得到的。阿瑟提尔从1115年成为约克郡的郡长，城堡建在这里意味着谢里夫哈顿可能已经作为一个较小的，但是相对集中的领地的行政中心而存在。该庄园在1194年前通过婚姻转让给了尼尔维勒（Neivile）家族，并且在他们的领地内建造了第二座城堡，这座裸露的山冈式城堡位于定居区的东部边缘。这里，“城堡的重复建造反映了领主权力中心从一个地方向另一个地方的转移，每个城堡都与村庄发展的不同阶段相联系”。[2]

4. 建造在水陆交通要道上的城堡

水路交通要道控制着国家的军事和经济命脉，对国家的政治形势具有重要影响，因此很多城堡都修建在水路交通要道上。例如剑桥城堡于1068年由征服者威廉建造，一座普通的山冈—城廓式城堡，耸立在古代格兰切斯特（Grantchester）边境内卡玛河（Cam River）的北岸；多塞特（Dorset）的科夫（Corfe）城堡，一个重要的王室城堡，控制着波倍克（Purbeck）山的隘口，而该地是斯沃尼奇（Swanage）到韦勒姆（Wareham）的必经之地；德加威（Deganwy）历史悠久，该处位于康伟河（Conway River）的东边，从9世纪开始就一直是北威尔士的重要要塞，后来变成了诺曼城堡的所在地；伍斯特郡（Worcestershire）的汉利（Hanley）城堡控制着从伍斯特到厄普顿（Upton）极具战略价值的陆路

[1] 斯蒂芬（1096～1154），英格兰诺曼王朝国王，与法国安茹公爵亨利争夺英格兰王位时，造成国内大、小贵族屯兵、私战，混乱不堪。

[2] 奥利弗·克赖顿：《城堡和景观》（O. H. Creighton, *Castles and Landscape*），伦敦：康廷努姆国际出版公司（London: Continuum），2002年版，第210～212页。

通道；威廉征服后很快建造的赫特福德城堡，其位置选择了利河（Lea River）南边的低地地带，不仅控制河道，更可以利用利河保护城堡的西北部，并用该河水注满城堡的护城河。[1]

5. 建造在海岸或边境上的城堡

在征服初期，诺曼人就在东南沿海、威尔士和苏格兰的边境地带修建了大量重要的城堡。如威斯特摩兰郡（Westmorland）的阿普利城堡坐落在伊登（Eden）峡谷，是英格兰北方边境的重要要塞之一；锡玛偌（Cymaron）城堡在1104年被首次谈及，由边境贵族休·莫蒂默（Hugh Mortimer）进行过维修，是威尔士边境地区的重要城堡；诺森伯兰郡（Northumberland）的泰恩河畔的纽卡斯尔（Newcastle upon Tyne）是由威廉一世之子罗伯特修建的重要的边境城堡，守护着英格兰与苏格兰的边境地带；该郡的诺汉姆（Norham）城堡，坐落在特威德河（Tweed River）岸，属于诺汉姆巴拉丁领地的教会所有，是英格兰北方最重要的边境城堡；苏塞克斯的佩文西（Pevensy）城堡，由莫尔坦（Mortain）伯爵罗伯特修建在安德里达（Anderida）的撒克逊海岸要塞的城墙之内，该城堡成为南部海岸最重要的城堡。[2]

6. 建造在森林或鹿苑附近的城堡

城堡与王室森林、鹿苑等自然资源有着十分紧密的联系。以汉普郡（Hampshire）为例，该郡在12世纪晚期有大约一半的面积为森林所覆盖，13世纪的记录显示，在十一片森林中，至少有六片，在它们与农耕区的交界地带存在着早期城堡。此外邻近的威尔特郡（Wiltshire）、拉德格舍尔（Ludgershall）和马尔堡（Marlborough）等王室城堡，与位于汉普郡边境的广袤的林区紧密相连。“相似的还有北约克郡的皮克林（Pickering），北安普顿郡的罗丁汉姆

[1] R. 艾伦·布朗、H. M. 科尔文、A. J. 泰勒：《国王工事史》第二卷（R. Allen Brown, H. M. Colvin, A. J. Taylor, *The History of the King's Works*, Vol. Ⅱ），伦敦：女王文书局（London: Her Majesty's Stationery Office），1963年版，第583、616、624、667、677页。

[2] 同上书，第553、624、745、749、778页。

（Rockingham），甚至是位于诺丁汉、北安普顿和约克的城市王室城堡也都建在方便与森林和其他资源相联系的位置。”[1] 鹿苑作为一种可以带来经济收益的资源也很重要，城堡与鹿苑的联系也很明显，有的城堡建造在鹿苑之中，有的紧靠鹿苑边缘，王室城堡附近通常都建有鹿苑。

三、城堡分布的主观性考察

1. 国家宏观层面的考察

从国家层面考察中世纪英国城堡的分布，必然涉及诺曼英格兰的王室是否有一个城堡布局大战略或大计划的问题。英国史学家对此是有争议的。对威廉一世和他的继承者预先有一个修建城堡大计划这一观点，最感兴趣、最坚定的拥护者是历史学家约翰·比勒（John Beeler），他在发表于 1956 年的文章《诺曼和早期金雀花英格兰的城堡和战略》[2] 中，将英格兰分成若干区域，然后分区域考察城堡遗址的分布状况，最后形成了一张英格兰的城堡分布图。这张分布图在比勒的理论中居于中心位置，他据此推测 11 世纪城堡的分布与当时的道路网络和主要居民区具有明显的内在联系，好像威廉一世已经有一个国家防御的全面计划的战略考量。C. W. 霍利斯特（C. W. Hollister）比大多数人更加赞同这些观点，尽管他认识到威廉和他的继承者，因为缺乏详细的地理知识，几乎不可能准确预测出这些城堡的“实际选择的方位”，但仍然相信诺曼国王有能力许可或禁止建造新城堡，以至于在实践中来完成较大范围的防御计划。希莱尔·贝洛克（Hilarire Belloc）[3]

---

[1] 奥利弗·克赖顿：《城堡和景观》（O. H. Creighton, *Castles and Landscape*），伦敦：康廷努姆国际出版集团（London: Continuum），2002 年版，第 186 页。

[2] 约翰·比勒：《诺曼和早期金雀花英格兰的城堡和战略》（John Beeler, “Castles and Strategy in Norman and Early Angevin England”），《宝鉴》（*Speculum*），第 31 卷，1956 年版。

[3] 希莱尔·贝洛克：《英格兰战争》（Hilarire Belloc, *Warfare in England*），伦敦：威廉姆斯和诺盖特（London: Williams and Norgate），1912 年版。

也明确地从英格兰的“战略地理”的特点来解释城堡遗址的分布，就像“蒙彻斯特地图”（Monchester map）将许多城堡布局视为是经过特别规划的向前进攻的战略线。比勒等人所推崇的“大战略说”，暗示了诺曼和金雀花英格兰的城堡建筑，是一种有意识创建的国家防御体系。这种学说已经遭到沃伦·霍利斯特（Warren Hollister）的批评，他强调“大战略说”缺乏任何形式上的书面证据，而且当时人们的地理知识极为有限，这使得“大战略”的设想完全不切实际。在13世纪，马修·帕里斯（Mathew Paris）制作了一幅英格兰地图，该地图被视为中世纪地图中最好的一个。马修的地理知识得到亨利三世的尊重，但是即使以马修绘制的地图作为设计英格兰整体防御的依据仍然不能令人满意。因为，“在苏格兰边境，他完全遗漏了兰开夏郡（Lancashire）、坎伯兰郡（Cumberland）和威斯特摩兰郡。在东南部分，苏塞克斯被置于内地，埃塞克斯被放在北面的边缘，萨里（Surrey）则完全消失”。[1] 从对这张最好的中世纪英国地图的描述中可以推测，在征服前后，诺曼王室对他们已征服土地区域位置的认识不会高到哪里去。质疑者的批评不无道理，但是在质疑比勒的“大战略”理论时，要注意尽量避免和防止走向另一极端。因为，“事实同样表明，认为威廉一世对他的伙伴和随从在哪儿建造城堡完全持漠不关心的态度也是荒谬的”。[2]

对所谓大战略问题，应当取一种折中的态度。鉴于当时中央政权较低的集权程度和整个社会对地理知识的普遍匮乏，认为遍布英国的几百上千座城堡是在统一规划下建造的观点，显然与现实相去甚远；反过来，认为威廉一世作为征服者，一个无论是在诺曼底的经历，还

[1] 西德尼·佩恩特：《中世纪早期的英国城堡：数量，位置和法律地位》（Sidney Painter, “English Castles in the Early Middle Age: Their Number, Location and Legal Position”），《宝鉴》（*Speculum*），第10卷，第3期，1935年版，第323页。

[2] 理查德·伊尔斯：《诺曼英格兰的王权和城堡》（Richard Eales, “Royal Power and Castles in Norman England”），转引罗伯特·利迪亚德：《盎格鲁-诺曼城堡》（Robert Liddiard, *Anglo-Norman Castles*），伍德布里奇：博伊德尔出版社（Woodbridge: The Boydell Press），2003年版，第55页。

是在英格兰征服初期的实践中深切感知到城堡巨大作用的政治家和军事统帅，会对城堡，尤其是对王室城堡的布局没有任何大局上的考虑，同样也是匪夷所思。客观地说，对英国中世纪城堡的分布是否存在全国防御和统治的战略考量，需要分层次进行评判。从国家层面考察，对数量不多的王室城堡以及大贵族在边境区域的城堡的建造位置的选择，绝不会随机而为。这主要表现在三个方面：第一，建造城堡要有利于诺曼对英国的征服和控制，集中体现国家统治的政治需要。在征服控制方面，诺曼国王最明显的战略方向是对城市的控制，在最大的城市伦敦建造伦敦塔，作为王室存在的标志和王权的象征；同时要保证王室城堡遍布英格兰每个郡的主要城市，“建造这种城市城堡有两个主要目的：作为行政权力和财富的中心；抓住内陆交流的重要通道”。[1]第二，建造城堡要有利于抵御外部入侵，集中体现国家防御的军事需要。这主要反映在对东南海岸的保护，以及对苏格兰和威尔士边界地区的控制。在1066年，威廉征服伊始就有意识地立即建造用于作为东苏塞克斯海岸保护基地的城堡，如被建造在撒克逊海岸要塞内部的黑斯廷斯和佩文西城堡，用于保护自己的舰队和防止敌人接近海岸。“在苏塞克斯，封建城堡主时常遭遇来自海外的进攻的威胁，从国家防御角度讲，这些承租者（tenants）对于城堡的建造与维持有着特殊的责任。”[2]还有就是征服初期就受到格外重视的多佛城堡，在长达几个世纪的时间，一直都受到历代国王的资金投入和精心维护，发挥重要的战略作用。在13世纪末，国王爱德华一世还在威尔士边境地区，建造标志着中世纪英格兰城堡顶峰之作的卡那封城堡。第三，建造城堡要注意削弱贵族势力，巩固王室权力。这方面的考虑主要体现

---

[1] 奥利弗·克赖顿：《城堡和景观》（O. H. Creighton，*Castles and Landscape*），伦敦：康廷努姆国际出版集团（London: Continuum），2002年版，第36页。

[2] R. 艾伦·布朗、H. M. 科尔文、A. J. 泰勒：《国王工事史》第一卷（R. Allen Brown, H. M. Colvin, A. J. Taylor, *The History of the King's Works*, Vol. Ⅰ），伦敦：女王文书局（London: Her Majesty's Stationery Office），1963年版，第25页。

在时常对一些敌对贵族的城堡的摧毁或没收；也包括将贵族领地分散到不同地区的政策，由于一个区域内可能会有多个贵族的领地，导致同一郡同一地区可能会出现多个城堡。

除上述王室城堡及重要地区的贵族城堡会在一定程度上根据国家整体需要精心布局外，其他数以千计的贵族城堡的分布状况，则很难从大战略的角度考量。但建造城堡在当时无疑是一件大事，既投资巨大，又关乎身家性命，究竟建在哪里，领主当然要慎重考虑，这些主观因素需要从中观或微观层面进行考察。

2. 地方中观层面的考察

所谓地方层面是指某一郡或几个郡的范围，在地方中观层面上，大小城堡主在决定城堡位置时通常要考虑以下因素。

第一，便于对领地的统治。“城堡不仅是城堡主的安全庇护所，而且还是附近整个地区的行政首府和司法中心，是所有有形权力的源泉。”[1]贵族的领地有大有小，对大贵族来说，领地中可能包括大城市或城镇，一个已经存在的兴盛的城市或城镇是城堡建造的天然位置。不仅是因为城堡能够控制居民，最重要的是城镇已经成为或能够成长起来成为周边乡村的行政和军事控制中心。对于领地范围有限的中小贵族来说，城堡就建造在庄园或乡村中，形成一个小社区的中心。城堡建在领地中心，便于对附庸提供保护和控制，便于领主司法权的行使，便于财产管理及税收等。在一个国家权力被分割的社会里，这些对地方权力产生影响的因素是必须考虑的。事实上，英格兰城堡的分布也表明私人城堡与领主领地之间具有不可割断的联系。有些城堡的建造地点表面上看，好像只是因为地形具有明显的防御功能，其实，并不仅仅如此，至少部分是因为它们具有巨大的自然景观上的震撼力，使得城堡地址成为显著的标志和带有统领周边领地的权力的明显象征，

[1] [法] 马克·布洛赫：《封建社会》下卷，李增洪、侯树栋、张绪山译，北京：商务印书馆，2007年版，第642页。

显示了“建造者在当地的优势地位”。[1]

第二，交通的便利。在很久以前，有研究者就已经认识到英格兰城堡和罗马道路网络的紧密联系。在中世纪，这些存留下来的道路不仅构成当地自然环境的一部分，而且还形成了便于联系的系统骨架。在汉普郡，大约 80% 的城堡坐落在或邻近著名的罗马道路旁。虽然一谈及罗马道路，人们就自然而然地想到是为了军事活动而建造，我们知道，“城堡被建造在交通要道，肯定或多或少涉及军事目的和军事行动，如方便对外征服或及时阻断敌人的运动”。[2] 但同样不能忘记的是经过几个世纪的发展，在罗马道路附近及其各个节点上都发展起一些较为繁荣的城镇或城市，它们依靠罗马道路产生联系，把城堡建造在这些地方有利于进行必要的商贸活动。同时，中世纪大贵族们的定居生活还不是很稳定，他们一般具有广阔或分散的领地，其日常生活就是到他分散在各地的采邑去居住、视察、收税。因此，建在交通要道上还有利于城堡主在各领地之间的通行。

第三，城堡建造的位置与当地经济的类型和发展状况相关。特定区域内的不同经济类型决定当地城堡的多寡。比如，早期城堡在约克郡是分布最为密集的，这与约克郡为小麦主产区有着密切联系，在征服和定居的过程中，领主自然要选择在能控制他们新领土的最好的地方，以及在他们的财富最集中的地方修建要塞。这强调了中世纪早期英格兰城堡在殖民活动中扮演的角色，即保护新的合适的农业资源，保障领主经济的发展。但这也不是绝对的，如东安格利亚（East Anglia），包括了中世纪英格兰的一些富裕和人口最稠密的地方，在那里因为当时军事方面需求相对较小，以及土地相对集中于大贵族等因

---

[1] 罗伯特·利迪亚德：《环境中的城堡：权力、象征和景观，1066～1500》（Robert Liddiard, *Castles in Context: Power, Symbolism and Landscape, 1066～1500*），伯灵顿：温德盖德出版社（Bollington: Windgather Press Ltd），2005 年版，第 132 页。

[2] D. J. 卡斯卡特·金：《英格兰和威尔士的城堡：一部解释史》（D. J. Cathcart King, *The Castle in England and Wales: An Interpretative History*），伦敦：克鲁姆赫尔姆（London: Croome Helm），1988 年版，第 11 页。

素而有着较少的城堡。但是从总的方面看，不可否认的是，“中世纪城堡显示了与畜牧土地使用区域有着较少的直接关系，以地方层面范围来说，此类建筑群在值得耕种的区域更多”。[1]

3. 城堡周边微观层面的考察

经过地方中观层面的考虑，可以确定建造城堡的大致区域，而在最后决定建造的具体地点时，一般还要对城堡周边的微观环境加以审视。从许多早期土木城堡的遗址上可以看出，当时人们已经能够非常熟练地把建造城堡与当地环境紧密联系在一起，目的是在同样条件下，尽可能降低建造成本，增强防御能力。一般来说，靠近劳工众多、易于调遣、能够及时投入工作的地方，方便就地取材，水源充沛的地方，更加容易被确定为城堡位置。

将城堡建在狩猎资源充裕的地带也很重要。森林、牧场、鹿苑等地方既是领主重要的收入来源地，通常也作为重要的狩猎资源地及鲜活动物的储藏室。为了使森林中的野生动物及草木得到保护，或者为领主们的狩猎聚会提供必要的住宿条件，在它们附近建造保障上述活动进行的中心是必要的，这个中心在中世纪往往就是森林城堡。奥利弗·克赖顿分析认为，建造在森林中的城堡，不仅服务于狩猎活动，也承担着管理和监督林区内其他生产活动的职能。例如格洛斯特郡的迪恩（Dean）森林的圣布里维尔斯（St. Briavels）城堡，坐落在王室森林的西部边缘。该城堡的看守官不仅实施对王室森林的控制，而且对该区域的铁生产、铁匠店和繁荣的军事武器工业的管理负有责任。其中 1265 年，该处看守官承担着不少于 2.5 万支弩箭的生产。德比郡的佩文利尔城堡与皮克的王室森林中的铅生产区的管理有着紧密的联系。王室森林的法律实施及处罚侵犯森林资源的行为也需要建造城堡。如达特穆尔的森林法庭就一直与利得福德城堡具有密切联系，大概是设

---

[1] 奥利弗·克赖顿：《城堡和景观》（O. H. Creighton，*Castles and Landscape*），伦敦：康廷努姆国际出版集团（London: Continuum），2002 年版，第 51 页。

在城堡的里面或附近。这个不著名的城堡主楼主要是为在这个“工人的”法庭受到审理后的违法者准备的，[1] 即是关押森林犯罪者的地方。

在上述对城堡分布进行的多层次解读中，宏观层面侧重于社会因素，微观层面侧重于自然因素，中观层面则是同时考虑社会因素与自然因素，不可偏废。考察城堡在景观中的位置应当与多层次因素相联系，既要看到自然环境的重要性；也要看到社会政治、经济等条件的制约。不要对所有的城堡分布探求国家战略，如果一定要在有些城堡的位置上寻找出某种战略意图的话，那也应当主要考察部分王室城堡的分布。除王室城堡外其他贵族城堡很难发现明显的战略意图。中世纪早期的政治分权、庄园经济、外族入侵及豪强纷争等社会因素，促使同时具有国家与地方的政治中心、防御工事与进攻基地、领主的宅邸、文化象征符号等多种社会功能的城堡兴起，城堡反映了当时特殊的封建社会结构。城堡应负载的社会功能是如此的多种多样，很明显没有一个理想的地点可以使城堡发挥其所有的功能。因此，王室及那些领地辽阔的大领主，往往会为了不同的目的，满足不同的需要，选择不同的地点，建造数个或数十个不同类型的城堡。

第三节　城堡的功能与演变

城堡体现了当时社会的特殊结构，没有西欧中世纪封建的社会结构，也就没有中世纪城堡。西欧中世纪城堡的兴起原因是多样性和结构性的，是当时多种社会条件综合作用的结果。因此，中世纪城堡兴起之初就具有综合性的社会功能。从中世纪早期到中世纪晚期，西欧社会条件不断变化，社会需求不断更新，城堡的功能、城堡的数量及城堡的类型等也随之呈现明显的演变过程。

---

[1] 奥利弗·克赖顿：《城堡和景观》（O. H. Creighton，*Castles and Landscape*），伦敦：康廷努姆国际出版集团（London: Continuum），2002 年版，第 187 页。

一、城堡的社会功能

1. 城堡的政治功能

中世纪城堡从来就不是一个单纯的军事建筑，其在欧陆兴起之初就一直与政治紧密相关。正如韦伯指出的那样：中古时期贵族之争取政治自主权的发展，在意大利是随着城堡的兴建开始的，北欧封臣的独立也是随着大量城堡的兴建开始的；冯·贝罗（Von Below）提醒我们注意，即使在较近代，在日耳曼一带个别家族是否属于地区性的贵族阶层，还得看这个家族是否拥有一个城堡而定，就算这个城堡只不过是个最破败的废墟。的确，拥有一个城堡就意味着对周围乡野的支配。[1]

首先，城堡是实施政治统治的工具。这一点在诺曼英格兰时期体现得尤为明显。诺曼征服早期，当时的英国人口有大约一百五十万之众，甚至可能还更多一些，而威廉率领的诺曼人总数不过区区两万多人，比例如此悬殊，诺曼人未免有些力不从心。因为此时的"英格兰绝不是一个法庭健全、法律容易实施的有序的社会。在这里，数量极少的外邦移民要想维持权力，往往需要依靠用现代术语可称为恐怖主义的工具，城堡就是其中之一"。[2] 其次，城堡适合于当时巡回行使政治权力的需要。在中世纪早期，国王并非像现代这样常驻首都，而是在巡视中行使王权。在约翰统治时期，已经有了可以长期追溯的活动记录，从中可以看出王廷巡回旅行的广泛性，以及他们在某个城堡或宫殿滞留的时间。例如，"在 1205 年，英国国王约翰据说仅在伦敦或

---

[1] ［德］韦伯：《韦伯作品集Ⅱ经济与历史支配的类型》，康乐、吴乃德、简惠美等译，桂林：广西师范大学出版社，2004 年版，第 212 页。

[2] N. J. G. 庞兹：《英格兰和威尔士的中世纪城堡：一部社会政治史》（N. J. G. Pounds, *The Medieval Castle in England and Wales: A Social and Political History*），剑桥：剑桥大学出版社（Cambridge: Cambridge University Press），1990 年版，第 295 页。

温彻斯特呆了二十四天”。[1]一些领地特别广泛的大贵族，也常常建造数座城堡，以方便其在自己的领地内巡回行使其政治权力。再次，城堡的政治功能还体现在，或者更多地体现在城堡与封建制度的关系上。无论是欧陆，还是英格兰，城堡的兴衰与封建制度的兴衰相辅相成，城堡的历史就是封建制度在各国兴衰的历史。“在形形色色的头衔和权限不同的领主权的建立和巩固过程中，人们可以发现一个共同点，即城堡发挥了关键作用。”[2]

2. 城堡的军事功能

西欧中世纪早期是一个血腥的战乱时代，充满冲突、抢劫、对抗和杀戮。面对连绵不断的大小战争，人们每天都生活在恐惧之中。在这样恶劣的社会环境中，寻求保护和安全，就成了无论是王室、贵族还是普通民众的急切需要，于是城堡应运而生。王室在大城市和边境地区建造大城堡；大贵族在自己的广大领地中心建造城堡；而小领主的设防建筑则散布遍地。“一位圣徒传记作者对这些建筑做过虽态度冷淡，但却非常确切的描述：‘它们的作用是使这些不断忙于争吵和屠杀的人保护自身不受敌人伤害，战胜势均力敌者，压迫势力弱小者。’一句话，就是为了保护自己，支配别人。”[3]

中世纪城堡之所以具有显著的军事功能，除源于当时战乱不断的社会环境外，还与当时特定的军事技术和战术紧密相关。囿于当时的战争性质和特定的技术、战术，战争往往是围绕着城堡进行。许多城堡就修建在能阻挡入侵路线的位置上，城堡本身就是主要的政治军事目标。即使一个乡间的城堡也无法安全地绕过去，因为城堡的驻军能够切断入侵者的补给线路。城堡守卫部队几乎都配备有战马，这使得他们具备一个

[1] N. J. G. 庞兹：《英格兰和威尔士的中世纪城堡：一部社会政治史》（N. J. G. Pounds, *The Medieval Castle in England and Wales: A Social and Political History*），剑桥：剑桥大学出版社（Cambridge: Cambridge University Press），1990 年版，第 83 页。

[2] ［法］马克·布洛赫：《封建社会》下卷，李增洪、侯树栋、张绪山译，北京：商务印书馆，2007 年版，第 641 页。

[3] 同上书，第 496～497 页。

很大的战略活动半径，可以实现多重目的：跨过边界劫掠，为进攻部队提供补给基地，截断远处的公路或水路交通。在某种意义上讲，中世纪的军事科学就是攻击和防守城堡的科学。除了通过抵御进攻、防守反击，保护人身与财产的安全外，城堡在战争间隙中，在屯兵、习武、培养骑士、打造军械、储藏军备物资等方面也发挥着不可替代的军事作用。

3. 城堡的经济功能

城堡的经济功能在城堡研究中一向是一个薄弱环节，可资参考的历史文献不多，通常可以认为城堡作为住宅是体现其经济功能的重要一面。例如有文献记载，12 世纪初，阿尔德雷的领主阿尔诺建造了一个具有主塔特征的城堡。正如梅斯基在《城堡：从战争时期到和平年代》一书中所描述的那样：其内部的住宅部分极为严谨，私人生活安排得井井有条。这座城堡是个三层建筑，第一层具有储藏功能，包括食物储藏室、谷仓、箱柜、木桶、坛罐以及其他的日常器皿。第二层建造了许多卧室，其中主要是领主夫妇的布置得富丽堂皇的、带有内间的大卧室，此外还有领主孩子们的卧室，以及总管、司酒官的卧室。在第三层上还有些房间可以用作卧室，在领主的成年子女回来时供他们临时居住。侍卫、专门看房的军士，还有征来的守卫都住在这一层。[1]作为领主的宅邸并非城堡唯一的经济功能。从更加广阔的视野看，城堡的广泛存在，对培育、催生城堡市场、维护庄园经济模式、促进建筑业发展、推动城堡城镇和城市化进程等方面也具有不可忽视的经济功能。韦伯在分析中世纪城市发展时明确指出，要塞城市最主要的先驱，从历史上来看，并非有栅防的村落，而是领主的城堡。[2]

4. 城堡的文化功能

城堡不仅仅是一种客观的物质存在，更是中世纪特有的一种文化

---

[1] ［法］让·梅斯基：《城堡：从战争时期到和平年代》，赵念国译，上海：上海书店出版社，2004 年版，第 138～139 页。

[2] ［德］韦伯：《韦伯作品集Ⅱ经济与历史支配的类型》，康乐、吴乃德、简惠美等译，桂林：广西师范大学出版社，2004 年版，第 211 页。

现象。马林诺夫斯基认为，由于文化包含并调节着一切社会科学，除非我们把社会结构、社会组织和社会行为视作文化的一部分，否则将无法对其做出正确理解。[1] 从历史社会学的角度看，中世纪城堡不仅具有政治、经济、军事等实用性社会功能，而且还具有重要的文化功能。中世纪城堡的文化功能主要体现在以下五个方面：一是作为中世纪欧洲文明的重要载体，城堡体现了那个被称之为封建社会的社会结构和社会关系；二是作为中世纪战争中最重要的目标和工具，城堡反映了当时社会的战争文化与战争体验；三是作为中世纪广泛存在的世俗建筑，城堡具有凝结与保存中世纪建筑美学和建筑艺术的特殊价值；四是作为中世纪最明显的景观象征符号，城堡"实际上就是相关民族、文化和时代精神内涵的外部表现形式"；[2] 五是作为厚重的历史积淀和深沉的古典氛围的产物，城堡无疑应当在城堡史学与城堡文学中扮演不可替代的重要角色。

二、城堡的演变趋势

1. 城堡功能的演变

中世纪城堡社会功能的演变过程，是一个表面看来非常简单，但实际上却十分复杂的问题。因为中世纪城堡是一个历史范畴，是当时诸种社会条件综合作用的结果，具有满足当时社会军事、政治、经济和文化等需要的全方位功能。要全面把握中世纪城堡功能的演变过程，需要从不同层次和不同角度加以分析。

第一，从社会发展的宏观角度看，可以把促使中世纪城堡兴起的诸种社会条件概括为"社会需要"这样一个综合概念，把城堡所有的

---

[1] ［苏］马林诺夫斯基：《文化论》，费孝通等译，北京：中国民间文艺出版社，1987 年版，第 2 页。

[2] ［瑞士］雅各布·布克哈特：《世界历史沉思录》，金寿福译，北京：北京大学出版社，2007 年版，第 71 页。

社会价值抽象表述为“社会功能”。从而可以进一步认为，城堡之所以兴起，是因为具有满足特定社会需求的功能；城堡发展的高峰时期就是城堡综合功能得以最大发挥的时期；城堡的衰弱过程则意味着城堡的综合功能，即满足社会需求的总体价值和作用逐步减少的过程。在这里并不过分关注城堡综合功能内部各子功能之间的比例关系。从这个意义上讲，可以将西欧中世纪城堡的演变高度概括为：兴起于中世纪早期，经过几个世纪的发展，在 13 世纪末或 14 世纪初达到顶峰，而后在 14 世纪和 15 世纪逐渐地走向了衰弱。

第二，从实际使用价值的角度看，可以把中世纪城堡的功能区分为军事、政治和经济等实用性功能与文化象征性的非实用功能。实用功能与非实用功能的关系不是先后顺序的关系，而是一体共生，彼此密不可分的关系。总的发展趋势是从实用功能为主，向非实用功能为主转变。城堡在修建之初就是某种象征的符号，即使进入到近现代社会，它也具备重要的象征意义，只是内涵有所变化。应当将城堡看作是“具有密码意义的建筑，其中的每座侧堡、楼房都是符号，不同时代可能有不同的解读”。[1] 在接下来的几个世纪中，实用功能的发展曲线继续向上延伸，到达高峰后逐渐走低，最后慢慢淡出。而非实用功能的发展曲线与实用功能曲线一起到达高位后，不仅没有随着实用功能曲线的下行而下行，反而继续稳步上行。这意味着，所谓城堡在中世纪中晚期的衰弱只是针对实用功能而言，城堡的非实用功能不但没有衰弱，而且在许多方面还得到了强化。当大量城堡因无人使用和照料而任其腐烂之时，城堡史学与城堡文学正方兴未艾；当城堡与人们的现实生活的关系渐行渐远之时，城堡的博物功能与文化传递作用被人们更加自觉地发挥。中世纪晚期是“野心的时代”，每个人都追求财富，但最重要的是追求等级和地位，而等级的外部象征也能够引起较

[1] ［法］让·梅斯基：《城堡：从战争时期到和平年代》，赵念国译，上海：上海书店出版社，2004 年版，第 15 页。

多的注意，因此，人们也追求显示等级的标志。“纹章就能显示地位的级别，穿着和食物也能代表社会身份，但是显示地位最明显的还是他的城堡。”[1] 甚至当城堡几乎被淡忘了几个世纪之后的18世纪晚期，作为时尚与浪漫运动的一部分，“中世纪城堡”模样的房子还被建造在一些显眼的地方，甚至在外观上标称自己为“城堡”，近代这种城堡形式的短暂复苏，从社会学的视角看，这是“新贵族攀附传统文化的一种方式，是精英之间比拼的一种宣言”。[2]

第三，从实用功能上看，中世纪城堡具有政治、经济和军事等诸种功能合一的复杂性。可以说，在中世纪中晚期，城堡的实用功能整体上趋于衰弱，但在实用功能的内部则又有必要区别对待。从城堡的发展历史看，城堡在兴起之初就是多种实用功能齐头并进，其后的功能演变并不能以一个功能的变化为线索，即城堡的军事特征的演变不足以概括它的全部，“城堡军事功能由来已久的突出意义是与它所产生的历史背景及城堡学研究的阶段密切相关”，[3] 对中世纪城堡实用功能的演变方面可以分政治、军事和居住三条线索来考察，从城堡兴起之初一直到13世纪，这三条线是并存并重，这时的城堡既是政治的，也是军事的，当然也是个居住的地方。13世纪晚期之后，由于国家政治权力的集中趋势越来越明显，私人城堡的政治作用开始降低；再加上战乱的减少及战争技术和战术的发展，城堡的军事功能也开始降低。此后，虽然也有主要为了军事目的而继续建造的城堡，但是越来越多的是具有半防御性质的、居住功能有所改善的房子。它们虽然仍具有某种军事属性，但在实际上，它们更多的是考虑家庭居住的舒适，而不是提升军事力量。可见城堡军事

[1] N. J. G. 庞兹：《英格兰和威尔士的中世纪城堡：一部社会政治史》（N. J. G. Pounds, *The Medieval Castle in England and Wales: A Social and Political History*），剑桥：剑桥大学出版社（Cambridge: Cambridge University Press），1990年版，第296页。

[2] 同上书，第298页。

[3] 罗伯特·利迪亚德：《环境中的城堡：权力、象征和景观，1066～1500》（Robert Liddiard, *Castles in Context: Power, Symbolism and Landscape, 1066～1500*），伯灵顿：温德盖德出版社（Bollington: Windgather Press Ltd），2005年版，第3页。

与政治功能的衰减并不意味着城堡的居住功能也同时衰减，恰恰相反，为了更舒适和雅致的生活，贵族产生了一种对纯粹居住宅邸的追求，使城堡的结构与功能发生明显的变化。有时候，“一座旧的城堡或其一部分从根本上被改造为一处拥有灯光、取暖和其他生活设施的舒适的居所，或者在它们的旁边或前面建造新的更加优美的、拥有许多窗户的居所。在这些新的居所中，随着城堡家族对私密性强的多个分开的餐厅和休息房间的需求，以往被不断扩大和完善的城堡大厅开始收缩，重要性下降。13 世纪的大厅最终衰减为 17 世纪仆人们的厅堂”。[1]

第四，从某一具体实用功能的演变脉络看，大体上可以说城堡的军事作用在 13 世纪后呈现下降趋势，城堡的居住生活功能越来越受到重视。但由于受到中世纪社会发展的不均衡性，以及城堡存在的不同区域、不同归属和城堡主个人喜好等差异性的影响，在大的趋势中也不时表现出一些反向的波动。一般认为在整个中世纪中，城堡的居住生活功能，在其政治与军事功能降低的同时，是不断趋于强化的，但这也仅仅表现在个别王室城堡及大贵族的城堡中，对大多数中小型城堡来说则远非如此。例如，在英格兰，早在爱德华一世之前，甚至在更早的亨利二世[2]时期，就有相当多的城堡在建成后不久就被摧毁，或者被抛弃，在 14 世纪的记录中，就已经被当作埋没在牧草之中，没有多少价值的“遗址”来描述了，如“利德斯特根斯（Liddel Strength），是一处遭到破坏的城堡遗址，价值六便士”。[3] 当时的城堡主人抛弃它们的具体原因我们不得而知，但结果是明确的，他们并没有对原有城堡进行生活化改造，而是离开了曾经居住过的阴冷的、狭窄的和不舒服的城堡，选择居住在附近的更加宽敞和舒适一些的庄园房子。再例如，关于英国城堡的军事

[1] 约瑟夫、弗朗西斯·吉斯：《中世纪城堡中的生活》（Joseph and Frances Gies, *Life in a Medieval Castle*），纽约：哈帕和罗出版社（New York: Harper & Row Publishers），1974 年版，第 222 页。

[2] 亨利二世（1133～1189），英格兰金雀花王朝的创建者，首次征收盾牌钱，进行司法改革。

[3] N. J. G. 庞兹：《英格兰和威尔士的中世纪城堡：一部社会政治史》（N. J. G. Pounds, *The Medieval Castle in England and Wales: A Social and Political History*），剑桥：剑桥大学出版社（Cambridge: Cambridge University Press），1990 年版，第 256 页。

功能问题，通常可以认为在爱德华一世时达到顶峰，其军事作用的衰落在 14 世纪就已经很明显了，到 15 世纪急剧加速。这个判断比较真实地反映了英格兰腹地城堡功能变化的情况，但把这个判断适用在英格兰的所有城堡上面就不是很准确了。在中世纪的最后两个世纪里，在反复受到外敌威胁的英格兰南部沿海、北部威尔士和苏格兰边境地区，仍然有相当多的开支用于城堡军事功能的建构上。当面临法国入侵的危险时，不仅像多佛这样的王室城堡的军事功能一直得到强化，甚至像博迪亚姆（Bodiom）和库林这类私人城堡，也被建造或者加固。

2. 城堡数量的变化

在对城堡功能的演变有了简要了解后，摆在我们面前的问题是中世纪英格兰究竟有多少座城堡。其实这个问题不仅由于每位学者自身观点的不同，还因为英国城堡的数量每年都因新的考古挖掘和人为断定标准的差异而变化。因此对中世纪英国究竟有多少座城堡很难说清楚，目前所见的有关著作中都没有对其数量做出无可争议的判断。

对城堡数量进行评估的主要史料是《盎格鲁－撒克逊编年史》、《末日审判书》、《财政署卷档》（*Pipe Rolls*）、《密函卷档》（*Colse Rolls*）等英格兰早期的编年史和王室档案，尽管存在着一定程度的重叠和缺失，但仍为难得的早期史料。艾伦·布朗对这些史料整理后认为，1216 年前有 93 座王室城堡和 179 座贵族城堡，共 272 座城堡。[1] 这个数字有些保守，因为这仅是文献材料中直接提到的，是城堡数量最低程度的估计，城堡的实际数量应当高于这个数字。约翰·比勒在《英格兰和威尔士的城堡名单，1052～1189》中给出了 910 座城堡的数据，784 座在英格兰，126 座在威尔士，[2] 但对它们中的大部分没有给予有力的证明。德里

---

[1] R. 艾伦·布朗：《城堡名单，1154～1216》（R. Allen Brown, “A List of Castles, 1154～1216”），英国历史评论（*English History Review*），第 74 卷，第 291 期，1959 年，第 249 页。

[2] 约翰·比勒：《英格兰和威尔士的城堡名单，1052～1189》（John Beeler, “List of Castles in England and Wales, 1052～1189”），转引 J. H. 比勒：《英格兰的战争，1066～1189》（J. H. Beeler, *Warfare in England, 1066～1189*），伊萨卡：康奈尔大学出版社（Ithaca: Cornell University Press），1966 年版，第 397～426 页。

克·雷恩在《不列颠的诺曼城堡》[1]中，列举了612座城堡，其中491座在英格兰，121座在威尔士。作者对这些城堡有着略为详细的描述，后面的学者或多或少地在其基础上进行添减。D. J. 卡斯卡特·金在1969年的著作中认为，11～12世纪的英格兰和威尔士共有1062座城堡：723座丘堡、198座环状工事和141座其他的石制建筑，其中770座在英格兰，292座在威尔士。[2]金在后来的《城堡目录》中，给出了更大的数字，认为在1066～1652年，英格兰和威尔士各郡的城堡数为1927座。[3]根据当时的实际使用状况，金估计的数量显然有些偏大，罗伯特·利迪亚德则在《盎格鲁－诺曼城堡》一书中，通过对有关学者所持的观点或所提供的数据进行比较分析后，基本认同五六百座的数量，这个对中世纪早期城堡数量的大致推测最初是由西德尼·佩因特做出的。[4]

城堡数量的变化与城堡功能的演变密切相关，但又不完全一致。可以说，城堡功能的高峰大约出现在13世纪末或14世纪初，但从城堡数量的变化上看，城堡数量的高峰出现得要早一些。基本上可以对中世纪英格兰城堡数量的不断变化描述出一个概念性的曲线：从1066年几乎没有城堡，到经过诺曼征服早期的八九十座，[5]再到1100年左右达到它的第一个高峰，当时在英格兰各郡分布了大约五六百座城堡。然后继续维持这个数量，“英格兰腹地的土木工事的数量，我们现在知道的当时的城堡大都是建在黑斯廷斯战役和斯蒂芬逝世之间”。[6]除了

[1] 德里克·雷恩：《不列颠的诺曼城堡》（D. Renn, *Norman Castles in Britain*），伦敦：约翰贝克出版公司（London: John Baker Publishers Ltd），1968年版。

[2] 罗伯特·利迪亚德：《盎格鲁－诺曼城堡》（Robert Liddiard, *Anglo-Norman Castles*），伍德布里奇：博伊德尔出版社（Woodbridge: The Boydell Press），2003年版，第47页。

[3] 罗伯特·利迪亚德：《环境中的城堡：权力，象征和景观，1066～1500》（Robert Liddiard, *Castles in Context: Power, Symbolism and Landscape, 1066～1500*），伯灵顿：温德盖德出版社（Bollington: Windgather Press Ltd），2005年版，第71页。

[4] 罗伯特·利迪亚德：《盎格鲁－诺曼城堡》（Robert Liddiard, *Anglo-Norman Castles*），伍德布里奇：博伊德尔出版社（Woodbridge: The Boydell Press），2003年版，第48页。

[5] 阿米蒂奇夫人认为11世纪英格兰和威尔士有84座城堡，布朗对这一数字没有任何异议，而金则将数字修订为93座。

[6] F. M. 斯腾顿：《英国封建制度的第一个世纪：1066～1166》（F. M. Stenton, *The First Century of English Feudalism, 1066～1166*），牛津：克拉伦登出版社（Oxford: Clarendon Press），1932年版，第199页。

在斯蒂芬统治时期有个短暂的上升期，数量开始从最高峰下降并在12世纪保持平稳，到13世纪初城堡在英格兰的数量下降到200座至250座。[1]之后的几个世纪中，城堡的数量除因内战和边境战事的影响稍有波动外，基本上一直持续稳定在13世纪初期的水平上。在确定中世纪英国城堡的数量方面，最大的困难是如何通过这种一般的变化趋势，得知这个过程中任一时期存在的城堡的确切数量。因为新城堡的建造过程与城堡变为“遗址”的过程几乎是同时发生的。甚至在这个过程的早期，当城堡总数还在继续增加时，英格兰南部和中部地带的一些早期防御工事就可能已经废弃不用了。当时的情形需要快速地修建城堡，许多城堡是临时性和简易的，只有较少的石质建筑。这类城堡有些在自然力的影响下，逐渐毁损以至废弃，很难永久性的存在。

3. 城堡类型的变化

在本章第二节中，我们已经对城堡的不同类型做了简要介绍。因为不同类型往往也是不同时期的产物，因此在介绍类型时，不可避免地会涉及城堡类型的发展问题。但两部分要说明的问题还是有明显差异的：在介绍城堡类型时涉及发展问题，要侧重说明的是不同类型城堡的区别；而在分析城堡类型演变时重述不同类型，侧重点则在说明城堡类型的变化趋势。对中世纪英国城堡类型的演变大体上可以把握四个基本趋向。

第一，木质建材与石质建材长期共存——石制城堡渐成主流。城堡类型的这一演变进程，并不意味着在木制城堡与石制城堡之间有一个明确的时间划断，只是说明随着中世纪社会的发展，石制城堡无论在数量上还是在城堡个体的规模上，都越来越明显地成为了主流类型。在探讨这一发展趋势时，应注意避免走入以下两个认识上的误区：一是人们通常认为所有早期城堡基本都是土木制结构，并与已知的“山冈—城廓

[1] 西德尼·佩恩特：《中世纪早期的英国城堡：数量，位置和法律地位》(Sidney Painter, “English Castles in the Early Middle Age: Their Number, Location and Legal Position”)，《宝鉴》(*Speculum*)，第10卷，第3期，1935年版，第322～323页。

式”类型相一致；二是可能有人会简单断言以木结构为主的城堡只存在于中世纪早期，事实当然并非如此。在中世纪几百年的时间里，木制城堡与石制城堡长期共同存在，但因其建造费用和使用功能上的差别，在不同时期的社会环境中有不同侧重。木制城堡的优点是建造费用较低，并且容易建造。但也有两个明显缺点：一是不易防守，容易被攻克；二是易燃，以木材为建筑主体容易引起火灾。在中世纪早期战争频发的暴乱时代，因简单、便宜、快速等优点，大量木制城堡得以建造，并发挥了应有的功能。而在社会相对稳定与和平的年代，城堡主要用于满足巩固政权、稳定社会秩序的功能，在这种社会环境中，各级领主有财力、有时间，也有必要建造数量更多的石制城堡。毫无疑问，石制城堡与木制城堡之间有着巨大的发展潜力上的差异，石制城堡更加适合社会未来发展的需要。从动态上看，无论是和平还是战争年代，石制城堡都具有更大的适用性。在社会控制方面，石制城堡逐渐成为城堡建造的主流模式，这一历史现象反映了英国中世纪社会由初期快速征服、战乱频发、地方分权和经济落后向中后期持续控制、相对和平、中央集权和经济发展转变的现实；在建造形式方面，木制城堡和石制城堡在山丘式城堡和主楼式城堡上都可以使用，但石制城堡更适合建造后来复杂的同轴城堡。只有石制城堡在经历了丘堡型城堡及主塔型城堡后，才有可能进一步促使城堡塔楼和堡场围墙的进一步发展，进而走向同轴城堡的发展路线，在使城堡外观上达到其军事功能顶峰的同时，又使其内部具有越来越富丽堂皇的空间基础。

第二，山丘形式到主楼形式不断发展——同轴城堡达到顶峰。这条线索反映的是城堡建造技术、城堡结构与城堡规模的演进过程。这一发展脉络对于数千座普通城堡来说可望而不可求，只有极少数的城堡完成了同轴式的改造，占城堡数量多数的还当属前两者。在中世纪城堡史上，山冈—城廓式城堡是最早建造的类型，直到13世纪中期，几乎所有的欧洲的城堡在数量上仍然以山冈—城廓式类型为主。山冈—城廓式城堡具有对建筑技术和花费要求比较低，对地形的选择也没有什么特殊要求等优点，但是缺点也很明显，就是坚固度达不到要求，只能防御小规模的进攻，建筑规模也比较小。11 世纪左右，石制城堡开始流行起来。石制城堡的迅速发展，使得山冈—城廓式城堡的那种建于土丘之上的方式越来越受到建筑材料及建筑环境的限制，坚固的山丘底座不易寻找，也不易把城堡建造在特别需要它的地区，于是一种新式的主塔型城堡开始被建造。

1067 年起，威廉一世在伦敦开始建造一座划时代的主塔。它是座宏伟的综合性建筑，既有防御功能，又有大厅、卧室与小教堂。这个居住型的主塔被涂上了白色，四周有高大的堡垒，它是英国王室在伦敦的重要象征。伦敦白塔是诺曼征服后在英格兰建造的第一座主塔型城堡，但不是威廉首创。早在 11 世纪初，这类主塔型城堡就已经出现在欧洲大陆，威廉一世的父亲理查德一世公爵在法国里昂建有一座同样的建筑。同时法国安瓦尔省也出现了一些同样令人印象深刻的主塔，例如由安茹伯爵家族建造的洛什主塔或蒙巴宗主塔，这些主塔非常高大，好几个楼层都有领主的宅室。毫无疑问，12 世纪开始了这类主塔的黄金时代。受法国开始普遍兴建主塔型城堡的影响，威廉不仅将城堡带进了英国，而且也几乎同步将主塔带入了英国，在英国除了伦敦白塔外，其他具有同样象征性的主塔也出现在人们眼前。“英国的克利福尔·德托主塔与法国的埃唐堡四叶瓣型主塔很相似，英国的庞蒂弗拉克特主塔与法国乌当带侧堡的圆形主塔一模一样，在英国朗敦、科尼斯伯勒的护墙圆柱主塔与法国的莫勒特梅、马勒波湖边的主塔成孪生兄弟，英国的奥迪厄姆主塔简直就是法国日索尔护墙八角形主塔的翻版。”[1] 主楼城堡的显著特点是更加坚固和具有相对巨大的使用空间，这就暗含了城堡类型发展的另一条隐线，即扩大城堡的生活区域，有利于内部生活设施从简单到复杂再到华丽的完善和扩充，以适应中世纪那种政治趋于稳定、经济

---

[1] ［法］让·梅斯基：《城堡：从战争时期到和平年代》，赵念国译，上海：上海书店出版社，2004 年版，第 25 页。

逐渐恢复、生活水准逐步提高的社会环境的变化。

在外来因素的影响下，英国在13世纪后开始出现石制城堡的加强型，英国天才建筑师——圣乔治的詹姆士［James of Saint George（1230～1309）］设计出了有史以来最为坚固的城堡，这种建筑样式被称为“同轴城堡”。“同轴城堡”一般都是在原来老城堡的基础上扩建而来的。例如，在英国安格尔西岛（Anglesey）的博马里斯（Beaumaris）城堡，建立在没有任何屏障的平地上，开阔的地带使站在城堡上的哨兵能够立即看到从任何方向来犯的敌人。这座城堡的设计特点是，围绕城堡的中心建筑一圈一圈地建造城墙和挖掘护城河，从外向里，地势和城墙越来越高，整体呈螺旋形。这种城中套城的建筑格局，使攻城者只有层层进攻，最后攻下中心塔楼才可获胜。再如，在爱德华一世统治时期（1272～1307），同样由圣乔治的詹姆士设计建造了卡那封城堡，第一期工程于1283年夏开始施工，首先是开掘新城堡的沟渠，将城堡与防御城镇分开，城堡和城镇城墙最终完成于1285年。这时城堡的北面还没有城墙，而用城镇城墙和宽阔的沟渠代替，并于1294年的暴乱中遭到破坏。接着英格兰人在1295年夏重新夺回并重建，续建了城堡的北墙和大门。到1320年，城堡建造最终结束，其模样也与现代所看到的基本一样。该城堡的防御包括两部分，城堡自身以及城镇城墙，这两者构成了同轴城堡，可以提供两层保护。城堡自身有坚固的门楼保护的两个门道，有七座塔楼，城墙有20英尺厚。总之，“卡那封城堡的防御能力和宏大规模令人吃惊，被认为是英格兰和威尔士在城堡建筑学方面达到顶峰的一个重要标志”。[1]

第三，军事功能和政治功能相继淡化——宫殿城堡尽显奢华。城堡兴起的社会原因是综合性的，城堡的社会功能也是综合性的，特别是在中世纪初期，城堡集军事、政治、居住等多种功能于一身的特点

[1] R.艾伦·布朗：《英国城堡》（R. Allen Brown, *English Castles*），伍德布里奇：博伊德尔出版社（Woodbridge: The Boydell Press），2004年版，第3页。

十分突出。虽然战争是城堡兴起的直接原因，但城堡并非独为军事目的而兴建，即使在城堡发展的早期，城堡主也会在不过分损害城堡防御性的前提下，想方设法让自己及家人住得更加舒适一些。比如对作为城堡主生活的主要空间的主楼就往往采取空壳形态，或精心设计穹顶和扶墙使之呈现出更加高大空旷的空间。13 世纪末之后，由于国家政治权力的集中趋势越来越明显，私人城堡的政治作用开始降低；再加上战乱的减少及战争技术和战术的发展，城堡的军事功能也开始降低。然而，城堡军事与政治功能的衰减并不意味着城堡的居住功能也同时衰减，为了更舒适和雅致的生活，贵族产生了一种对纯粹居住宅邸的追求，使城堡的结构与功能发生明显的变化。在城堡建筑史上，14 世纪中期是个重要转折期，在中世纪后期英格兰腹地城堡的防御职能逐渐淡去之时，一些城堡主更是完全以追求建筑艺术和舒适生活为发展目标，不再以防御能力为基本要求，城堡总体上开始呈现出更加明显的精美、奢华的享乐主义倾向。如果说军事性质的城堡依旧存在的话，那以王宫为模式的豪华城堡也越来越多。下面以肯纳尔沃斯城堡（Kenilworth Castle）为例来说明这个趋势。

肯纳尔沃斯城堡历史悠久，12 世纪由杰弗里·德·克林顿（Geoffery de Clinton）建造，起初是一座山丘城堡，至今还能看到山丘上的石制塔楼。以肯纳尔沃斯城堡为核心，附近修建了肯纳尔沃斯城镇和修道院，此时，该城堡明显是以军事功能为主。13 世纪，国王命令用石头城墙取代旧式的木头围栏，并修建一条围绕城堡的土制堤坝，从而形成人造湖和湿地。堤道连着城堡大门，并同时延伸于庭院，修道院中还修建了养鱼塘，此时，肯纳尔沃斯城堡已经开始逐渐向非军事化转变，主要功能向地方的行政中心发展，其军事功能明显衰减。13 世纪中期，西门·德·蒙福尔[1]（Simon de Monfort）成为该城堡的新主人，

[1] 西门·德·蒙福尔（1208～1265），英格兰莱斯特伯爵，1263～1264 年在第二次男爵战争中反抗国王亨利三世获胜。

他是一位活跃的政治家和骑士，为了促成首个议会而发动了一场最终失败的暴动，并在1265年死于伊夫舍姆（Evesham）战役中。战役失败后，他的跟随者逃到肯纳尔沃斯城堡，王室继而进行围攻并成功攻克城堡，城堡内的主楼遭到损坏。13世纪末，城堡主则只是将其作为阵地战的司令部来使用。15世纪，城堡的主人换成了爱德华三世的四子——冈特的约翰（John of Gaunt）。[1]作为兰开斯特公爵，他既富裕又有权势，他将这个城堡几乎完全变成了王室宫殿。"他在城堡内修建了气势宏大装饰华美的大厅，在城堡南侧修建一系列私人宅第，在内部庭院的西边还建有一个巨大厨房。先前堡场中的湿地被改造成为更大的湖泊，通过划船可以从湖的周边到达城堡的各种休闲之地，休闲场所可能是住宅、狩猎小屋，或者是宫殿。尽管该城堡已有部分毁坏，但现在仍然可以从遗址中看出当初的奢华程度。"[2]

第四，中央集权与贵族势力反复博弈——王室城堡终占上风。从城堡的归属角度看，王室城堡与贵族城堡呈现了一个从征服初期的共同发展，到无政府时期的王室城堡比重下降，再从亨利二世至15世纪末，王室城堡的数量在长时间相对稳定后，其比重又开始明显上升的趋势。在诺曼征服初期，出于军事征服与镇压当地人反抗的共同需要，王室与贵族在城堡建造上似乎达成了某种默契，无论是王室城堡，还是贵族城堡都得以快速建造，到亨利一世统治结束时，王室城堡约有五十座，其中仅征服者威廉直接组织建造或委托他人所建的就达三十六座。亨利一世时因征服已经结束，社会相对稳定，新建造的王室城堡不多，但贵族城堡却在鲁弗斯和亨利一世统治时期得到迅猛发展，在斯蒂芬统治的"无政府时期"，贵族城堡的建造更是达到了顶峰，"据估计数量最多时竟有五六百座，甚至更多。而1154年亨利二

[1] 冈特的约翰（1340～1399），兰开斯特家族的创造者，其子亨利成为后来的英格兰国王。

[2] 玛丽莲·斯托克泰德：《中世纪城堡》（Marilyn Stokstad, *Medieval Castles*），韦斯特波特：格林伍德出版社（Westport: Greenwood Press），2005年版，第77页。

世即位前，王室可以直接掌控的城堡仍然停留在五十座左右”，[1]由此可见，王室城堡与贵族城堡之比最高时可能竟达1∶10左右。亨利二世见识过贵族依托城堡所引起的混乱，即位后于短短半年内，就结束了长期内战的混乱局面，夷平各贵族擅自建立的城堡。而后王室也鉴于以往的教训，继续坚持控制贵族城堡的政策，大量的贵族城堡或被王室摧毁、没收或迫使城堡主主动放弃，1154～1215年的金雀花王朝早期，“王室城堡与贵族城堡的比例从1154年的1∶5变成1214年的1∶2”。[2]

13世纪以后，英国城堡的总数趋于稳定，王室城堡比重也稍有下降。当亨利三世在1227年成年时，他还是从诺森伯兰郡的班堡（Bamburgh）到登恩（Denon）的埃克塞特的近六十座王室城堡的主人，而到亨利死时，王室城堡的数量已降到了四十七座。这一时期，由于外部侵扰减少和社会相对稳定，王室对类似剑桥、多尔切斯特和索沃（Sauvey）这样的战略意义不大的防御城堡，不再予以特别的关注和过多的维持。把亨利三世时期王室城堡的总开销与那些接受支出的城堡相对照，可以看出此时国王的城堡政策不是普遍地追求数量，而是具有高度的集中性和紧缩性，即把王室的城堡的开支集中在各个地区特别重要的城堡中，如多佛城堡、威尔士城堡、温莎城堡、温彻斯特城堡和伦敦塔。尽管王室城堡数量在13世纪没有明显增加，但整个王国的社会状况并没有出现混乱状态，国家的政治、经济、军事运作良好。这说明，控制在王室手中的主要城堡能够充分地完成行政目标，也完全有能力应付内陆贵族阶层中偶尔发生的骚乱。14世纪后王室城堡的数量和比重开始有了明显上升，“至1485年，由国王建造或

[1] N. J. G. 庞兹：《英格兰和威尔士的中世纪城堡：一部社会政治史》（N. J. G. Pounds, *The Medieval Castle in England and Wales: A Social and Political History*），剑桥：剑桥大学出版社（Cambridge: Cambridge University Press），1990年版，第57页。

[2] R. 艾伦·布朗：《城堡名单，1154～1216》（R. Allen Brown, “A List of Castles, 1154～1216”），英国历史评论（*English History Review*），第74卷，第291期，1959年，第249页。

掌控的王室城堡达到一百五十多座”。[1]

尽管王室城堡和贵族城堡在实用功能方面并无本质差别，但在政治意义上却相去甚远。众所周知，英国的城堡起源于诺曼征服，从欧陆带来的采邑分封制是中世纪英格兰城堡得以长期存在的经济与政治基础，王室城堡与贵族城堡的政治关系是中央集权与地方分权的关系，两者的兴衰及力量对比，记录着当时社会条件下王室权力与贵族权力博弈的政治现实。王室城堡终占上风的演变过程，反映了当时英国社会的政治格局和中世纪中后期不断强化的中央集权趋势。

三、城堡演变的基本社会原因

“不同的文明在死亡的时刻有相同的面目”，[2]这句话同样适用于中世纪晚期西欧各国城堡演变的现实状况。西欧各国中世纪城堡的兴起原因与发育程度有很大差异，但它们的演变趋势及其演变原因大致相同。对中世纪城堡演变社会原因的深入解析，将在后面的四章中从经济、政治、军事和文化四个方面分别展开，这里只是略谈几个主要观点。

1. 市场经济的发展从根本上动摇了城堡生存的经济基础

相对于其他一切变革来说，经济发展是最根本的变革。伴随着经济发展，政治单位的扩大和军事技术的进步才有了坚实基础。“较大的政治单位围绕着君权（或独裁政体）迅速发展起来。这种发展很大程度上是基于欧洲城市以及富裕的商人阶层的迅速发展。商人们缴纳的金钱税为雇用和供应装备有昂贵的大炮的雇佣军提供了经济条

---

[1] R. 艾伦·布朗、H. M. 科尔文、A. J. 泰勒：《国王工事史》第二卷（R. Allen Brown, H. M. Colvin, A. J. Taylor, *The History of the King's Works*,Vol. Ⅱ），伦敦：女王文书局（London: Her Majesty's Stationery Office），1963 年版，第 553～895 页。这个数字包括在威尔士和苏格兰的王室城堡。

[2] 林国华、王恒主编：《古代世界的自由与和平》，上海：上海世纪出版集团，2010 年版，第 80 页。

件。”[1]“在四分五裂的封建社会，固定的城堡和装备盔甲的骑士都是防御赛中必不可少的棋子。由于它们已经让位于新的军事技术（弩、长弩、长矛和火药），所以最有效的军事单位的最优规模得以逐渐增大。庄园为了效率必须扩大成为一个共同体，一个国家；并且为了存在下去，国家必须得到多于它从传统的封建收入来源所能得到的财政税收。这样国家首脑为了得到税收只得鼓励、增加和扩大贸易，封建城堡不可能为远程贸易提供足够的保护，而现在出现的较大的政治单位或联盟则可以比较有效地将商业发展所需要的路线置于保护之下。”[2]总之，城堡演变的根本原因是中世纪西欧经济的复苏与发展，货币经济、庄园瓦解、农奴解放、远程贸易、城市发展等一系列经济基础方面的深刻变化促使各国在政治、军事及文化各个方面对社会结构与社会关系产生新的需求，而城堡作为一种历史现象，不可能不在各个方面对社会新的需求做出相应的反应。

2. 政治上的集权化趋势改变了城堡存在的政治土壤

城堡是西欧中世纪政治气候的晴雨表。城堡的兴起在政治上反映的是中世纪初期封建社会权力分割与权力地方化的社会现实。在其后的社会发展中，各种政治力量之间的斗争开创了一个中央集权化与地方分权化此消彼长的时代，并随着这种矛盾运动的逐步发展，“一种中央集权化的动力逐步在欧洲形成”。[3]包括英国在内的西欧主要国家的中央集权化在控制城堡数量、制约城堡功能及类型演变过程中扮演着重要角色。

首先，从中世纪盛期开始，“一种经济、军事和意识形态的混合力量把一批‘协调’的中央集权的领土型国家推到显要地位。由于国家政治调节作用的扩大，地方性的和超国界的基督教和‘封建’的调节

---

[1] 约瑟夫、弗朗西斯·吉斯：《中世纪城堡中的生活》（Joseph and Frances Gies, *Life in a Medieval Castle*），纽约：哈帕和罗出版社（New York: Harper & Row Publishers），1974年版，第219页。

[2] ［美］道格拉斯·诺斯、罗伯特·托马斯：《西方世界的兴起》，厉以平、蔡磊译，北京：华夏出版社，2009年版，第22～25页。

[3] ［美］维克多·李·伯克：《文明的冲突：战争与欧洲国家体制的形成》，王晋新译，上海：上海三联书店，2006年版，第16页。

作用降低了”。[1]随着国家逐渐能够在更大范围内提供安全保护和公共管理职能，以及司法权力的集中，使得分散的以城堡为中心的大小领主的行政权力与司法权力的行使空间日益缩减，城堡的政治意义大为降低，城堡作为地方行政中心的功能趋于弱化。

其次，政治力量的对比关系对城堡数量的增减具有重要影响。在王室统治未稳，或王室内乱之际，往往就是贵族城堡泛滥之时，这在诺曼征服初期和斯蒂芬的无政府时期已经得到验证。总的看来，领主们滥造城堡、据堡自重、割据私战、参与反叛等行为，对王室集中行使政治权力造成极大的障碍。因此，王权重振，收回或摧毁贵族城堡就成了政治上的当务之急。尽管这个原因并不是城堡数量减少的唯一原因，但至少是一个重要因素。理查德·伊尔斯在《诺曼英格兰的王权和城堡》一书中曾转引过诺曼编年史家托利格尼的瑞勒特（Rlert of Torigni）的一个说法，按照瑞勒特的估计，在1153年的和平协议之后，有大约一千一百一十五个“castella naviter facta”被国王摧毁。[2]参照其他资料看，这个数字可能有些过大，不宜全信，但毫无疑问可以从中看出中央集权化趋势对城堡演变具有重要的制约作用。

此外，还可以观察到英格兰腹地城堡的衰落要比边境地区提前得多。可以说从亨利三世时起，英格兰腹地城堡就显露出衰落的苗头，到爱德华一世统治英格兰时，衰落开始加速，这种衰落更多体现在城堡数量的减少、军事功能的减弱等，充分体现了中世纪英格兰腹地政治权力走向集中、国家行政功能强化、社会秩序相对稳定等重要特点。甚至再到后来“还有一个额外的因素，新的政治地理环境使得许多旧的边界城堡变得没有价值了，比如那些保卫长期争战的英格兰－威尔

[1] ［英］迈克尔·曼：《社会权力的来源》第一卷，刘北成、李少军译，上海：上海世纪出版集团，2007年版，第513页。

[2] 理查德·伊尔斯：《诺曼英格兰的王权和城堡》（Richard Eales, “Royal Power and Castles in Norman England”），转引罗伯特·利迪亚德：《盎格鲁－诺曼城堡》（Robert Liddiard, *Anglo-Norman Castles*），伍德布里奇：博伊德尔出版社（Woodbridge: The Boydell Press），2003年版，第52页。

士边境以及诺曼－布列吞－法兰西边界的城堡”。[1]

3. 战争与军事变革是促使城堡演变的直接原因

无论人们如何重视对中世纪社会政治、经济因素在城堡兴起过程中作用的分析，战争与军事因素对城堡缘起与演变的直接影响还是显而易见的。城堡演变的军事因素已经是一个探讨比较充分的问题，早在1912年，汉密尔顿·汤姆森就在其著作《中世纪英格兰的军事建筑》中提到了城堡发展的达尔文进化理论，即认为城堡是在应对中世纪无数次特定的进攻与防御中发展变化的。从这个意义上讲，没有中世纪的战争，就没有中世纪的城堡。

城堡防御功能的改进或放弃，反映着进攻方式的变化与作战手段的改进。中世纪后期发生了一系列的军事变革，如阵地战逐渐取代围攻战成为主要作战形式，雇佣兵逐渐取代骑士作为主要战斗力量，火枪和火炮逐渐在战争中发挥出重要作用。这些军事变革直接导致了不同城堡的不同命运：一些战略要地的城堡向更强更大发展，更加突出军事功能，个别城堡甚至在后期被改造成了纯粹的军事堡垒；一些城堡被改造成了只具有些微防御功能的庄园、房子或宫殿。军事变革不仅影响城堡的功能与类型的变化，还直接导致了许多实际上没有多少军事意义的小城堡干脆被彻底弃用。

战争与军事因素对城堡演变的影响是明显和直接的，但不是决定性的，因此不能被过分夸大。布朗在提到城堡军事因素时强调：军事组织和战争的处理方式也是社会整体组织的一个部分，是社会关系的特殊表现形式，这就要求我们在探讨城堡军事因素时，还要再次“追溯到与社会性质变化相联系的基本解释”。[2] 而这种社会性质变化最大的特点，就是中世纪中期之后市场经济的发展和政治上的中央集权。

---

[1] 约瑟夫、弗朗西斯·吉斯：《中世纪城堡中的生活》（Joseph and Frances Gies, *Life in a Medieval Castle*），纽约：哈帕和罗出版社（New York: Harper & Row Publishers），1974年版，第220页。

[2] R. 艾伦·布朗：《英国城堡》（R. Allen Brown, *English Castles*），伍德布里奇：博伊德尔出版社（Woodbridge: The Boydell Press），2004年版，第169页。

4. 文化发展对城堡演变具有潜移默化的深层影响

城堡是中世纪的重要建筑之一，建筑的主要功能就是为社会生活服务，服务对象的物质生活要求和精神生活要求决定着建筑发展与变化的方向。建筑除了要适应社会生产关系的变化，满足当时人们的实际生活需求外，还要满足人们的审美要求和精神需要。因此，城堡具有不可忽视的重要文化层面的功能，反过来，中世纪社会的文化发展对城堡的演变也具有重要影响。

这主要表现在五个方面：一是当时社会对战争态度的变化，从崇尚暴力、追逐战争的蛮族文化，到因基督教文化和法律文化的长期浸化而逐渐形成了“上帝和平”与“国王和平”的环境与实践，在解决社会矛盾时，对战争机器的依赖有所减少。二是由于建筑艺术的发展，中世纪后期出现了哥特式城堡。哥特式建筑最大的特征是利用拱券、拱顶、飞扶壁、尖塔、玫瑰窗等语言，形成了高耸的竖向构图与玲珑剔透的雕饰，表达了向上升腾的气势和超凡脱俗的感觉，这种建筑艺术与中世纪后期的蓬勃向上的时代精神交相辉映。三是从社会文化发展的角度讲，封建骑士的逐渐绅士化，以及体现骑士美德与高雅的骑士精神的广为传播，是一个文化进步过程，对城堡的非军事化趋势具有积极影响。四是出于对美的追求，一些城堡与自然环境紧密结合，形成了重要的人文景观，至今仍令人叹为观止。五是由于人们对历史文化怀念与传承的需要，城堡的象征主义功能得到了进一步的提升，“在以后的岁月里虽然出现了各种取向，但其中固定不变的是，城堡是领主炫耀的手段，以至于人们将城堡或围墙与领主的社会地位等同起来，同时，通过这些建筑也充分表明了领主要求人们对他们社会地位承认的期盼”。[1]

---

[1] ［法］让·梅斯基：《城堡：从战争时期到和平年代》，赵念国译，上海：上海书店出版社，2004年版，第15～16页。

第二章

经济视域下的中世纪城堡

第一节　城堡兴起的经济因素

城堡的产生在经济方面代表着一个中央财力匮乏，以传统农业社区的自然经济和庄园制度为标志的特定历史阶段。探究城堡兴起的宏观经济背景，可以使我们更加全面地理解城堡丰富的社会意涵，同时也有助于加深对西欧中世纪社会的经济结构与经济发展的认识。

一、城堡兴起与中央财政状况

中世纪早期西欧国家的中央财力普遍薄弱，这是一种近乎于绝对意义上的薄弱。“无论按古代标准还是按现代标准衡量，这种国家都是弱小的。有许多事情是国家所无力顾及的，是在公共领域之外的，是‘私人性’的。”[1] 从人类社会发展的角度看，自从国家产生以来，中央财力是国家提供公共产品的物质基础，古往今来，概莫能外。当然，公共产品的种类与范围随社会发展有所变化，但无论怎样变化，国家

[1]［英］迈克尔·曼：《社会权力的来源》第一卷，刘北成、李少军译，上海：上海世纪出版集团，2007年版，第487页。

的安全与和平都是公共产品的基本内容。为了国家的安全和有效治理，国家必须要在以下三个方面有所作为：一是要有一支能征善战的军队，以备战争之需；二是要有一套官僚机构及管理人员，对社会进行必要的日常治理活动；三是要有一种有效机制，在社会战乱动荡之际能够保护其成员的生命与财产安全。这三个方面无一不需要强大的国家财力的支持。当时的国家或王室没有经济实力做好这三方面工作，不等于社会就没有这三方面的需要，于是某种替代的产品就应运而生。由于“缺乏资金支付官僚机构、法院和军队的给养，这时唯一可供选择的办法就是将地产作为他们从事公共事务的报酬，但接受地产的封臣们却倾向于将地产当作私人领地来管理”。[1]这就是西欧中世纪的封建制度。

采邑兵役制是西欧中世纪封建制度的重要内容。中央财力匮乏、采邑兵役制和中世纪城堡三者之间存在深刻的内在逻辑关系。缺乏中央财力，就没有实行雇佣军或常备军制度的强大经济基础，在需要军事力量时，不得已，采邑兵役制就可能成为首要的选项；而采邑兵役制一旦推行，城堡也往往会相伴而生。因为，采邑不仅仅是骑士服军役的酬劳，同时也意味着对土地的分割，意味着地方权力中心的产生。“由于经济相当的原始，任何领主都不可能有大量的现金来支付庞大的雇佣军。唯一的办法是赏赐土地。这就使得受封的战士有了一个潜在自主的权力基础”，[2]而城堡就是土地分割和地方权力的明显的物质表征。中央财力与采邑制及城堡三者的这种关系，不仅明显表现在9世纪城堡最初兴起的法兰克地区，即使在11世纪中后期的英格兰也是如此。表面上看，英格兰的城堡是威廉在征服过程中从欧陆带进的，但深层的决定性因素仍然是诺曼英格兰与欧陆其他国家一样，在经济上

[1]［美］斯塔夫里阿诺斯：《全球通史（第七版）》上册，董书慧、王昶、徐正源译，北京：北京大学出版社，2005年版，第276页。

[2]［英］迈克尔·曼：《社会权力的来源》第一卷，刘北成、李少军译，上海：上海世纪出版集团，2007年版，第486页。

还不具备可以不需建造城堡，或者垄断建造城堡的中央财力。“不需建造城堡”的意思是国富兵强，所向披靡，无需被动防御。“垄断建造城堡”则是指在国家必须提供物质形态的安全保障时，由国家统一规划，筹措资金，建造国家公共防御工事，而不需私人势力染指公共防御。这两点对1066年的征服者威廉来说，仍然是可望而不可即的事情。

有学者认为，征服者威廉之所以能够如此快速地征服一个当时无论是经济层面，还是政治方面都优于诺曼底的国家，主要有两个因素：一是已在原法兰克地区成型的采邑兵役制；二是从诺曼地区引进过来的作为防御住宅和军事基地的城堡。事实上，在诺曼征服前，城堡已经在欧陆存在二百年之久了。毫无疑问威廉身为诺曼公爵也势必知晓城堡对政权分割的强化作用，然而为什么威廉仍然要将其引入英格兰呢？可以说当时的经济背景是关键因素。城堡建造需要大量资源，包括金钱、原料和劳工。尽管当时绝大多数城堡属于简易的丘堡，但数量的巨大也使得威廉想要在每个重要地区都建造由他控制的城堡是不可能的。从根本上说，威廉及以王室为代表的中央政府，无法从当时落后的经济条件下获得将城堡建造完全掌握在自己手中的能力，而只能将城堡——这一肯定会削弱中央集权的工具交给多数的贵族。就当时的情况看，无论是盎格鲁－撒克逊的后期，还是威廉征服的初期，王室的财力都不够强大。例如，在“忏悔者爱德华[1]统治的最后十年里，王室的收入只有约五千英镑，或者不足古德汶兄弟（哈罗德、托斯蒂格、吉尔斯、利奥弗汶）年收入的15%。只要王室的收入低于任何两个地方大贵族收入的总和，而后者又愿意联合，那么王权就岌岌可危了”。[2]再如，即使到威廉一世后期，王室的收入也才不过两万镑。在当时中央财力如此匮乏的情况下，威廉如果不对跟随自己征战的诺

[1] 忏悔者爱德华（约1001～1066），英格兰盎格鲁－撒克逊时期国王，因对基督教的虔诚，被称之为“忏悔者”。

[2] ［美］迈克尔·V. C. 亚历山大：《英国早期历史中的三次危机——诺曼征服、约翰治下及玫瑰战争时期的人物与政治》，林达丰译，北京：北京大学出版社，2008年版，第37页。

曼贵族采取采邑兵役制，又拿什么去犒劳、激励和维持封建军队呢？如果不允许封臣存在一定程度的地方割据，又如何进行必要的社会管理呢？如果只允许王室直接建造并控制城堡，城堡又如何能够得以迅速建造，并且在征服和统治英格兰的过程中发挥重要作用呢？

二、城堡兴起与农业社会的特点

农业社会是与游牧社会和工业社会相对应的概念。与游牧社会比较，农业社会是定居社会；与工业社会比较，农业社会是自然经济社会。在农业社会中，土地是财富的基本形式，人们之间的各种利益冲突最终都与土地联系在一起。中世纪城堡的普遍兴起，在经济方面不仅与中央财力匮乏相关，同时还与当时农业社会的基本特点具有深层次的联系。

1. 土地与定居对城堡具有深层需求

农业社会的首要特点是以土地为本，以定居为基本生活方式。在相对纯粹的农业状态下，社会人口的大多数都在从事农业活动，生产工具简单，生产力低下，物质匮乏，收获的多少主要取决于年景，人们之间的各种利益冲突最终都与土地联系在一起。正如亨利·皮朗所分析的那样，在西欧中世纪的这一历史阶段，“所有各阶级的人，从皇帝（除土地收入外，别无收入）以至最卑贱的农奴，均直接或间接地依赖土地的产物为生，不管他们是靠自己的劳动来获得这些产物，还是仅仅通过征收来获得这些产物并加以消费。动产在经济生活中不再起任何作用。整个社会生活都建筑在地产或对土地的占有上。因此，要使国家的军事制度与行政制度不建立在土地所有的基础上，是不可能的”。[1] 这是经济基础对上层建筑具有强大制约力的具体体现。可以说，西欧社会在中世纪早期，是一个没有资本的时代，一切社会关系

[1] ［比］亨利·皮朗：《中世纪欧洲经济社会史》，乐文译，上海：上海世纪出版集团，上海人民出版社，2001 年版，第 5～6 页。

都要以人与土地的关系为基础，土地是生存基础，社会财富主要体现为土地和房屋这类不动产，“这一事实，是社会结构在封建社会里之所以具有静止状态与固定性的主要原因”，[1]这种相对固化的社会结构和社会关系又对相对稳定的保护机制提出了客观要求，很难设想，一个居无定所的游牧群体会对城堡这种防御工事产生普遍需求。

2. 自然经济对城堡具有现实需求

自然经济是农业社会的特征之一。在自然经济状态下，“社会往往会分裂为聚族而居的村庄这样的小规模社会单位，而这些村庄却又被渺无人烟的空地隔离开来。其居民间的封闭隔绝状态比之今日的情形一定严重得多”。[2]一个个村落基本上都是封闭的自然经济社会，这就意味着货币对人们日常生活的影响微乎其微，人们的财富更多地体现为非货币化的实物形态。自然经济的最大特点是自给自足，而自给自足的经济形态又直接对人们的动产形成了三个明显的制约：一是财富与生活和生产紧密相关，基本上都是生存必需品；二是数量不多，能够温饱已属不易，即使是领主也并非都能穷奢极欲；三是即使有富余，也往往需要以实物形态储藏于居所之中或附近。如果社会安定，则生存无虞；如遇天灾人祸，则生活必将难以为继。因为社会财富大多都是生存必需品，没有就无法生存；还因为数量不多，稍有损失就难以承受；又因为经济生活普遍为非商品化与非货币化，没有钱买，也无处去买。但与此同时私有观念与生存需要已激发起了人们的物质欲望，这也是一个暴力盛行、掠夺与反掠夺并存的时代。在这种社会环境下，无论穷富贵贱，对财富的取得与保护都格外重视就不足为奇了。于是，这个时期，一座座由封建领主所建造的城堡拔地而起，遍布西欧。这些具有防御功能的领主宅邸既是领主自己和家人的安身之地，也是臣

---

[1] [美]汤普逊：《中世纪经济社会史》下册，耿淡如译，北京：商务印书馆，1984年版，第323页。

[2] [法]马克·布洛赫：《封建社会》上卷，张绪山等译，北京：商务印书馆，2007年版，第129页。

民的避难所，一般都或多或少由武士来护卫。除了保护人身安全外，城堡也是那些生存必需品的贮藏与防卫重地，“收藏谷物、熏肉以及从庄园农民那里征收来的各种实物，这些东西用以供养守备队，但是在危机的时候，也用来供应那些驱赶着牲畜进入城堡的人们。因此，世俗的城堡与教会的城市一样，都依靠土地为生。它们完全适合于农业文明，因为它们完全不是反对农业文明而是保障农业文明”。[1]

3. 传统农村社区的习俗要求领主提供地方性保护

农业社会是熟人社会，社会关系中非经济因素具有重要影响。“我们可以毫不夸张地说，古代农业社会建立在道地的传统主义之上。在这种社会中，只有那些长期延续的才最有存在的理由。集体的传统——习惯法——统治着人们的生活。”[2] 领主提供必要的保护，不仅仅是因为农奴与领主有人身依附关系，领主不得已而为之。领主提供保护并非起源于中世纪的封建制度，从历史发展看，领主保护臣民更是一种源自于农业生产和农村生活方式的传统农村社区的古老习惯。

中世纪西欧的农村，交通不便，通讯不畅，规模不大，流动性弱，封闭性强，在社会学的社区及群体理论中，是典型的传统社区和初级群体。在传统农业社会的村落中，成员间的交往是全面和长期的。由于对付出的回报具有非即时的期待，人们的利害关系至少在表面上看起来，没有工业时代那样赤裸裸、毫无遮掩。村民们守望相助，出入相友，病残相扶，自觉地帮助他人，并对他人的帮助抱有合理的期待。在相对封闭、落后、稳定、狭小的传统社区中，任何人都不可能垄断生产或生活中所必需的物质资源或精神资源，初级的交换在所难免，其成员之间，无论贫穷贵贱，相互帮助是应有之意，甚至是相当单纯和简单的，以至今天生活在工业社会或后工业社会中的人们难以理解

[1] [比] 亨利·皮朗：《中世纪欧洲经济社会史》，乐文译，上海：上海世纪出版集团，上海人民出版社，2001 年版，第 40 页。

[2] [法] 马克·布洛赫：《法国农村史》，余中先、张朋浩、车耳译，北京：商务印书馆，2003 年版，第 85 页。

和相信。在传统的村落里，如果有户农民盖房子，其他村民往往会主动无偿地予以必要帮助，添砖加瓦，出工出力；如果有人家在收获季节突遇意外恐违农时时，邻人也大多会帮忙收割，不致让成果烂于地中；“遇到疾病或者残疾，邻人会来援助”。[1]

在传统农村社会中，文化传统与惯例在规范人们的行为模式方面具有根本性的作用。在传统的农业社会里，相对孤立的不同人群之间，往往缺乏了解和信任感，彼此戒备甚至敌视；而在相对封闭的村落内部，则朝夕相处，交往频繁，群体成员的认同感十分强烈。在这样的村落里，人们之间不可能过于冷漠，因为生活空间太紧密了；人们不可能不经常去帮助他人，因为习俗告诉人们，帮助他人通常也是在帮助自己。在传统的农业社会中，同一群体内部人们之间的依附与保护关系，就是一种由来已久的习惯，并非只是到了庄园经济时代才有的社会现象。而且，领主不仅对依附于自己的农奴有保护义务，对其他居住在领地里自由民的安定生活也有保护责任。尽管自由民与领主的关系可能仅仅是一种纯粹的租佃关系，只是租种他的土地或居住在领主的庄园中，但其仍然对领主有某种程度的隶属，比如因租用土地要缴纳各种贡赋，或者履行社区中的其他辅助义务。当然，“作为补偿，他有权接受领主的保护。举一个例子，1160 年库尔米耶附近的博讷维尔新建村中的佃户对领主没有任何奴役关系，但济贫院的骑士们保证‘无论平时还是战时都要像对待自己人那样看护和保卫他们’”。[2]

三、城堡兴起与庄园经济制度

尽管自 20 世纪 80 年代开始，庄园（Manor）逐渐淡出历史学家的

[1] ［比］亨利·皮朗：《中世纪欧洲经济社会史》，乐文译，上海：上海世纪出版集团，上海人民出版社，2001 年版，第 62 页。

[2] ［法］马克·布洛赫：《法国农村史》，余中先、张朋浩、车耳译，北京：商务印书馆，2003 年版，第 100 页。

视野，许多学者不再把庄园作为研究乡村社会和经济的中心，特别是最近几年，这个词几乎悄无声息地退出了历史视野，许多历史学家在研究中甚至摒弃了这个概念。但无论如何，庄园仍然在中世纪西欧的社会结构中占有重要地位，研究西欧中世纪城堡不能无视或绕过庄园制度。

庄园制度的内涵和封建制度是不同的，依照大多数中世纪史学家使用的含义，“封建制度乃是一种政治制度，其间政府被大量分权”。[1]而庄园制度是一种经济制度，含义是“领主控制着地产，从属承租者依赖它而生活，形成一种在大部分西欧和中欧地区可见的农场联合”。[2]这说明庄园本身还是一种组织制度，是领主在自己的地产上组织生产，获取收益的一个基本形式，是以某个核心区域为基础而发展起来的自给自足的“封闭式”经济体。对绝大多数尤其是较大的庄园来说，它们的核心区域就是领主建造的带有防御功能的城堡。庄园一词的原本含义即此，“庄园（manerium）源自拉丁文 manere，指一个高大的庭院建筑，即封建主居住之所，和英文 hall 意思相近。到后来才演化为不仅指这个建筑中心，而且还包含其周围的土地”。[3]从庄园的原始词意上看，庄园中有高大的建筑，而且这个建筑就是庄园主的宅邸。在中世纪的封建社会中，这个建筑又通常表现为城堡的形式。接下来的问题是，庄园主为什么通常要把宅邸建在庄园中，宅邸又为什么大多以城堡的形式出现？当然，原因是复杂的，在这里仅从经济角度简单予以阐释。

第一，保护领主及家人的人身与财产安全需要建造城堡。在中世纪，尤其是在中世纪早期的西欧，庄园主的财富与对土地的占有表现

---

[1] ［美］罗伯特·E. 勒纳、斯坦迪什·米查姆、爱德华·麦克纳尔·伯恩斯：《西方文明史 I》，王觉非等译，北京：中国青年出版社，1994 年版，第 286 页。

[2] 杰拉尔德·A. J. 霍杰茨：《中世纪欧洲社会经济史》，（Gerald A. J. Hodgentt, *A Social and Economic History of Medieval Europe*），伦敦：劳特里奇出版社（London: Routledge Press），2006 年版，第 124 页。

[3] 马克垚：《英国封建社会研究》，北京：北京大学出版社，2005 年版，第 143 页。

出高度的一致性。占有和控制财富是人在私有社会形态下的一种本能，而占有和控制财富的最有效方式，是尽可能在空间距离上与财富接近。对土地这种不动产而言，最为密切的接触无疑是居住其上，既方便利用，又有利于管控。同时居住在自己的领地上，增加心理安全感的功能不言而喻。此外，众所周知，庄园制度下的商品经济十分不发达，自给自足是人们生产与生活的常态，实物地租也致使领主的动产财富缺乏流动性，领主及家人“必须就地消耗每一领地的产品，因为要把产品运送到某一个中心，既不方便也相当昂贵”，[1] 于是对动产的储藏与保管就成为现实中的迫切要求。还有当时的社会战乱频发，绑架、勒索或抢劫也时有发生，如何保护人身安全也是一个不容忽视的现实问题。那么，在庄园中是否可能将防御工事、仓储库房和居所分别建造呢？实践给予了回答，从经济成本与实际需要出发，在当时条件下，建造集居住、储藏及防御功能于一体的城堡往往就是最优选择。

第二，宣示领地归属和炫耀领主权力需要建造城堡。庄园里的城堡是庄园主政治和军事权力的象征。本来，建造城堡这样的军事设施，属于国家的主权，也是王室的特权。然而，社会的无政府状态以及战乱和动荡，将这种权力赋予了大大小小的封建主。于是，一个庄园就成为一个社会，一个私人庄园主就可以行使一个国家的公共权力。这是一种典型的欧洲封建制度。领主在领地建造城堡的直接起因可能是战乱与安全问题，但比较而言，和平时期也许更长一些。无论战乱还是和平时期，一座座高大的城堡，庄严地矗立在庄园其他低矮、简陋的建筑中间，无疑是在以其地标性建筑的方式，向世人宣告领主的存在。作为领主的行政中心，城堡为领主提供了履行一些公共义务的地方，这对于维持领地和领主对其所属区域的有效控制非常重要。“在一个敏感于有形事物、重视象征性行为的时代，还有什么比

[1] [法] 马克·布洛赫：《封建社会》上卷，张绪山等译，北京：商务印书馆，2007年版，第126页。

这一切更醒人耳目地显示出领主的威望，或使他欣欣然意识到这种威望呢？”[1]

第三，维护庄园制度需要建造城堡。“庄园的本质因素，应是领主自营地和农奴份地同时存在，这样庄园才能成为一个封建主经营的经济实体。由于地租形态是劳役地租，才要派管家主持生产，监督劳动；才需要在庄园上有各种生产设施。所以，确切地说，我们应称这种西欧、英国的庄园为农奴劳役制庄园。”[2]实行劳役地租，便有了领主对生产者的人身强制，西欧中世纪庄园经济是以将大量的劳动力禁锢在大量土地上为基础的。因此，在中世纪初期，领主权力的展现不仅依靠其手中掌握的土地规模，他所控制的承租者的数量也是重要指标之一，至少在12世纪之前，中世纪领主的财富，往往通过最大数量的承租者来展现。因此，要想留住承租人，领主就必须为他们提供有效的保护。

任何经济活动的运行，都需要一种相对安全的环境，领主的城堡就起到这样的作用。在城堡以及城堡骑士的帮助下，庄园内的农奴在一定程度上可以免受外来的侵扰，在生命受到威胁时，他们一方面可以获得来自主人的救助，另一方面可以将财产如牛、羊等运到城堡里免遭损失。“在战争时期，领主保护其臣民不受敌人侵袭，把他们掩护在他的城堡的围墙之内。这样做，显然符合领主自己的利益，因为他要靠他们的劳动生活。”[3]布瓦松纳在论及封建制度时提到：“封建制度实际上是由一种社会必要性、一种安全契约即军人为了交换农民有用的劳役而提供的保护所产生出来的。”[4]对这一点，亨利·皮朗说得更为明确，领主们因分封而在领地中具有了权力，也就立即承担了

[1] [法]马克·布洛赫：《封建社会》上卷，张绪山等译，北京：商务印书馆，2007年版，第357页。

[2] 马克垚：《英国封建社会研究》，北京：北京大学出版社，2005年版，第146页。

[3] [比]亨利·皮朗：《中世纪欧洲经济社会史》，乐文译，上海：上海世纪出版集团，上海人民出版社，2001年版，第60页。

[4] [法]P. 布瓦松纳：《中世纪欧洲的生活和劳动》，潘源来译，北京：商务印书馆，1985年版，第147页。

由此而产生的义务。“他们最关心的是保卫和保护已经成为他们的土地和他们的人民的那些土地和人民。他们不会不执行只要关心私人利益就不得不执行的任务。”[1]领主可能有时非法地侵犯其臣民的财产，但出于其所拥有的社会地位和职务，他们更多的是每天骑着马和随从一起以城堡为中心，早出晚归，四处巡视，即对他们的臣民进行军事保护、整顿治安以及施行行政管理，而且绝大多数领主的责任完成得很出色。

第四，领主行使其他经济权力需要建造城堡。在中世纪的西欧，大部分乡村城堡是实施庄园管理的媒介，是部分乡村领主的统治机构，同时也是广阔的、通常分散的庄园体系的中心，以及大范围农业资源管理的中心。由于城堡的庇护，农民得享安全。“他们不再被屠杀，不再被牵去做俘虏，他同他的家属不再被赶在牛羊群里走着，颈脖被架入叉耙里。他敢于出门犁田、播种并依靠自己的收获；他知道万一遇到了危险，他和他的谷物、牲畜能够在炮台脚下的木栅圈内找到避难所。由于需要，主塔的军事首领和旷野的早期居民之间，逐渐有了默契，而这就变为一个公认的习惯法了。”[2]作为提供保护的对价，坐拥城堡的庄园主，一方面可以因为土地占有关系，依靠农民的劳动获得自营地上的收益以及份地上的租金，另一方面还可以通过在庄园中提供一些其他人所不可能提供的社区公共服务，如推荐公职岗位人员、执行婚姻缔结程序、解决政治与法律纷争、划分狩猎区域等，获得其他财产性收入。例如庄园主向农民们征收各种各样的税：实物或者现金形式的土地税，只有农奴和最低等级的人才必须交纳的人头税，使用由庄园主垄断的磨坊、烤面包房、酿酒作坊，甚至村庄水井等的专利税，以及农奴继承父亲土地所有权的继承税、过桥行路税、结婚税、死亡税等等。作为领主或统治者，庄园主有权仲裁人们的争端，惩罚

[1] ［比］亨利·皮雷纳：《中世纪的城市》，陈国梁译，北京：商务印书馆，2007年版，第45页。

[2] ［美］汤普逊：《中世纪经济社会史》上册，耿淡如译，北京：商务印书馆，1984年版，第321～322页。

罪行。如果领主认为农奴违反了庄园的规矩，在庄园的法庭上就可以审判他。法庭由封建领主本人或者他的管事主持，对农奴或课以罚金，或没收财产。

以上所分析的诸多经济因素可以看作是西欧中世纪城堡兴起的基础条件。当然基础条件并非是城堡兴起的充分条件，城堡之所以能够大范围地兴建于中世纪西欧的大地上，还有赖于基础条件与战乱及权力分割等其他社会条件紧密结合。总的发展趋势正如有学者指出的那样：时代的动荡加速了政治的不安定状态和地方分权政治的发展，伯爵或领主们渐渐将他们为国王管理和保卫的土地，看成自己的土地。同样地，缺乏安全感的居民们，由于越来越需要向他们寻求保护，因而，便也将这些伯爵或地方领主看成他们自己的统治者。贵族们在所管辖的地区，行使着先前由国王掌握的公权。在大领主们未能保护他们的领地免遭灾难的地方，政治权力更加分散。在许多地区，政治单位逐渐缩小成为城堡领地，即靠近领主城堡的那片土地，而小农们就处于其比较强大的邻居的庇护之下。这些邻居常常拥有武装的侍从，筑有供人们避难的堡垒，在属他的区域里行使着事实上至高无上的权力。逐渐地，以城堡为中心的庄园普遍发展起来，成为封建制度和封建社会的基础或基本构成单位。终于，在各种因素的作用下，新的封建秩序完全形成了。[1]

第二节　城堡对中世纪经济生活的影响

城堡作为中世纪乡村经济重要的节点和城市经济活动的主要中心之一，起到了集中经济优势、提供活动场所、促进城乡发展的重要作用。城堡对中世纪经济生活的影响主要体现在以下三个方面。

---

[1] 李秋零、田薇：《神光沐浴下的文化再生——文明在中世纪的艰难脚步》，北京：华夏出版社，2000年版，第157页。

一、城堡对城堡市场具有催生作用

城堡在建造时经常选择交通要道或河道交叉处，有利于商品的流通。作为乡村和庄园的中心以及交通枢纽，再加上城堡附近可以说是当时社会最为安全的地方，因此城堡一经建成就吸引着周边农民、商人的目光。商人们汇聚在城堡附近的空地，通常是在城堡大门前的开阔处进行交易，农民们也在此购买或交换他们所需的物品。如“多赛特的科夫（Corfe），在那里，一座小型筑堡城镇就是在王室城堡的基础上发展起来的，两条来自南方的道路在这个地方交会，而且城堡还控制着波倍克岛和南部多赛特之间的主要道路”。[1]许多城堡都是这样坐落在交通网络的主要节点上，特别是主要水陆交通路口。以牛津郡班伯里（Banbury）的林肯主教的城堡为例，“该城堡坐落在一条重要的东西走向的查威尔河（River Cherwell）与从考文垂到牛津的南北走向的道路交叉处附近。作为一个男爵大领地的经济中心和百户区及部分教区的行政中心，城堡对人群聚集的引力必然是巨大的，城堡大门附近是市场活动的天然中心，久而久之就形成了城堡大门市场”。[2]城堡市场的规模和形式受城堡所处的地理环境及领主的社会地位和雄心等因素制约。城堡市场在大多数情况下都设在城堡大门的前面，通常是正方形，如在德比郡的卡斯尔顿（Castleton）；或者是矩形的，如拉特兰郡（Rutland）的奥克姆（Oakham）；有时也会有三角形，就像坎布里亚（Cumbria）的艾格蒙特（Egremont）。市场的形状不是一成不变的，会随着社会发展、现实需要有所变化，有些市场当年到底是个什么模样，今天仅从遗址上看已经说不清了。康沃尔的威克·圣玛丽（Week St Mary），是中世纪城镇的三角形城堡大门市场，据说其原始面积有两公顷，现在却仅剩下曾经存在过城堡市场的些微痕迹。

---

[1] 奥利弗·克赖顿：《城堡和景观》（O. H. Creighton，*Castles and Landscape*），伦敦：康廷努姆国际出版集团（London: Continuum），2002 年版，第 164 页。

[2] 同上书，第 164～165 页。

尽管城堡大门是建设市场的绝佳位置，但也不是唯一的选择，也有市场是建在交通要道上。以阿尼克（Alnwick）城堡为例，巨大的矩形市场与其还隔着很远的距离，区域景观的位置是在三条贯穿城镇的主要通道的交叉处，可能这里曾经是一处原始的盎格鲁人村庄；赫里福德，威廉·菲茨·奥斯本在1067～1069年建造的新城镇中，设计有一个巨大的漏斗型市场，这个市场也不靠近城堡大门，而是位于城堡和旧撒克逊堡镇的北方，目的是选择一个更具商业潜力的位置。上述例子说明，尽管城堡周边有许多优势，但商业考虑并不必然的以城堡大门为中心，那里只是进行商业活动较好的位置之一，而不是唯一。

一般说来，建造城堡及发展城堡市场是符合城堡主利益的。因为正像韦伯所分析的那样，"下列这些关系是十分清楚的：一是不管哪儿有城堡，工匠就会自己来到，或者被引入，以满足领主及武士家计所需；二是军事宫廷的购买力及其所提供的保护不断地吸引商人到此；三是领主也有意吸引这些人来，因为他们可以协助他取得货币来源——不管是征贸易及手工艺税，或者投资与他们合作，自己从事贸易，还是根本就垄断这一切；四是沿岸城堡的领主，由于拥有船只或港口，永远都可以从'海上运输'——不管是暴力劫掠或和平贸易——取得其分内所得"。[1] 可见，城堡市场的出现不仅方便周边人们购买生活所需品，最重要的是它的出现为领主们开辟了获得经济收益的新途径，领主们向市场商人们收取费用增加其收入，从而提高他们的经济地位。不同的庄园都有为方便贸易而建造的市场，它们彼此之间或远或近，经常构成竞争之势。"如在特利门顿（Trematon），伯爵的市场在星期日举行，而同一天埃克塞特的主教市场也举行，且据说已经影响了其北四公里外位于圣杰曼（St. German）的早期市场。"[2] 此外，威

[1] ［德］韦伯：《韦伯作品集Ⅱ经济与历史支配的类型》，康乐、吴乃德、简惠美等译，桂林：广西师范大学出版社，2004年版，第214页。

[2] 奥利弗·克赖顿：《城堡和景观》（O. H. Creighton, *Castles and Landscape*），伦敦：康廷努姆国际出版集团（London: Continuum），2002年版，第164页。

廉·马尔特（William Malter）在他的萨福克庄园里建了一处城堡市场，而附近何克森（Hoxne）主教的庄园内，也有一个市场，很明显形成了竞争态势。其实，在马尔特建造自己的市场时，对手何克森主教的市场已经存在了，但是马尔特给附属于他的中间领主或次级领主发出信函，明确提示他们应该光顾他的市场。为了显示对领主应有的尊敬和依附，马尔特的附庸不得不选择光顾他的市场。在当时的社会经济条件下，当地经济活动的能量尚不足以支持两个市场同时兴旺，因此其中一个市场不可避免地在商业活动中会败下阵来，甚至最终停止经营。马尔特的成功证明了在某些特定的区域内，世俗领主可能比教会领主拥有更大的影响力，但这不是说教会领地在促进商业发展上远逊于世俗领主控制的区域，以教会教堂、城堡为中心的教会领地在社会发展初期，在促进经济发展方面也发挥着重要作用，它们都具有促进当地市场发展的功能，只是世俗领主由于和附庸之间的联系紧密，更适合开展这项工作。

二、城堡对建筑业发展具有积极影响

建筑业是中世纪英国巨大的手工业行业之一，[1] 相比较而言，关于中世纪英格兰建筑方面的历史文献得到了很好的保存，在好几种历史档案中，都有有关建筑活动的开销情况的记载。其中，记载最为全面的是为英格兰国王建造的，包括城堡和宫殿在内的所谓国王工事的情况。建筑活动自人类定居以来，一直是十分重要的。中世纪的英国农村，一般的民居往往都是茅草屋、木支架，大都由村民自己建造，对社会经济发展的作用不大。对经济发展具有重要影响的是那些大型建筑物的建造，其中城堡占有相当大的比重，尤其是在诺曼征服后至14

[1] 这部分内容除另有标注外，主要参考马克垚：《英国封建社会研究》，北京：北京大学出版社，2005年版，第239～241页。

世纪这段时间。这些城堡有的建在城市，有的建在乡村，有的则建在边防要地或者偏僻无人之处。小工或由劳役承担，或在当地雇用。而较有专长的建筑工匠，则因受雇于不同地方及工期不同，四处为家，在各地区流动。这些人除了赚钱养家外，还在客观上起到信息交流与传播的作用。西欧中世纪中期以后，城堡开始以石料为主，当然木料仍然是必不可少的，所以，建筑行业中最重要的人是石匠，其次是木匠。细石匠技术高超，负责雕刻各种圆拱、浮雕和窗饰等，而细木工也是极为重要的工种，他们具有制作各种木制艺术品的技能。

建筑是持续不断的活动，有时一座大型城堡的建造需要耗时多年，所费甚巨，用工众多。爱德华一世时，在威尔士边境修建了一组城堡，历时二十五年，耗资八万英镑，其中著名的卡那封城堡，就耗资两万镑。“在1295年的夏天，修建卡那封城堡的队伍在一周之内上升至五百二十八人。另一个建于安格尔西岛上的鲍马利斯城堡，1330年时已经耗资一万四千四百镑。而温莎在1344年春天的建造队伍有七百一十人。”[1]这些城堡，就单体建筑而言，可谓工程浩大。因此，必须严格规划，精心组织。首先要由精通技艺的建筑工程师负责设计和组织施工，不同工种也要明确分工，通力合作；城堡主人还要派人进行监督，管理材料采购、酬劳发放、食宿供应等一应事务。建筑工人工作不固定，一项工程结束后，再到他处另找新的工作机会。可以说他们就是封建社会中的一种雇用工人。

中世纪的大型建筑物除城堡外，还有大教堂、修道院和城市的市政府和行会大厦等，设计与建造队伍具有相当程度的重合性，这种状况有助于在宗教建筑、市政建筑、城堡建筑三大建筑群之间，在建筑理念、建筑风格、建筑工艺和建筑材料等方面的交流与借鉴。关于这方面能够了解的资料不多，但从理论上讲，可以作为一个问题继续深入研究。

---

[1] 爱德华·米勒、约翰·哈切：《中世纪英格兰：城镇、商业和手工业，1086～1348》（Edward Miller, John Hatcher, *Medieval England: Towns, Commerce and Crafts 1086～1348*），纽约：朗曼出版集团（New York: Longman Group Limited），1995年版，第87页。

三、城堡对城堡城镇及城市发展的影响

从20世纪开始，西方史学家对中世纪西欧城市的发展模式提出了三种基本说法。其一，有学者认为城市起源于“自治地区”，也就是9世纪抵御维京人入侵时筑下的防御工事。开始，这些地方仅是周边农民受到袭击时入住的防御之地，后来商人也到了这里，销售商品。不过大部分早期的城市居民是靠在城外从事农业生产而生存的。其二，是比利时历史学家亨利·皮朗关于城市起源的“筑堡说”。皮朗认为，早些世纪，旧城堡就为附近居民免遭战争侵扰而提供避难所，这种情况随着加洛林王朝的解体，萨拉森人、诺曼人、匈牙利人的侵入而日渐严重，导致这一时期西欧遍布城堡。随着商业发展，新来的人不得不在旧城堡外面建造新城堡。而“市民”这一称号也由原指旧城堡的居民延伸至新城堡。皮朗还进一步得出中世纪的城市及现代的城市起源于城市的外堡，其城市地位由城堡地位决定的结论。[1]第三种说法认为城镇往往都兴起在教堂和修道院附近，因为教堂和修道院能够吸引大量的教徒和学生，而大量教徒和学生的到来又会吸引手工业者和商人接踵而至，从而逐渐形成城市。这三种说法都有一定的道理，尤其是前两种观点在中世纪早期城市的形成理论中占有主导地位。城堡与城镇的结合通常有两种不同形式，或者以某一城堡为中心逐渐形成城镇，或者在已有的城镇中建造城堡，在这两种不同的形式中，城堡的作用或影响是不一样的，需要加以区别。

首先，城堡促进了城堡城镇的发展。在围绕城堡兴建市场或进行其他商业活动之后，部分以城堡为中心的新城镇或城市逐渐开始出现，这类新城镇或城市通常被称为城堡城镇，最终推动了英国的城市化发

---

[1] [比] 亨利·皮朗：《中世纪欧洲经济社会史》，乐文译，上海：上海世纪出版集团，上海人民出版社，2001年版，第41～42页。

展。城堡城镇和城镇城堡是两个不同的概念，社会含义具有明显区别。一般来说，中世纪英国的城镇城堡是诺曼人为了维护和巩固自身统治，出于防范和镇压当时城镇居民的需要，在已有的城镇中建造的。城镇城堡这个词中，强调的是城堡所处的空间位置，没有说明也无法说明城镇的缘起。而城堡城镇则是当地领主出于自身经济和政治需要，先在乡村建造城堡，随着商业活动的开展和居住人员的增加，而逐渐形成的新城镇。“在许多情况下，城堡领主渴望城镇发展，因而采取促进其发展的策略，用新建筑取代较早的中心，为新承租人提供较好的环境。城堡和城镇之间的关系是共生的：即城堡的区域特点为社区提供明显的商业优势或者防御优势，定居区提供一定的为维持城堡所必需的劳工资源、服务和市场。这些城堡同时也提供和促进城市社区的防御，并且城堡与城镇在持续发展中有机地融合在了城镇城墙之内。”[1]

可见，在城堡城镇中，先有城堡后有城镇，城镇依托城堡存在；而城镇城堡，是先有城镇后有城堡，城堡依托于城镇，原有的城镇才是整个体系的主体。城镇城堡主要起挟制要地、方便收取所在城市赋税的作用，缺乏扩展潜力。而城堡城镇最重要的作用是以城堡为基础，围绕城堡发展新的城镇，提高统治能力，扩大控制范围，巩固征服成果。“在诺曼英格兰，特别是征服后的早期，城堡在城镇建设中发挥了重要作用。”[2] 在诺曼征服后的一百年中，英格兰城镇的发展数量与城堡建造的第一次高峰相吻合并非偶然。贝尔福德（Bereford）写道：“在1066～1100 年兴起的城镇中，有 80% 包含城堡；而从 1100～1135 年，尽管这一数据有所下降，但仍有超过 50% 的城镇拥有城堡。”[3] 这一时期城堡城镇的建造有着鲜明的特点，即时间上短暂而集中，并有鲜明的地

[1] 奥利弗·克赖顿：《城堡和景观》（O. H. Creighton, *Castles and Landscape*），伦敦：康廷努姆国际出版集团（London: Continuum），2002 年版，第 152～153 页。

[2] M. W. 贝尔福德：《中世纪的新城镇》（M. W. Bereford, *New Towns of Middle Age*），伦敦：拉特沃斯出版社（London: Lutterworth Press），1967 年版，第 183 页。

[3] 同上书，第 334～335 页。

域性。大部分城堡城镇是在诺曼征服初期建造的，主要分布在英格兰的低地地区，或易受攻击的边境地带乃至更加向外的区域。

13世纪中后期，英格兰征服威尔士的过程中，城堡城镇也有一个较快的发展阶段。此前的威尔士没有真正的城市，在充满敌意的居民中间建造城堡城镇，对征服威尔士有重要的现实意义。1277年1月，爱德华一世征集一万五千多名步兵以及各种民工，采用当初罗马人步步为营的战术，即在战略要地兴建城堡，发展城堡城镇，并用交通路网将这些城堡或城堡城镇相互连接起来，在威尔士层层推进，开始了对威尔士的蚕食，到4月已征服了卢瓦林占领的边境贵族的土地，年中推进到威尔士中部。接着，又通过1282～1283年的拉锯战争，英格兰人占领了威尔士的大部分领土。英格兰人为了彻底征服威尔士，始终对威尔士人实施“英格兰化”的政策，即在征服的领土上，陆续组建大大小小的由边境贵族（marcher lords）控制的领地。从什罗普郡到彭布罗克郡（Pembroke）的威尔士边境，渐渐被诺曼领主所占据，并分割成若干领地，每份领地的领主都以城堡为中心行使行政权力。“13世纪中叶以后，威尔士的南部和东部的大部分地区都已经掌握在英国的边境贵族手中。”[1]可见，实施“英格兰化”的重要手段，就是在占领的土地上建造城堡，并围绕城堡发展新的城镇，以发挥其殖民统治功能。实事求是地讲，城堡的兴起开始可能并没有，或很少有直接促进城市发展的经济目的，但在客观上却成为当时促进城镇发展的重要途径之一。“城堡和城堡领主对中世纪城镇发展的影响可以从两个主要方面加以理解：最初建立城堡和城镇是基于军事和商业的双重考虑，其直接目的是扩大政治影响和加强领土控制；而伴随着社会的发展，这些地方逐渐地成了‘城堡—依赖’型的城镇。”[2]

---

[1] 纳吉尔·撒母耳：《牛津中世纪英格兰插图史》（Nigel Saul, *The Oxford Illustrated History of Medieval England*），牛津：牛津大学出版社（Oxford: Oxford University Press），1997年版，第109页。

[2] 奥利弗·克赖顿：《城堡和景观》（O. H. Creighton, *Castles and Landscape*），伦敦：康廷努姆国际出版集团（London: Continuum），2002年版，第153页。

其次，城镇城堡对城市发展也有重要影响。在上面主要分析城堡对城堡城镇的促进作用后，这里也简要探讨一下城镇城堡的建造对中世纪城市发展的影响问题。关于城镇城堡与城市发展之间关系的研究，现在能够看到的资料不是很多，但可以断定与城堡和城堡城镇之间的关系是不一样的，因为在建造城镇城堡前，城镇已经存在，即使不在这些城镇中建造城堡，原有的城镇照样会依自己的生存条件而兴盛或衰落。这样看来，中世纪的城镇城堡对城镇或城市的发展并不一定具有显见的直接影响。但城镇城堡毕竟是一个客观存在，对城镇发展还是有一定的间接影响的，间接影响主要体现为以下三点：一是在城镇，尤其在城市中建造的城堡基本上都是王室城堡，或是大领主的城堡。仅征服者威廉时期就建造了三十六座王室城堡，包括“泰恩河畔的纽卡斯尔（Newcastle on Tyne）、达勒姆、约克、切斯特（Chester）、什鲁斯伯里（Shrewsbury）、斯塔福德、诺丁汉（Nottingham）、林肯、赫勒福德、伍斯特（Worcester）、沃里克（Warwick）、罗金厄姆（Rockingham）、诺里奇（Norwich）、伊利（Ely）、亨廷登（Huntingdon）、剑桥、格洛斯特（Gloucester）、牛津、沃灵福德（Wallingford）、温莎（Windsor）、科尔切斯特（Colchester）、伦敦白塔、罗切斯特（Rochester）、坎特伯雷（Canterbury）、温切斯特（Winchester）、索尔兹伯里（Salisbury）、埃克塞特、科夫、阿伦德尔（Arundel）、布兰伯（Bramber）、佩文西（Pevensey）、黑斯廷斯和多佛等”。[1] 这些城堡往往规模宏大、气势雄伟，在当时还很小的城市中鹤立鸡群，立即成为地标式建筑。二是王室和大贵族在城市中建筑的城堡，许多都是宫廷式城堡，在国王和伯爵们的周围，围绕着人数众多的家人、官员、封臣等。王公贵族及他们身边的人，属于当时社会的高端消费群体，这些人以城堡为中心开展各种社交活动，生活奢侈豪华，对所在城市的商品流通和贸易活动有很好的刺激作用，

[1] 根据R. 艾伦·布朗、H. M. 科尔文、A. J. 泰勒：《国王工事史》第一卷（R. Allen Brown, H. M. Colvin, A. J. Taylor, *The History of the King's Works*, Vol. Ⅰ），伦敦：女王文书局（London: Her Majesty's Stationery Office），1963年版，第21～23页整理。

促进了城市商业的繁荣。三是为了建造城市中的这些大城堡，征服者们往往要铲平或烧毁原有的部分老旧房屋，尽管这些行为可能会给当时的市民带来诸多不便及财产损失，但在客观上，也一定程度地改善了市容市貌，促进了当地建筑业及城市手工业的发展。

第三节　经济发展是城堡演变的重要因素

从根本上说，城堡现象反映的是经济落后、权力分散及地方割据等社会现实。随着中世纪中晚期社会经济的发展，庄园经济开始解体，货币重新活跃，农奴逐渐获得自由，劳役地租和实物地租逐渐转化为货币地租。雇工经济、商品经济、远程贸易和城市重新兴起等经济方面的社会变迁，从根本上动摇和削弱了中世纪城堡赖以生存的经济基础。

一、庄园经济的解体对城堡衰变的影响

中世纪英格兰的大领主们通常占有广阔的地产，但这些地产往往分散各地，分成若干庄园来管理。李云飞指出，庄园的土地通常分为领主自营地、佃农份地和公共的林地草场。领主役使服劳役的佃农耕作自营地，同时雇用一些长工和短工。佃农则以向领主提供劳役作为占有份地的条件。领主通过经营庄园可以得到的收入包括自营地产品、佃农交纳的地租、杂费以及庄园法庭征收的罚金等。庄园的日常管理由庄头、管家等负责，而总管则负责督察和指导整个领地内各个庄园的生产。这些构成领主经济的基本内容。[1]领主自营地、农奴人身依附与劳役、自给自足的产品经济、领主或代理人对生产的直接监管，这几点是庄园经济的基本要素，庄园经济解体的过程，实际上就是这些基本要素逐渐弱化乃至消失的过程。

---

[1] 李云飞:《杜能的经济圈境理论与中世纪英格兰领主经济》,《世纪历史》, 2010 年第 2 期，第 47～55 页。

中世纪早期，货币及市场在社会生活中的作用微乎其微，领主及家人的生活供给主要依赖于自营地的收获和佃农的实物地租。在这种情况下，以人身依附和劳役地租为核心内容的农奴制度几乎是必不可少的。庄园中的农奴乃至其他农民与领主的利益息息相关，这是领主建造城堡，在危机时刻也要对他们提供保护的重要经济理由。但几乎在任何时代，被迫的劳动都不会长时期地维持较高的效率。“农奴无声的反抗所带来的是劳动成果的大打折扣。农业劳动监管上的困难，尤其体现在这些无偿劳动上。”[1]一旦社会经济条件发生变化，庄园制度被其他更有效率的生产方式替代就不可避免，事实正是这样。“庄园制崩溃的原动力首先来自内部，而且基本上是经济性的。直接因素是地主和农民双方的市场活动与市场利益的发展，以及联系于货币经济的农产品市场的不断成长。”[2]因为货币、市场、雇工等市场要素的存在，有钱就能买到商品，有钱就能找到雇工，领主可以不依赖自营地的收成生活，领主还有什么理由必须直接管理自营地，必须把农民禁锢在自己身边呢？于是，农奴开始逐渐获得了自由，而且这种现象迅速流行开来，因为没有农奴的人身自由，新开垦的农业地区就不可能得到充足的劳动力。这些可以自由劳动的地区对那些从各地外逃出来的农奴具有极大的吸引力，久而久之，形成了一种新的经济制度，地主据以要求固定的租金而不是无休无止的徭役。当时，甚至在一些相对古老或闭塞的庄园里，领主也开始认识到他们的收益完全可以来源于租金，而不是必须依靠农奴无偿的劳役。这种变化尽管缓慢，但趋势十分明显，许多领主的庄园自营地开始逐渐改为租佃制，劳役地租改为货币地租，封建主义庄园制渐渐走向了瓦解。劳役制的瓦解使大批农奴变为了可以流动的农民，人身依附关系在一定程度上得以解除，其法律地位趋于自由。而领主从这些变化中所得到的要比他

[1] 黄春高：《分化与突破——14～16世纪英国农民经济》，北京：北京大学出版社，2011年版，第78页。

[2] ［德］韦伯：《韦伯作品集Ⅱ经济与历史支配的类型》，康乐、吴乃德、简惠美等译，桂林：广西师范大学出版社，2004年版，第84页。

们的农奴所得到的多得多，这有几个原因。“其一是不管领主在什么时候给予农奴人身自由，他们都得到大量的现钞，通常大约是农奴到此为止所积蓄的全部财产。这以后，领主主要靠收取租金过活。由于这些租金有一部分是从领主一度拥有，但从未耕种过的土地上征得，因此贵族的收入大大上升了。更有甚者，一旦领主开始收取租金而舍弃徭役，他们发现租金是相当容易增加的。”[1]

当然，庄园制的崩溃必然还有来自外部的一些利害关系，即新兴的城市阶级的市场利益。新兴的市民阶级希望庄园制度衰弱及瓦解，只有这样他们才能获得更多的发展市场的机会。韦伯对此分析指出，市场与庄园制之间的对立，并不在于一方是自然经济，而另一方是货币经济。因为庄园在极大的程度上也是为市场而生产的，没有了市场机会，领主即无法向农民收取货币贡纳。但是庄园制，就佃农需承担的强制劳役和纳贡的事实而言，对于农村人口的购买力确已构成一种障碍，因为它使农民不能将全部劳动力投入到市场生产之中，因而也无法扩大自身的购买力。因此，城市市民阶级的利益与领主阶级的利益是对立的。此外，日益发展的资本主义需要自由劳动力市场，而最初的纯资本主义企业为了避免行会的干扰，只能设法利用农村的劳动力，可是庄园制却将农民束缚在土地上，妨碍了自由劳动力市场的建立。再者，新兴资本家想获取土地的野心，也成为他们与庄园制产生利害冲突的另一个原因。资本家之所以想将新获得的财富投资于土地，是为了跻身于拥有身份特权的地主阶级中，而这就非把土地自封建束缚中解放出来不可。最后，国家为了其财政利益，也希望庄园制瓦解，因为这样可以增加农村的赋税能力。[2]

面对庄园内外经济关系的变化，封建领主逐渐缩减自营地面积，有

---

[1] ［美］罗伯特·E. 勒纳、斯坦迪什·米查姆、爱德华·麦克纳尔·伯恩斯：《西方文明史Ⅰ》，王觉非等译，北京：中国青年出版社，1994 年版，第 289～290 页。

[2] ［德］韦伯：《韦伯作品集Ⅱ经济与历史支配的类型》，康乐、吴乃德、简惠美等译，桂林：广西师范大学出版社，2004 年版，第 84～85 页。

的领主甚至完全放弃了对自营地的经营。14世纪中叶以后，领主出租自营地在西欧大部分地区已很普遍。领主自营地的缩减和消失，必然导致庄园生产组织的松散和瓦解，以严格控制人身自由为主要特征的农奴制度也不再具有重要意义，大量农奴获得解放。随着地主需求的增加，支配农民的赋税远比支配他们的人身更重要，农奴制慢慢衰落下去。伴随劳役制的瓦解，雇工队伍日益重要和扩大。首先是随着劳役折算为货币地租，领主自营地上急需人手替代以前的农奴劳役，其后是随着富裕农民经济对雇工越来越旺盛的需求，雇工成为农村经济运转中不可缺少的要素。有时庄园主为了及时收割作物，不得不对劳工支付更高的报酬。"当时的劳工如果认为薪资过低，完全可以在别处轻松地找到新工作。"[1]事实也正是如此，例如1349年的库克斯汉姆（Cuxham），领主的十二位农奴因黑死病爆发，全部死亡。尽管在之后的六年内，因农奴死亡而空着的土地上仍然陆续有新的承租者出现，但也并非很容易找到新的承租者：因为黑死病的爆发使人口急剧减少，到处都有受雇的机会，同时他们中的许多人是没有经过劳动训练的，很难提供较好的劳工服务，然而，"他们却坚持要求获得高工资的权利"。[2]反过来，随着劳动力价格的不断上扬，吸引了越来越多的人加入到了雇工队伍，外出打工者中既有刚刚获得自由身份的农奴，也有小块土地的持有者，甚至有些完全可以自给自足的大农也常常出现在雇工队伍之中。"13世纪中，在欧洲的大部分地区，农奴制以这些不同的方式渐渐结束。不过，这一进程在不同地区或快或慢。在英国，它稍微推迟了点，可其他地区也很少有这么彻底的，以至先前的农奴对强大的地方领主不负一点劳役和赋税的残余。"[3]当然，

---

[1] ［英］克里斯托弗·丹尼尔：《周末读完英国史》，侯艳、劳佳译，上海：上海交通大学出版社，2009年版，第79页。

[2] 柯林·普拉特：《中世纪英格兰：从诺曼征服到1600年的考古和社会史》（Colin Platt, *Medieval England: A Social History and Archaeology from the Conquest to 1600AD*），伦敦：劳特里奇出版社（London: Routledge），1994年版，第126页。

[3] ［美］罗伯特·E. 勒纳、斯坦迪什·米查姆、爱德华·麦克纳尔·伯恩斯：《西方文明史Ⅰ》，王觉非等译，北京：中国青年出版社，1994年版，第289页。

在一些领地里的小块地区，农奴继续存在，但是数量已经明显减少，而且以往为了把农奴禁锢在领主身边而设置的种种措施和惩罚也大为减少，或者流于形式。大地产的封建结构关系在农村经济中的作用越来越淡化，因为大贵族们不再直接经营生产活动，而是将自营地出租给承租人或农场主，于是，他们的封建色彩和领主权力逐渐减弱。

权力与责任是相辅相成的。在中世纪早期，因人口短缺及劳役制度的普遍实行，领主会想方设法尽量留住农奴，甚至建造起一座座坚固的城堡，在面临危险时对当地居民提供强有力的保护，因为这样符合领主的利益与封建传统。而在中世纪中晚期，随着西欧社会经济的变革，农村封建经济的经营体制发生了巨大变化，经济发展了，劳役制衰落了，农民越来越自由了。在领主封建权力减少的同时，领主对庄园居民的保护义务也随之减少。总之，中世纪中、前期的那种支撑庄园经济的基础——乡村社会逐渐解体，而它们的解体又造成它们的中心庄园及其核心——城堡需要的减少，并最终使城堡走向衰落。

二、货币经济的发展对城堡衰变的影响

“骑士的城堡在被火炮轰开以前很久，就已经被货币破坏了。凡是在货币关系排挤了人身关系和货币贡赋排挤了实物贡赋的地方，封建关系就让位于资产阶级关系。”[1]从这个著名论断中不难看出，货币发展对城堡演变具有重要影响。货币虽然没有像炮弹那样直接打在城堡那厚重的墙上，但货币却动摇了城堡深埋于地下的基础，这个基础就是封建制度。货币制度是人类社会的一项重要制度，货币问题是经济学领域的一个重大问题，以笔者目前的知识结构和能力，不可能对货币与封建制度的关系进行全面和深刻的解读。这里只从常识层面对货

[1] 中共中央马克思恩格斯列宁斯大林著作编译局：《马克思恩格斯全集》第21卷，北京：人民出版社，1965年版，第450页。

币发展给封建制度，乃至中世纪城堡的冲击略做阐释。

中世纪早期，西方处于落后的农业时代，城市凋敝、商品匮乏、贸易中断，人们通常把这一时期称为自然经济时期。当然这个时期货币还是存在的，只是流通量极小；货币也还在使用，只是使用的范围十分狭窄，其作用无足轻重。就像著名史学家亨利·皮朗指出的："向大领地所缴纳的赋税，是当时社会平衡所依靠的主要的经济赋税，几乎完全不用货币支付。在大领地上，佃农用实物向领主纳税。每一个农奴、每一个田庄主人都担负一定天数的劳役、一定数量的农产品或手工产品，如谷物、鸡蛋、鹅、小鸡、小羊、猪、大麻、亚麻或毛织品。不错，他们还得缴纳几个便士，不过这几个便士所占的比例极小，因此并不能阻止人们得出大领地经济是自然经济的结论。因为在这个时期，货币的流通与重要性都有限，整个大领地经济的经济组织并不需要货币。"[1]

这种情况并没有一直持续下去。大约在1000年左右，"长期扰乱西欧社会的异族入侵大多逐渐停止，以诺曼征服闻名的1066年，也是北欧人最后一次入侵英国的年份。一旦外来入侵不再急迫，西欧就可以集中精力发展他们的经济生活，而大可不必像以前那样担心被打断了"。[2]于是，在相对和平与稳定的条件下，人口有了明显的增长，而人口增长对11世纪以后开发荒地、扩展居住区提出了迫切要求，并且全面促进了城镇、手工业者阶层和贸易的复兴。"最有意义的是，在铸币几乎不用作交换媒介大约四个世纪之后，西欧重新返回货币经济。传统的庄园几乎是自足的，很少需要交换外面的物品。但随着市场的发育，货币变得不可或缺了。初始，仅有面额很小的钱币，但随着奢侈品贸易在西欧的增加，钱币的面值同步增大了。"[3]一句话，货币越

---

[1] ［比］亨利·皮朗：《中世纪欧洲经济社会史》，乐文译，上海：上海世纪出版集团，上海人民出版社，2001年版，第99～100页。

[2] ［美］罗伯特·E. 勒纳、斯坦迪什·米查姆、爱德华·麦克纳尔·伯恩斯：《西方文明史Ⅰ》，王觉非等译，北京：中国青年出版社，1994年版，第279页。

[3] 同上书，第293页。

来越多，也越来越重要了。西欧回到货币时代，在中世纪西欧的社会发展进程中具有重要意义，使人们的生产活动和生活突破了狭小的天地。在缺少货币的社会，人们积累的是实物财富，而实物财富的转移相对困难，这必然限制人们行动的自由，人们的思想也多受禁锢；而货币出现以后，人们的活动领域得到了很大的扩展，人们的思想也就不再受某一地区传统习俗及偏见的束缚，激发了人们的想象力和创造力，对商品生产的扩大，思想文化的进步产生了积极的作用。另一方面，也是更重要的，人们可以利用货币去进行财富的积累和承继，激发了人们创造财富的无限欲望，随之而来的，为扩大再生产创造了条件。没有货币的出现，就没有社会资本的积累和利用。

这里借用几位学者在有关研究中给出的一些数据，说明货币流通确实在中世纪中晚期发生了很大的变化。马克垚先生在《英国封建社会研究》中，根据最近的英国经济史研究成果给出了这样几个数据：英国在1086年的流通货币量是37500镑，1300年900000镑，1470年也是900000镑，与1086年相比，增加了24倍。这三个时期的人口基数变化很大，1086年人口为225万，1300年为600万，1470年为230万，如果按人均货币流通量计算，1300年是1086年的7.5倍，1470年则是1086年的19.5倍。[1]同样，爱德华·米勒和约翰·哈切给出的另一组数据也能清楚地表明中世纪中后期英格兰货币流通量的大幅增加：货币流通量在征服者威廉时期为2.5万～3.5万镑，到1205年上升至25万镑，13世纪继续周期性地增长至60万镑，14世纪初或爱德华二世统治时期，上升至110万镑。[2]英国学者克里斯托弗·戴尔也曾估计，9世纪中叶，流通中的货币量估计不到1300年的十分之

[1] 马克垚：《英国封建社会研究》，北京：北京大学出版社，2005年版，第309页。

[2] 爱德华·米勒、约翰·哈切：《中世纪英格兰：城镇、商业和手工业，1086～1348》(Edward Miller, John Hatcher, *Medieval England: Towns, Commerce and Crafts 1086～1348*)，纽约：郎曼出版集团(New York: Longman Group Limited)，1995年版，第396～397页。

一。[1]由此看来，无论与9世纪比，还是与11世纪比，13世纪的货币流通量确实有了大幅增长，这是不争的事实。那么，货币经济的发展对我们所研究的中世纪城堡又有哪些直接或间接影响呢？

货币的社会作用越来越大，刺激了领主对货币的需求，促进了领主自营地生产的市场化程度，进而加快了庄园经济的瓦解。李云飞在一篇文章中指出，有学者对1288年到1315年伦敦附近十个郡的二百多个庄园的账簿进行了研究。结果表明，谷物总收成中的商品率大约为36%，畜产品的商品率高于谷物，净收成的商品率达到了67%。将畜牧业和种植业综合起来看，自营地产品总收成的商品率约为25%。如果把作为什一税交纳的那部分产品也视为出卖，则商品率达到了35%。如果扣除什一税、种子、饲料和长工的伙食，自营地净收成中转化为商品的比率达到了45%。布瑞内尔根据对13世纪几个领主地产的自营地谷物商品率所做的研究，也认为1300年左右，英格兰农畜产品总收成中的30%～40%已经被转化为商品出卖，说明当时英格兰的领主们已经深深卷入商品与货币的关系之中。[2]

随着货币与市场经济的发展，庄园主也大量加入到商业买卖中来，在其中培养了货币交易的观念和行为。他们深切地认识到货币具有广泛的用途，无论是购买奢侈品、参加朝圣，还是组织十字军等均需要大量的货币，从而激发了领主对货币地租的需求和普遍推行的可能性。13世纪以后，实物地租和劳役地租都在向货币地租转化，“13世纪期间劳役地租折算为货币地租的数量不断增长，估计在1300年前后，只有8%的自营地上的工作是由习惯佃户强制完成的”。[3]“13世纪末叶，

---

[1] ［英］克里斯托弗·戴尔：《转型的时代——中世纪晚期英国的经济与社会》，莫玉梅译，北京：社会科学文献出版社，2010年版，第12页。

[2] 李云飞：《杜能的经济圈境理论与中世纪英格兰领主经济》，《世界历史》，2010年第2期，第47～55页。

[3] ［英］克里斯托弗·戴尔：《转型的时代——中世纪晚期英国的经济与社会》，莫玉梅译，北京：社会科学文献出版社，2010年版，第87页。

英国的货币地租已占主导地位。”[1]

领主们对货币地租的偏好，有明显的导向作用，促使农民将很大一部分产品投向了市场，并根据市场的需求来调整自己的生产活动。农民们非常欢迎由于市场经济的发展而带来的新机会，由于货币地租的施行使他们的生活更加自由和灵活，所以他们也特别喜欢以金钱的方式履行他们对领主的义务，而不像以往那样以劳役的形式，既然对领主和承租者都有好处，这必然更加促进了货币地租的推行。为了有足够的货币缴纳地租和杂费，农民就必须到各处去出卖各种农产品，或者是外出打工，或者干脆弃农经商，或者从事其他赚钱的行当，农民在一定程度上有了自己选择的权利，他们的自由度大大提高。在13世纪，英国农村的劳务市场越来越活跃。乡村周围到处都是那些因无地而卷入计件或委托工作的人，如从事打谷、盖房、挖沟、赶车或其他农活，表明乡村雇用结构中的流动人员和富余人员正在增多。“临时雇工在农村经济中起了相当大的作用，特别是在13世纪和14世纪前期。有人计算过，当时英格兰农民中至少有三分之一的人是工资劳动者。”[2]

中世纪早期的以大领主经济、自给自足生产活动为基本特征的封闭社会，无论是人或物都是固态的，我们在本书概述中阐释城堡意涵与缘起的一般原因时曾指出，与农耕生产方式相适应的是相对固化的社会结构，城堡就是这种固化社会结构的重要节点和典型体现。在中世纪的领地时期，土地是生活的唯一来源，除了地产以外别无其他财富确保持有人的人身自由和社会威望，地产是领主特权地位的保证。人们的财产、住所基本上是固定的，所以需要坚固的城堡保护他们的生命和财产安全。而现在一切都开始逐渐围绕货币流动悄悄地发生着变化，由于货币经济的发展，土地已经不再是衡量社会财富的唯一尺度；领主的财富不再仅

---

[1] 侯建新：《前近代中英两国农业雇佣劳动比较》，载钱乘旦、高岱主编：《英国史新探——全球视野与文化转向》，北京：北京大学出版社，2011年版，第110页。

[2] ［意］卡洛·奇波拉主编：《欧洲经济史》第一卷，徐璇译，北京：商务印书馆，1988年版，第148页。

仅表现为实物形态，当然土地仍然是巨大的财富，但货币和可用货币估价的其他商品的价值也越来越大。原有经济共同体中的农奴和其他人员，与领主原有的人身依附关系，逐渐让位于日益盛行的以货币为媒介的雇用关系，领主传统的保护义务随之淡化，如果这时又恰逢社会逐渐趋向和平，那么，随着对传统财富与特定人群提供保护的主客观需要的降低，城堡作为保护性建筑的功能必将弱化。

更为重要的是，作为货币与商品相互促进的结果，社会财富的总量增加了，产生社会财富的环节增加了，货币的存量与流通也增加了。在这种情况下，国家扩大税源、增加税收就有了物质基础。在爱德华一世统治期间，一种新的财政税收体制逐渐形成，开始普遍地、经常性地征收动产税和羊毛出口税。依赖这两项税收，国家财政收入有了非常巨大的增加。其中，"羊毛出口税从 1275 年至 1290 年，几乎每年收入近 9600 镑"。[1] 而始于金雀花王朝的动产税，是封建英国征收的最重要的直接税。1294～1297 年，爱德华一世连续四年征收动产税，在 1297 年召开的税收会上决定收取很重的八分之一税，尽管受到多数教俗封建主的反对和抵抗，但最终还是统一征收九分之一税。自此之后，该税经常被征收，但税率及征收对象时有变化。到 14 世纪，税率逐渐固定为农村征十五分之一，城市征十分之一。[2] 也就是说，大约在 13 世纪末期，英国国王的收入结构发生了变化，从封建财政特权收入转化为以城乡居民动产税和羊毛出口关税为主。施诚对中世纪英国财政史有专门的研究，他认为，爱德华一世时期，国王的财政总收入约为 236 万英镑，其中税收收入约为 134 万英镑，税收收入占总收入的 57% 左右，这意味着国王的私人财政在向国家的公共财政演变。有的西方学者将此称之为英国由

[1] 爱德华·米勒、约翰·哈切：《中世纪英格兰：城镇、商业和手工业，1086～1348》(Edward Miller, John Hatcher, *Medieval England: Towns, Commerce and Crafts 1086～1348*)，纽约：郎曼出版集团（New York: Longman Group Limited），1995 年版，第 399 页。

[2] 马克垚：《英国封建社会研究》，北京：北京大学出版社，2005 年版，第 65～67 页。

“领地国家”向“赋税国家”的转变。[1] 税率的统一制定不仅是国王王权强大、行政管理提高的一种体现，也是中世纪时期经济稳定发展的一种表现，从而导致统一的地域性国家的出现。

货币经济的迅速发展，造成国家财富的增加以及以地产授予为基础的封建采邑兵役制的瓦解。中世纪早期军队的招募是以采邑制为基础的，从一开始就受到经济活动的影响，现在，“由于货币日趋活跃，规模不断扩大，税收和领取薪俸的官员再次出现，军队付酬制开始代替世袭契约役务这种效能低下的制度”。[2] 货币经济的发展还使兵役免除税更加普及，“国王不再刻板地要求一些贵族封臣提供数目与封地相当的骑士，而是通过协定，贵族封臣向王室提供一定的报酬，王室用它征召骑士、士兵。贵族们也如法炮制，同样用协议获款的办法征集军队”。[3] 从中世纪盛期开始，战争的性质发生变化，更职业化了，花费也更大。12 世纪晚期，整个欧洲自带装备的骑士（和家臣）数目和花钱雇用的数目大体相当。例如百年战争的军队就是契约军队，是通过国王与他的首领之间的私人契约召集，军费支出则主要源于国家的税收，此时封建军队已经变得不合时宜。“国王如今开始有能力雇用一支常备的或临时的军队。虽然庞大雇佣军的全盛期尚未到来，但在 13 世纪确已越来越多地采用雇佣军了，不仅导致大规模的旷日持久的战争成为可能，而且也削弱了封臣的权力，提高了国王事实上对潜在的不顺从的封臣的权威。”[4] 再加之那种以土地授予为核心的传统封建军队并不比雇佣军有更强的战斗力和忠诚度，封建式军队在 1385 年后停止召唤，最终到 15 世纪时，那种以“契约”雇用的士兵成为军队的主要支柱。这些士兵通常驻扎在威尔士边境地区和海岸沿线的城堡里，

---

[1] 施诚：《中世纪英国财政史研究》，北京：商务印书馆，2010 年版，第 253、266 页。

[2] [法] 马克·布洛赫：《封建社会》下卷，李增洪、侯树栋、张绪山译，北京：商务印书馆，2007 年版，第 671 页。

[3] 阎照祥：《英国贵族史》，北京：人民出版社，2000 年版，第 121 页。

[4] [美] 道格拉斯·诺斯、罗伯特·托马斯：《西方世界的兴起》，厉以平、蔡磊译，北京：华夏出版社，2009 年版，第 95～96 页。

他们更加专业化和职业化，而且其可靠程度丝毫不逊于那些封建骑士。毫无疑问，骑士制度开始走向终结，而骑士与城堡的关系密不可分，这在约瑟夫和弗朗西斯·吉斯所著的《中世纪城堡的生活》中已被明确提到，“商人们缴纳的金钱税为雇用和供应装备有昂贵大炮的雇佣军提供了经济条件。一个单独的骑士在战场上也许比一个携带笨拙的火绳枪、没有盔甲保护的步兵更有战斗力，但是他要比十个这样的步兵价值要小，而且更加昂贵。同样的经济方面的考虑对城堡的建设也适用”。[1]

三、远程贸易的扩展对城堡衰变的影响

中世纪末期，商品经济发展所引起的大范围开放式贸易活动，摧毁了以城堡为中心的自给自足的庄园制小型经济体。庄园经济最大的特点是它具有一定的区域性，以城堡或领主住宅为中心，其周边的一切活动基本都围绕着它进行。如为城堡主生产、供应农副产品，或在城堡附近的定期性集市上进行贸易活动。即使有距离稍远的贸易活动，也是次数有限、规模不大。可以说在中世纪早期，城堡的存在可能在一定程度上保护和促进了当地经济，但到了后期，无论是区域层面还是国家层面，远程贸易的需求大大增加了，更远距离、更大规模的市场大为增多，以城堡为中心的固态稳定的经济体要向发散式发展，这就需要水路和陆路交通的畅通，那些在它们附近而建的城堡和要塞，有可能成为阻碍或制约市场发展的消极因素。

远程贸易的逐渐繁荣是中世纪经济复兴的特征。远程贸易发展的一个重要因素是人们，尤其是城市居民消费水平的提高。尽管1300年左右，贵族家庭仍然是在他们自己的若干庄园之间来回流动，从他们自己的资源中获取他们所需的大量食物。但他们与城镇之间的联系越来越密

[1] 约瑟夫、弗朗西斯·吉斯：《中世纪城堡中的生活》(Joseph and Frances Gies, *Life in a Medieval Castle*)，纽约：哈帕和罗出版社(New York: Harper & Row Publishers)，1974年版，第219～220页。

切，甚至自足的家庭也会有规律的去城镇买肉、鱼或啤酒，他们在酒和香料上花费大量的金钱，同时还要备下必要的钱去买其他食物或服务。可能每年还要花费大量的钱用到建筑上，13 世纪，多数贵族是生活在石制城堡和房子里，这些建筑都配有薄金属屋顶和玻璃窗等贵重的装饰。城堡建筑在这一时期达到顶峰，许多主要教会建筑也以新哥特式风格重建。需求的增长刺激了贸易，使得贸易活动在 1300 年左右达到了一个高峰，大范围的贸易活动开始出现，诸如，“商人们经常每年将五百万加仑的酒从加斯科涅（Gascony），将上万件松鼠毛皮从波罗的海带到英格兰。而英格兰每年也都有大量的锡出口到大陆”。[1] 为了把商品卖个高价，获得巨额利润，必须到远方去寻找货源充足的产品，才能随后在该产品短缺、价格上涨的地方高利出售。商人走得越远，越是有利可图。因而我们可以理解，利益的引诱是多么地强烈，足以抵消漂泊不定、听天由命的劳累和危险。由于远程贸易的需要，交通系统也得到了很好的改造，1300 年，主要的道路和桥梁基本修建完成，货物能够在更大的区域内有效地运输。装有木头、建筑石料或酒桶等各色各样货物的沉重马车，能够比较顺畅地行走于道路上。当然，传统的水路运输仍然受到重视，因为费用相对来说要更低一些。

城堡对远程贸易的发展有正反两个方面的影响。积极的一面是一些城堡成为远程贸易的驿站或重要的集散地，商人们在两次商旅的间隙，特别是在海道、江河和公路不能通行的气候恶劣的季节，他们必然要聚集在那些交通便利，同时又能保证钱财和货物安全的地方。因此，他们来到那些最符合这些条件的城镇和城堡。这样的城镇和城堡很多，许多城镇就是依托城堡而兴起的城堡城镇，这些城堡，“原是为了抵御敌人或供居民避难之用，一般都建在交通特别方便的地方。商人所走的正是侵略者走过的路，结果是抵御侵略者的城堡把商人吸引

[1] 纳吉尔·撒母耳：《牛津中世纪英格兰插图史》（Nigel Saul, *The Oxford Illustrated History of Medieval England*），牛津：牛津大学出版社（Oxford: Oxford University Press），1997 年版，第 159 页。

到它们的城垣跟前”。[1]这类城堡或城堡城镇因此具有积极作用，并由此获得继续生存与发展的动力，军事功能趋弱，经济功能增强，有的随着商贸的进一步发展而成为城市。消极的一面则是也有个别城堡主依封建传统，画地为牢，向过往商人征收商品通行税，阻碍贸易发展；更有甚者，也有个别城堡主居堡为寇，挟关自重，对过往商人直接勒索或抢劫。但这些行为已经不合时宜，一些城堡由此遭到摧毁。

反过来看，远程贸易的发展对城堡命运的影响更大，正是远程贸易的发展从经济层面上根本动摇了城堡赖以生存的政治基础。因为，商品经济和远程贸易与封建割据这种政治体制是不相容的，远程贸易对地方庄园来说属于境外贸易，如果要提供保护，就不是一个地方领主力所能及的了。“13 世纪兴起的贸易，如果不是保护延伸到了较大的范围内是不可能发生的。对远程贸易商品的私有权的保护无疑对较大政治组织的发展起了有力的推动作用。”[2]于是，此前四分五裂的政治权力在各个地方都开始聚合成较大的组织。城堡曾经拥有的代替国家提供地方性政治、军事等公共产品的职能开始逐渐回归国家。

四、城市生活的诱惑对城堡衰变的影响

学术界对中世纪西欧是否有一场城市革命，一直存在不同看法。争论的原因之一就是在我们的头脑中总是时不时闪现着现代社会的标准。我们不能总是以现代社会作为比较的标准，“鉴于城镇生活在750～1050 年的欧洲大多数地方几近消失，可以有保证地说，中世纪盛期有一场城市革命”。[3]经济与城市的发展，打破了到那时为止束缚

[1] [比] 亨利·皮雷纳:《中世纪的城市》，陈国梁译，北京：商务印书馆，2007 年版，第 87 页。

[2] [美] 道格拉斯·诺斯、罗伯特·托马斯:《西方世界的兴起》，厉以平、蔡磊译，北京：华夏出版社，2009 年版，第 95 页。

[3] [美] 罗伯特·E. 勒纳、斯坦迪什·米查姆、爱德华·麦克纳尔·伯恩斯:《西方文明史 Ⅰ》，王觉非等译，北京：中国青年出版社，1994 年版，第 295 页。

经济活动的领地制度，整个社会开始显得比较灵活、活跃和丰富多彩，乡村重新趋向于城市。在城堡脚下，在海边、河岸、河流的汇合处以及天然道路的交叉点形成了一个个商人聚居区，在商业活动的影响下，越来越多的人前去新城镇居住，城市居民逐渐增加。有学者研究认为，到 1300 年，约有五百座城镇发挥着人口聚居的功能，四十座人口超过两千人，或许有二十座人口超过五千人，伦敦可能有八万人或者更多，整个城镇的人口数量比重从 1086 年的占全部人口的十分之一，至 1300 年上升到五分之一。人口数量并不完全包括手工业者和贸易者，他们中有许多是居住在市场乡村或工业乡村。[1]不可低估中世纪盛期城市革命的重要性，新兴的城市是中世纪盛期经济发展极其重要的驱动力。中世纪中晚期城市发展对城堡的影响有以下几点。

第一，由于一些领主移居城市，部分乡村城堡在一定程度上遭到遗弃。在城堡兴起之初的中世纪早期，几乎没有城市生活，大领主自给自足。“对于世俗社会来说，城镇没有丝毫用处。因为，本身建立在单纯农业经济基础上的国家，没有理由关心城镇的命运。加洛林王侯们的宫殿不是坐落在城镇，这一点是非常能够说明问题的，这些宫殿无一例外建在乡间或建在王侯的领地内。”[2]现在，货币、贸易、市场等经济要素促进了城市的发展，城市和乡村的区别变得愈发明显。乡村主要生产食物，而城市则生产商品并为上层人士进口奢侈品。城市为大多数人提供了更多可供选择的职业，也提供了各种奇观、市场、宫廷、宗教节日等。城市向人们展示了一种较为舒适、精致、讲究的生活方式，增加了他们的需求，提高了他们的生活标准。“同时城市的出现还传播了新的劳动观念，这对社会进步同样做出了贡献。在城市出现以前，劳动是奴役性的；随着城市的出现，劳动成为自由的，这

[1] 纳吉尔·撒母耳：《牛津中世纪英格兰插图史》（Nigel Saul, *The Oxford Illustrated History of Medieval England*），牛津：牛津大学出版社（Oxford: Oxford University Press），1997 年版，第 155 页。

[2] [比] 亨利·皮雷纳：《中世纪的城市》，陈国梁译，北京：商务印书馆，2007 年版，第 39 页。

一事实的后果也是无法估量的。”[1]城市的相对舒适、便利以及更多的发财机会对人们具有很大吸引力，其中就包括乡村中的城堡主。他们不再愿意龟缩在狭小的城堡中，开始追求更加开放和舒适的生活。乡村贵族移居城市有两种情况：一是一些具有较高地位的大贵族，财力雄厚，视野开阔，主动顺应社会的发展，在追求享受的欲望支配下来到城市，另建城堡、宫殿或豪宅，开始定居于城市；再一种是面对由于城市发展所造成的经济骤变，一些骄傲而又迟钝的地主没有紧跟时代的脚步，以致经济拮据甚至破产，不得不放弃乡村小城堡的生活，转向城市过起城市的市民生活。总之，面对城市发展的引力，对有些领主来说，乡村城堡变得不那么重要了。城堡亦逐渐衰落。

第二，受城市生活影响，一些有实力的城堡主以舒适为标准改造或新建城堡，促进了城堡类型的转变。一部分领主移居城市，如何能既享受生活，又不离开领地呢？按照新的需求和标准，改建、扩建或新建能够享受奢华生活的城堡就成为一个不错的选择。中世纪早期，由于诺曼人军事征服和镇压的需要，城堡构造相对简单且偏向军事性。这种城堡建筑大多数是简单的木结构和丘堡类型。绝大部分木制城堡空间局促，生活设施与功能普遍不够齐全和完善，无法满足领主的各种新需求。领主们纷纷开始扩大城堡内的居住空间。关于城堡向居住方面发展的一个典型例子，是彭布罗克郡（Pembrokeshire）的卡鲁（Carew）城堡。“卡鲁曾经是一座非常坚固的城堡，从12世纪早期一直使用到14世纪早期，最后被莱斯·托马斯爵士（Sir Rhys ap Thomas）在1480～1507年改建。改建中，莱斯爵士直截了当地要求增强城堡的华丽程度和扩大居住空间，甚至不惜以损害它的军事功能为代价。早期简陋的窗户全部被明亮的大窗户替换，重建了大部分城墙垛，城堡北部的居住空间得到明显扩张，甚至幕墙的外侧也为这个目的而遭到破坏。”[2]新城堡的设计

---

[1] ［比］亨利·皮雷纳：《中世纪的城市》，陈国梁译，北京：商务印书馆，2007年版，66页

[2] R.艾伦·布朗：《英国城堡》（R. Allen Brown, *English Castles*），伍德布里奇：博伊德尔出版社（Woodbridge: The Boydell Press），2004年版，第105页。

强调为大家庭提供便利的空间和令人难忘的外观，在空间布局和风格方面更加时尚。随着小房间数量的增加、房间里供暖设备的出现和大玻璃窗的安装，舒适的标准提高了。建筑商可以为他们的客户提供带有更多装饰的房屋，如用带有不同图案的彩砖砌出新的风格。一直到莱斯爵士去世时，对卡鲁城堡的改造也没有彻底完成，在伊丽莎白时代和 17 世纪的内战期间仍然进行着改造，如对城堡第二层重新进行装饰和建造长廊，添加华美的竖框窗户等。

第三，新富豪建造新城堡用以证明或提高自己的社会地位，突出居住功能和炫耀意义。毫无疑问，任何社会转型的过程，都意味着社会财富的重新分配，在过去的下层社会中出现新富豪的现象并不令人吃惊。城市与商业的发展，给善于利用机会的人增添了发财致富的机会。他们财富积累的速度与规模，远远快于和大于原先依托于土地的乡村领主。当这些暴发户一跃进入上层社会后，势必急于标榜自己的社会地位，要求获得与他们新地位相称的象征物，如位于苏塞克斯的博迪亚姆城堡，就是一个代表。

博迪亚姆城堡的建造者是爱德华·格里恩格瑞格爵士（Sir Edward Dallyngrigge），他原来是一个贵族家庭的幼子，没有继承到什么财产，后来因偶然的机会成了大富豪。1385 年 10 月，爱德华获得“筑堡许可”，1390 年工程竣工。西德尼·托伊的《城堡：它们的建筑和历史》和玛丽莲·斯托克泰德的《中世纪城堡》，对博迪亚姆城堡均有令人印象深刻的细节描写：城堡坐落在罗瑟河（Rother River）堤岸平坦的地面上，被一个巨大的矩形护城河环绕。从总体上看，这是一座规模较大的豪华型城堡。城堡为矩形，四角各有一个鼓楼，城堡北墙中间是带有两座方形塔楼的正门，城堡南墙的中间塔楼下有一个后门，东西两侧城墙的中间还各有一座方形塔楼。在城堡的正门前面还有两个外围防御工事：一个是外堡，一个是八角形外围工事，都建在护城河之内，各自独立，相互之间通过吊桥联系。要想进入城堡，首先要通过横跨护城河的木桥到达八角形外围工事，然后需转向右边并穿过第二座吊桥到达外堡，最后还必须通过第三座吊桥从外堡到达城堡的主门道。在主门道上有三道门，最外边的大门及中间的吊门是由栎木和铁制金属板制成，时开时关；最里面紧靠堡场的吊门通常是关闭的。在主门和后门的拱顶上，都有石头浮雕，拱顶上还有一些通过浮雕掩饰的小洞，为的是在必要时通过这些小洞向下打击想要通过门道的敌人。在城堡的后门，另有一个较长的木桥穿过护城河到达南岸。城堡的主门道和后门的塔楼有碟眼胸墙；在其他地方建有简易垛眼。在城堡内部，南面是大厅、备膳室、餐具室和厨房；东面是巨大空旷的城堡大厅，以及私人的会客厅和小教堂；西面与厨房毗邻，布置有仆人的房间和其他民用房间；北面是军事空间。[1]表面上看，这座城堡仍然具有突出的军事功能，但在建成之后几乎没有经历过战争。事实上，博迪亚姆城堡壮观华美，也是民用属性最出色的城堡之一，“该城堡建筑散发出来的社会和象征信息比其军事功能更加有意义”。[2]

---

[1] 参见西德尼·托伊：《城堡：它们的建筑和历史》（Sidney Toy, *Castles: Their Construction and History*），纽约：多佛出版公司（New York: Dover Publications），1985年版，第216页；玛丽莲·斯托克泰德：《中世纪城堡》（Marilyn Stokstad, *Medieval Castles*），韦斯特波特：格林伍德出版社（Westport: Greenwood Press），2005年版，第69页。

[2] 玛丽莲·斯托克泰德：《中世纪城堡》（Marilyn Stokstad, *Medieval Castles*），韦斯特波特：格林伍德出版社（Westport: Greenwood Press），2005年版，第69页。

第三章

城堡——中世纪政治演变的晴雨表

英国的城堡起源于诺曼征服，它的产生与当时英格兰的政治形态密不可分，它的发展乃至演变也与中世纪英格兰的政治发展脉络有着重要的联系。诺曼底公爵威廉在英格兰建造城堡的最初政治目的是为了迅速完成征服，取代盎格鲁－撒克逊王朝，从欧陆带来的采邑分封制是中世纪英格兰城堡得以长期存在的政治基础，城堡在中世纪英格兰的演变过程反映了当时英国社会的政治格局，以及中世纪中后期不断强化的中央集权趋势。

第一节 城堡兴起的政治因素

一、城堡兴起与诺曼征服

诺曼底公爵对英格兰的征服，表面上表现为一系列的战争，但战争并不是威廉公爵的目的，战争只是政治斗争的一个阶段或形式，其最终目的是要建立一个新王朝。因此，在实质上诺曼征服是对英格兰未来发展注定产生重大历史影响的政治行为。

1066 年 9 月 28 日清晨，诺曼底公爵威廉为了取得英格兰的王位，率领一小群骑士和其他武装人员，在苏塞克斯海岸安德里达（Anderid）的废弃的罗马要塞附近登陆，开始了他对英格兰王国的征服进程。面对人口总数已达一百五十万之众的英格兰，威廉想用不超过五千人的武装来快速完成征服，这显然是一项极具挑战性的任务。以往的政治与军事实践，使威廉深知城堡在国家政治与军事活动中的巨大作用。“登陆后，他做的第一件事，就是将安德里达要塞的一个角落改造成一座城堡。”[1] 其后，随着诺曼人逐渐向纵深推进，一座座城堡在沿途的重要节点上陆续建造了起来：先是在佩文西建造了一座临时城堡；到达黑斯廷斯后，又迅速对当地的一处原罗马要塞废墟进行了城堡化改造；紧接着在之后的几个星期里，诺曼人又在福尔克斯顿建起了另一座城堡，并在坎特伯雷和罗切斯特开始大兴土木。然后，威廉以登陆之初迅速建造的几处城堡为基地，不断向英格兰腹地推进。由于威廉的雄才大略及诺曼骑士的英勇善战，英格兰人根本无力抵抗威廉的军队。仅仅经过几个月的时间，到圣诞节时，威廉就在威斯敏斯特教堂接受了英格兰王位。然而征服还远没有结束。

此时的英格兰并不是一个具有严密组织的中央集权国家，占领了伦敦距完全控制这个国家还有相当长的一段路程。征服之初，诺曼人的统治受到来自国内外的巨大挑战，主要表现在以下三个方面：

一是面对国内被征服的原撒克逊贵族和其他居民的反抗。虽然威廉已经承继了王位，但英格兰西南和北方地区还没有被诺曼人占领，当地的贵族还没有与威廉直接交锋，他们并不打算臣服。反抗首先发生在德文郡，接着又在北方其他地方发生。诺曼征服彻底打破了原有的社会结构，人们的地位与财富发生了明显的位移，原贵族对此极为不满。根据《末日审判书》的资料，可以发现到 1086 年，除教会组织外，原盎格鲁 - 撒克逊的土地所有者几乎已经全部被剥夺了土地权力，他们的财产都已经分配给了威廉的诺曼追随者。要平息因这种巨大变化所导致的新老贵族之间的冲突，需要很长一段时间。残余的盎格鲁 - 撒克逊贵族

[1] N. J. G. 庞兹：《英格兰和威尔士的中世纪城堡：一部社会政治史》（N. J. G. Pounds, *The Medieval Castle in England and Wales: A Social and Political History*），剑桥：剑桥大学出版社（Cambridge: Cambridge University Press），1990 年版，第 3 页。

在各地继续反抗，1067～1070年，每年都有反抗诺曼统治的暴动，以1069年的北方约克为中心的反抗最为激烈。当时北方人民已经聚集起来，准备迎头痛击即将到来的诺曼人，面对可能遭到的顽强抵抗，威廉亲自带军北上，在史称“北部大掠夺”（Harrying of the North）的行动中残酷地摧毁了北方的反叛势力。此后的二十年间，战争波及的大片土地仍然贫瘠荒凉，有些地方甚至直到百年后才重见人烟，可见当时的反抗与镇压何等惨烈。而在威塞克斯麦西亚，反叛被镇压之后，其残余力量则继续展开游击战，其中一位著名的领导人是“觉醒者赫里沃德”（Hereward the Wake），他在伊利建立了根据地，直到1071年才被最终击溃。“面对激烈的反抗，诺曼人不得不建造城堡——一种使少数人就能控制臣服居民的坚固要塞。”[1]

二是面对英格兰周边的敌对势力威胁。虽然在盎格鲁－撒克逊时代，当时的国王哈罗德就曾挫败过英格兰北面丹麦人的入侵，但其威胁仍然存在。在诺曼征服早期，丹麦舰队时常在东海岸徘徊，这使得在科尔切斯特建造大型主楼和在约克修建第二座城堡非常有必要。此外还有来自威尔士和苏格兰边境的不安全因素。

三是面对有可能发生的、来自诺曼底贵族内部的反叛。威廉的诺曼追随者大多是为了获得土地和战利品而战，他们在欲望得不到满足时必然产生不满情绪，当这种矛盾日积月累并遇到引爆条件时，原追随者的反叛也会严重影响王朝的统治与社会稳定。例如，“普莱格的尤斯菲斯（Eusface of Poulgue），曾经的诺曼底贵族，就曾对威廉刚刚建成的多佛城堡发起过进攻，失败后回到了法兰西北部他自己的领地上”。[2]

无论是征服土地、巩固政权还是防御外敌的需要，威廉和他刚刚

---

[1] 约翰·吉林厄姆、拉尔夫·A.格里菲斯：《中世纪英国简史》（John Gillingham and Ralph A. Griffiths, *Medieval Britain: A Very Short Introduction*），牛津：牛津大学出版社（Oxford: Oxford University Press），2002年版，第1～2页。

[2] N. J. G. 庞兹：《英格兰和威尔士的中世纪城堡：一部社会政治史》（N. J. G. Pounds, *The Medieval Castle in England and Wales: A Social and Political History*），剑桥：剑桥大学出版社（Cambridge: Cambridge University Press），1990年版，第4页。

控制的诺曼英格兰国家都需要已在欧陆国家得到检验的防御工事——城堡的帮助，“到1087年威廉去世时，他一共组织建造了二十三座城堡”。[1]除了威廉本人主持建造以外，当他不在英格兰时，还委托其主要附庸继续在英格兰的主要居民区和重要战略要地修建城堡。此外，其他诺曼贵族为了有效地镇压英人的反抗，也为了在他们自己相互间的竞争与冲突中占据有利地位，也纷纷私自筑堡建寨，积聚实力。例如，“罗杰·蒙哥马利在苏塞克斯海岸的奇切斯特和阿兰德尔建造了壮丽的城堡；而蒙哥马利的儿子、控制中兰开斯特郡的罗杰则在克里特希洛（Clitheroe）和潘恩沃森（Penwortham）启动了足以与前者媲美的工程。威廉的异母兄弟、摩坦伯爵罗杰（Roger Count of Mortain）分别以索姆赛特郡的蒙特卡特（Montacute）城堡、康瓦尔的罗恩瑟斯顿（Launceston）城堡及赫里福郡的伯克汉姆斯特德（Berhamstead）城堡而闻名。威廉·菲兹·奥斯本则在蒙莫斯郡建了三座城堡，还在汉普郡、格洛斯特郡和赫里福郡各建一座”。[2]还有罗伯特·德·奥伊利（Robert d’Oilly）在牛津、尤斯·德·阿比托特（Urse d’Abitot）在伍斯特等也纷纷修建城堡。建造这些城堡的目的是威吓本土居民，且将一系列战略要塞置于英格兰的重要区域。威廉面对快速征服英格兰的巨大压力和来自国内外对新生王朝的挑战，即使知道城堡交由当地贵族建造的弊端也不得不这么做。因为在当时，全面迅速地完成对英格兰的征服就是最大的政治，王室与贵族以及诺曼贵族之间的矛盾可待之后解决。事实上，不仅王室城堡在征服中功不可没，这些贵族城堡在巩固和稳定诺曼征服成果上也确实发挥了重要作用，尤其是边疆贵族，他们依靠城堡，不时地向威尔士和苏格兰腹地渗透，在这两个地区中占据着一小块完全归诺曼人统治的土地，为后来爱德华一世对这两个地区的全面征服打下了基础。

[1] ［美］迈克尔·V. C. 亚历山大：《英国早期历史中的三次危机——诺曼征服、约翰治下及玫瑰战争时期的人物和政治》，林达丰译，北京大学出版社，2008年版，第40页。

[2] 同上书，第40～41页。

二、城堡兴起与分封制度

有中世纪史家在回答诺曼英格兰国家为什么能在当时内忧外患中生存下来这一问题时，明确指出有两个重要因素必须要予以重视：一是以分封为核心的封建制度；二是集多种社会功能于一身的城堡。[1]这个说法是有道理的。可以说，至少在1066年之后的一个世纪中，分封制度与城堡是诺曼人完成征服并维持统治的两大法宝。不仅分封制度与诺曼征服密不可分，在分封制度与城堡这两者之间也存在明显的内在联系。分封制度作为一种政治因素，对城堡具有催生作用；反过来城堡的建造也在一定程度上彰显和强化了分封制度。

封建制度是一种政治制度，作为一种权力划分与权力运行模式，指的是在中世纪西欧普遍实行的封土制与封臣制。因实行土地层层分封和封君封臣制，产生了领地和领主，各级封建领主在其各自领地内拥有相对独立的政治、经济和司法权力。一般认为，西欧比较规范的土地分封制度（即采邑制），兴起于加洛林王朝。其产生的基本原因是"由于经济相当的原始，任何领主都不可能有大量的现金来支付庞大的雇佣军。唯一的办法是赏赐土地。这就使得受封的战士有了一个潜在自主的权力基础"。[2]或者换一种说法就是，"8～9世纪的农业经济不足以维持一个庞大的君主体系，一个建立在政治分权基础上的新的政治、军事秩序随后演化为中世纪政治领域的一个有机部分"。[3]不同学者对封建制度的性质与功能有不同认识，汤普逊认为在封建社

---

[1] N. J. G. 庞兹：《英格兰和威尔士的中世纪城堡：一部社会政治史》（N. J. G. Pounds, *The Medieval Castle in England and Wales: A Social and Political History*），剑桥：剑桥大学出版社（Cambridge: Cambridge University Press），1990年版，第5页。

[2] ［英］迈克尔·曼：《社会权力的来源》第一卷，刘北成、李少军译，上海：上海世纪出版公司，2007年版，第486页。

[3] ［美］杰克逊·J. 斯皮瓦格尔：《西方文明简史》（第四版）上册，董仲瑜、施展、韩炯译，北京：北京大学出版社，2010年版，第190页。

会，“各种东西——政府、法律、制度、社会——都是有着几乎无限的地方分化和分裂主义倾向”。[1]韦伯指出：“封建制可说是一种‘权力划分’，然而并非孟德斯鸠所说的权力划分，孟氏的权力划分指的是一种支配权力的质的划分，而封建制则仅是量的划分。”[2]布伦齐尔（J. K. Bluntschil）断言，正是由于封建制的推行，使得王国的军事权力与司法权力“被无数的领主和封臣所分割”，而王权仅“被作为一件装饰品来保留”，贵族则割据一方，成为地方上实际的统治者。[3]学者对诺曼征服前的英格兰是否存在封建制度也存在争议，事实上，在英国，部落社会向封建社会的转变在盎格鲁－撒克逊时期就已经开始，英国社会历史的封建阶段是必然要出现的。自1066年开始，随着征服者威廉的到来，一种以土地占有为基础，以层层分封为形式，把治理国家的责任和义务在各级土地所有者或占有者之间层层分割，进而使政治统治权与土地使用权密切结合的政治体制，从欧洲大陆移植到了英国，促成或加速了英格兰向封建社会的转化。

面对少数诺曼人征服和统治英格兰的艰巨任务，威廉为了获得必要的兵源，维持和激励自己带来的数千名武士忠诚服务，他做的最重要的一件事，就是将征服过来的土地分封给附庸。截至1086年，原盎格鲁－撒克逊的土地所有者，除教会之外基本上没有保留下来以前曾经属于他们的土地，他们的土地都已经分配给了威廉的追随者。罗宾·弗莱明在《诺曼征服时期的国王与领主》一书中指出：威廉当时所征服的王国大约有4.4万平方英里，25万左右农户，1.4万个定居点，超过50万头可以用于耕作的牲畜。成千上万的磨坊、渔场及教堂提升了英国土地拥有者的财富，上百万英亩的林地和草地也是英格

[1] ［美］汤普逊：《中世纪经济社会史》上册，耿淡如译，北京：商务印书馆，1984年版，第314页。

[2] ［德］韦伯：《韦伯作品集Ⅲ支配社会学》，康乐、简惠美译，桂林：广西师范大学出版社，2004年版，第220页。

[3] 转引自孟广林：《英国封建王权论稿——从诺曼征服到大宪章》，北京：人民出版社，2002年版，第11页。

兰财富的一部分。这些田地、灌木林、牲畜和农民，在英格兰被征服之前，大部分掌握在经济地位各有不同的贵族阶层手中，这个阶层大概包括四五千个塞恩。[1]在诺曼征服过程中，这些财产在短短二十年间就从原来主人手中转给了新的主人。需要威廉直接分封的诺曼贵族相对较少，不超过二百人。在这些直接封臣中，地产年收入超过一百镑的贵族仅有八十人，地产年收入在十英镑至一百镑之间的领主不超过一百名。“其中十名大地主占据了半数以上的土地，如世俗贵族中莫尔吞的罗伯特，地产年收入达二千五百镑；蒙哥马利的罗吉尔，地产收入为一千七百五十镑。”[2]可见与盎格鲁－撒克逊时代相比，诺曼时期的土地集中程度大为提高。在诺曼时期，除具有土地向少数大贵族手里集中的趋向外，还具有单一贵族所占有的土地范围更加分散的特点，这种现象有可能是威廉国王有意为之，即限制某一贵族在某一地区的势力过大。如在赫特福德郡，“原斯蒂甘德大主教的土地有一半为征服后的巴约主教奥多获得，但剩余的土地被这个郡的其他十三位领主控制，他们分别是国王威廉、坎特伯雷大主教、伦敦主教、切斯特主教、艾伦·里奇蒙德伯爵、布伦的尤斯塔斯、拉尔夫·德·里密斯、杰弗里·德·贝克、哈德温·德·斯盖尔斯、埃德加·斯塞林、西格·德·乔克斯、理查德·菲茨·吉尔伯特的妻子以及休·德·格瑞德曼斯尼尔”。[3]此类地产分散的例子还有很多，再如剑桥郡，大约25%的土地过去曾属于某一个领主，到1086年则分散在七个诺曼领主手中。

土地分封与城堡之间的内在联系在于：分封制度产生领地，没有无领主的领地，在大大小小的领地中，领主们就是统领一切的“君主”。从静态上看，分封制意味着土地的不同归属与占有，如何确认与

[1] ［美］罗宾·弗莱明：《诺曼征服时期的国王与领主》，翟继光、赵锐译，北京：北京大学出版社，2008年版，第120页。

[2] 马克垚：《英国封建社会研究》，北京：北京大学出版社，2005年版，第132～133页。

[3] ［美］罗宾·弗莱明：《诺曼征服时期的国王与领主》，翟继光、赵锐译，北京：北京大学出版社，2008年版，第121页。

辨析这种归属与占有，城堡就是最重要的标志，城堡代表了领地的归属，城堡的数量、类型与规模体现着领地的大小和领主的社会地位与阶级层次；从动态上看，分封制意味着土地与财富在不同主体之间的易手或集中，如何对付被剥夺者的反抗及觊觎者的袭扰，是一个必须要面对的问题，城堡就是领主及家人的安全居所和财富的保障；从社会控制上看，分封制不仅是单纯的土地划分，还意味着领主是领地上所有居民的主人，城堡就是领主实施行政管理的中心。为了加强和巩固对其领地上的附庸及其他居民的控制，强有力的基地——城堡的建造是必不可少的。于是，在这个时代，普遍存在于英格兰的成百上千座城堡的位置，除部分受自然地理环境制约外，绝大部分是由封建采邑的分布特点决定的。有能力的贵族通常将城堡建在他们最重要的庄园，术语为贵族领地的“首府”（caput）。“这种要塞城堡式防御网络渐渐地同封建主义联结为一体，形成了与中央集权制相左的各种生活方式、防御体系和制度体系。”[1]

三、城堡兴起与地方行政

从社会控制与国家政治权力运行的角度看，城堡反映的是一种政治制度。城堡不仅可以为城堡主及家人和臣民提供一种安全庇护，而且还具有区域性的行政管理功能，是一个或大或小的政治、经济和文化中心。就城堡与中世纪英国地方行政管理的关系而言，可以在三个层次上理解地方行政需求与城堡兴起的关系。

首先，郡行政需要以城堡为依托。诺曼征服后，诺曼英格兰仍然沿用撒克逊英格兰时期的郡制，英王在周边和要地封立伯爵的同时，在王国内一直设有约三十三个郡。这些郡的起源各不相同，一些

[1] [美]维克多·李·伯克：《文明的冲突：战争与欧洲国家体制的形成》，王晋新译，上海：三联书店，2006年版，第65页。

古老的郡，如肯特和苏塞克斯，衍生于古代独立的盎格鲁－撒克逊王国，其他诸如麦西亚郡、剑桥郡、牛津郡和白金汉郡等，都是晚期盎格鲁－撒克逊君主有意识创建的。郡是地方行政单位，由国王直接任命的郡守，是代表国王的最高地方行政长官。作为国王的代理人，郡守要执行国王的指令，维护王国的利益。在征服的第一个世纪里，郡守的行政功能日益强化，在处理地方行政事务、实施国王法律等政治方面扮演着十分重要的角色。到13世纪，郡守的权利与义务进一步得以确定，是郡守的黄金时代。他为国王征收税赋，并将收入上交税务署；他管理着国王的庄园并进行必要支出来维护庄园的经济发展；必要时他还向国王提供法官来源，挑选陪审者名单，并且主持郡法庭审理上百件的民事或犯罪案件。“封建英国在郡一级设有郡法庭，不过从职能上说，这种法庭按照我国的习惯称之为衙门也许更合适，它不是单纯的法庭，而是郡守处理一应有关军事、行政、诉讼、财务的场所。他于此宣布国王的法律及令状，召集陪审员进行调查，处理各种行政事务，当然也进行审判。”[1]此外，还要行使警察和监狱的职能，逮捕和关押违法犯罪者。同时还要持续不断地接受来自中央政府的、要求必须回复的令状。如此重要而繁杂的政务，郡守必须要有一个办公地点，以郡守的地位，当然需要与之相配的“办公楼”，“一般而言，郡守办公的‘郡衙’大都设在重要市镇的王家城堡里。威廉一世时，就约有二十五个郡之‘郡衙’设在由原罗马人或盎格鲁－撒克逊人所建的市镇中，王在这些市镇中修建了王家城堡，供郡守及其吏员处理政务”。[2]并不是说，所有郡的郡守都只能把城堡作为办公地点，但一般认为，郡府与城堡的分离是例外的和不方便的。

其次，百户区行政对城堡也产生一定的需求。百户区在英格兰是郡下面的一级行政单位，是由更小的领土联合体组成的，在南面称之为

[1] 马克垚：《英国封建社会研究》，北京：北京大学出版社，2005年版，第88页。
[2] 孟广林：《英国封建王权论稿——从诺曼征服到大宪章》，北京：人民出版社，2002年版，第354页。

百户区，在旧丹麦法区则为小邑（wapentake）。但自威廉以来，各位国王多有分赐百户给封建主的事发生，以至不少百户区由私人控制。据统计，“《末日审判书》记录了约730个百户区和小邑，但是在爱德华统治的13世纪70年代，仅有628个”。[1]而在爱德华一世时期的628个百户区中270个由国王掌握，而358个由私人掌握。“对国王掌握的百户区，由辖区的郡守派管家管理；封赐给贵族领主的百户区，由封建主私人派出管家管理。一般选择当地殷实可靠的小地主担任管家，而他下面还有各种执事人员帮助工作，执行郡守所发布的各项行政、财政指令。管家还主持百户法庭，法庭每三周召开一次，审理的多为细小的民事案件，如债务和侵权等。”[2]百户区既然是英格兰的一级重要的地方行政地位，又承担着一些必不可少的基层行政工作，毫无疑问，与郡的行政一样，应当有与之相适应的办公场所。百户区的行政是否也与郡守一样大多以城堡为中心，从目前资料看基本无人论及，因此不好下确切结论，但从理论或逻辑上推测，在诺曼征服的初期，英格兰还远不是一个社会秩序良好的国家，诺曼人的统治还面临许多现实危险，百户区的行政中心同样需要保护。此外，行政权力也需要以物质设备帮助树立权威。当时的城堡尽管还很简陋，但与同时期广大乡村更为破旧的民用建筑相比，大多数城堡还是鹤立鸡群的。因此，将城堡作为百户区的行政中心也不啻为一个比较合理的选择。城堡的数量在1100年左右达到第一个高峰，当时在英格兰各郡分布了大约五六百座城堡，与英格兰的百户区数量大致相同，这也许不单纯是一个巧合。

再次，封建领地的管理对城堡产生更加广泛的需求。西方学者一般将西欧封建社会理解为9—13世纪的一种法律制度和政治制度，将其主要内容概括为：由于土地分封和相应的封君、封臣制的形成，各

---

[1] 罗伯特·巴特利特：《诺曼和金雀花国王统治下的英格兰，1075～1225》（Robert Bartlett, *England Under the Norman and Angevin Kings 1075～1225*），牛津：克拉伦登出版社（Oxford: Clarendon Press），2000年版，第157页。

[2] 马克垚：《英国封建社会研究》，北京：北京大学出版社，2005年版，第90页。

级封建领主“在或大或小的领土范围内，在或高或低的程度上，代表或行使着公共权力”。[1]“没有无领主的土地”，此原则在中世纪除了说明分封制度的普遍性外，同时还具有现实的行政管理方面的意义。大大小小的封建领域，反映的不仅是封建社会的土地占有关系，还对社会生活的方方面面都发挥着直接或间接的影响。表现在人与人的关系上，具有强烈的人身依附性；表现在行政管理上，具有明显的分散性和封闭性。因为依附而产生领主的保护义务，而权力又是与保护共生的。国家在不能提供有效的整体安全的时候，地方统治者在提供局部公共安全产品时，也必然要求取得相应的政治权力。韦伯对此有十分深刻的分析：“地方庄园领主对家产制君主的首要要求乃是，君主不得干预这些领主自己对其属民所拥有的家产制权力，甚至更进一步要求君主对这种权力给予直接保障。他们尤其要求拥有豁免权，亦即在其庄园领域内，得免于支配者的行政官员的干预。后续的要求则如下：除非通过庄园领主，否则支配者不得直接与其臣民打交道；庄园属民的刑事责任与纳税义务由其领主负责；庄园领主被委以征集新兵的任务，支配者对庄园属民的租税要求也由他来支付，所有这些负担再由他来分配给其属民。”[2]大小领主在对领地实施这些行政管理的过程中，也往往需要以城堡为权力的标志和依托。

四、城堡兴起与领主司法

因封建社会的制度规定性所致，英格兰在中世纪与欧陆一样，司法权是分散而非统一的。“为了解决定居者之间的纠纷和惩治犯法者，需要存在庄园法庭、百户区法庭、郡法庭、城镇法庭、封建法庭、教

[1] ［美］汤普逊：《中世纪经济社会史》上册，耿淡如译，北京：商务印书馆，1984年版，第302页。

[2] ［德］韦伯：《韦伯作品集Ⅲ支配社会学》，康乐、简惠美译，桂林：广西师范大学出版社，2004年版，第173页。

会法庭和王室法庭等不同种类的法庭。”[1]这些法庭同时存在于三种司法权之中，在中世纪的不同时期表现得强弱不一，趋势是向统一司法权发展。三种司法权分别是国王司法权、地方司法权和封建司法权，这三种司法权的行使分别依靠三套不同的法庭组织：即王廷的国王法庭、地方的公共法庭和领主的封建法庭。国王法庭也称王廷法庭，照理说因为国王既是最高领主，又是一国之君，其法庭的司法权限本应最为广泛，但在12世纪以前，领主角色在国王身上居主导地位，国君角色尚在其次，因此，国王法庭的实际司法权只限于直接涉及国王利益的诉讼和有关国王直属封臣的案件，受理案件的总量远少于公共法庭和封建法庭。地方的公共法庭包括郡法庭、百户区法庭和村镇法庭，其管辖案件的权限范围与地方的行政区划基本吻合，有权受理辖区内的各种民事刑事案件，带有明显的地域性特点；领主的封建法庭包括领主法庭和庄园法庭，其地域公布极不规则，因为英国大贵族的领地很少连成一片，多数分散在几个或十几个郡内，因此，一个领主往往有若干个封建法庭，处于全国各地。封建法庭以民事审判为主，主要是协调领主与封臣之间以及封臣内部的封建关系。

在英格兰，封建法庭的起源比较复杂，很难确定它形成的具体年代。早在盎格鲁－撒克逊后期，国王在分封的时候，常将对土地上居民的某些司法管辖权和司法收益权一起授予某个臣属，允许他们对其属下行使广泛的法律权力，国王只在涉及抢劫等重罪时保留司法权。但是，这种司法现象只是少数，而且是否有正式的法庭行使这些司法权还是个问题。一般认为，私人封建法庭是在诺曼征服后随着封建制和庄园制的确立而逐渐发展起来的。梅特兰把领主司法看作导致封建制度产生的一个独立因素，他指出：“封建制度几乎所有的现象中没有比领主司法更具本质性的了。随着时间的流逝，英国的法学家和历史学家越来越倾向

[1] 罗伯特·巴特利特：《诺曼和金雀花国王统治下的英格兰，1075～1225》（Robert Bartlett, *England Under the Norman and Angevin Kings 1075～1225*），牛津：克拉伦登出版社（Oxford: Clarendon Press），2000年版，第177页。

忽略于此，而把注意力集中于封建军役上。对于他们来说，封建军役的引入导致了封建制度的建立。但是，相对于领主司法来说，封建军役是一种非常表面化的现象，而领主司法则是起根本作用的深层次因素，具有改变一个国家的能量。”[1]封建司法特权的兴衰与封建制度的兴衰紧密相连。历史上的任何制度都不可能随意产生，在特定的社会历史条件下，封建司法权有其存在的政治与经济基础。“随着封建土地等级占有制的推行，土地占有权成为封建司法权的基础，而且‘占有权也成为一个普遍适用的法律概念’，从国王到各级封建贵族都需要建立封建法庭来处理有关地产没收和土地争讼乃至下属违背封建义务等方面的问题，而求诉和出席封君法庭也是封臣的法律权利与义务。”[2]在封建社会早期，在王国统一的司法制度还远没有得以确立（当时尚不具备得以确立的基本条件）的时代里，领主的私家法庭纷纷建立并行使一定的司法特权，也未必不是一件当时社会各方都乐见其成的事情。在当时的历史条件下，只有地方领主才对地方治理有迫切需求，并且能有效地执行维护地方法律秩序的职能。任何权力的行使都需要一定的组织系统及物质条件做保障，各级封建主的各项司法特权，大都需要通过他所掌握的庄园法庭去实现。不能简单地把庄园仅仅当作一个现实领主经济的经营模式看待，庄园也是领主实现社区综合治理权的单位。庄园法庭“一般每三周举行一次，庄园上的农奴及自由佃户，以及小封建主均需出席，主持者为封建主本人或他的管家，以庄园习惯审理各种案件，多为处分农奴及农民对封建主的侵犯，另外则是处理村民间发生的纠纷。也依据封建主的特权，进行诚实保证调查，审理轻微刑事案件等。法庭收入归封建主所得，体现了中世纪‘司法获大利’的特征”。[3]

---

[1] F. W. 梅特兰：《末日审判书及其他》（F. W. Maitland, *Domesday Book and Beyond*），剑桥：剑桥大学出版社（Cambridge: Cambridge University Press），1987 年版，第 307 页。

[2] 孟广林：《英国封建王权论稿——从诺曼征服到大宪章》，北京：人民出版社，2002 年版，第 321 页。

[3] 马克垚：《英国封建社会研究》，北京：北京大学出版社，2005 年版，第 109 页。

地方领主行使司法权必然需要场所，司法裁判是与权威、庄重、气势和信任紧密联系的，城堡无疑是个不错的选择，“城堡是司法中心，是所有有形权力的源泉”。[1] 城堡大厅与领主司法权相辅相成，相互促进共同发展。城堡作为城市或庄园里领主拥有的最宏伟的建筑之一，充分体现着领主的等级与实力，在很大程度上，城堡以其独特的物质形态，已经成为中世纪领主司法制度的一个重要构成要素。很难设想，领主在行使司法裁判权时，弃自己的城堡不用而另寻其他场所。同时，私人城堡也因要承担一定的司法用途，势必对建筑形态产生某种影响，突出表现在大厅的设计理念及建筑实践上。

第二节　内外政治关系中的城堡

中世纪英格兰的内外政治关系与城堡之间有着密切的联系。英国城堡数量的变化、王室城堡与贵族城堡比例的变化、城堡主要功能的变化等情况反映了各个时期英格兰的内外政治环境。在王室与贵族的政治力量相对平衡的时期，王室城堡与贵族城堡得到了共同发展；在国内社会相对和平与稳定时期，城堡在数量上呈现下降趋势，功能向侧重生活与行政管理方面发展，类型向更加舒适的庄园房子和宫殿城堡演化；在贵族反叛、私战或王位争夺的内乱时期，贵族城堡数量呈增加趋势，军事功能也有所加强。在整个中世纪，英格兰的边境地区一直是城堡建造与维持的重点，即使在中世纪的中后期，边境城堡仍然在强化。

一、王室与贵族力量相对平衡时期的城堡

这一时期大致从 1066 年诺曼登陆到亨利一世统治结束，是诺曼

[1] ［法］马克·布洛赫：《封建社会》下卷，李增洪、侯树栋、张绪山译，北京：商务印书馆，2007 年版，第 642 页。

人开始征服英格兰并逐步巩固其统治的时期。在这一时期，王室与贵族之间在政治方面总体上是相互支持与合作的关系。国王们虽然具有较大权力和政治优势，但还没有强大到不需要贵族支持的程度；贵族们虽然有将领主权力最大化的愿望，但还不完全具备这样的实力或社会条件，因此政治力量基本平衡，王室城堡与贵族城堡得以共同发展。王权与贵族双方在这一历史阶段之所以持合作态度，主要原因有三：一是威廉从欧陆带来的诺曼人仅有万人左右，而当时撒克逊英格兰的人口大约有一百五十万，征服者与被征服者之间人数上的差距如此之大，使得诺曼人要想在英格兰的土地上站稳脚跟，内部必须要相互配合、紧密合作。二是威廉不仅通过《末日审判书》掌握了各地领主的财产状况，而且还通过《索尔兹伯里誓约》取得了对所有臣民财产和人身的直接支配权，使得在欧陆地区流行的“我的附庸的附庸不是我的附庸”的封建习俗，变成了英国的“我的附庸的附庸也是我的附庸”，国王对封臣的钳制比欧陆地区更加有力。三是威廉掌握的财产远远大于其他贵族，即使部分贵族联合起来也很难抵抗王权。威廉宣称对英格兰所有土地和森林都有支配权，他保留了全部土地的七分之一作为王室的直辖领地，其他没开垦的土地和森林也都归威廉所有，剩余的土地分配给随他一起战斗的一百五十余位诺曼底贵族，成为他的直属封臣。大小贵族的土地分散到各处，彼此之间或与王室领地之间呈现相互交错的状态，限制了绝大多数贵族单独力量的扩展空间。

因此，这一时期，在城堡的建造及掌控上体现出了王室与贵族的合作关系。在正常情况下，威廉在征服过程中可以控制城堡的建造，每到一处交通要道或是重要的城市中心都下令建造城堡，由于这些城堡的位置具有重要战略意义，从而加强了王权。除此之外，威廉还指派有能力的贵族在其领地内建造城堡用于镇压反抗，或者是将王室城堡转让给亲信贵族，以加强诺曼人的整体实力。威廉身为诺曼底公爵，当然知道城堡掌握在贵族手中意味着什么，威廉主动分配和转让部分城堡给贵族，体现的是对自己实力的自信，以及对王室与贵族政治关系的总体把握。

这一时期王室与贵族在城堡建造方面，总体上呈现一种“默契”及“默认”的态势，形成了一种“和谐”的状态。对于王室来说，威廉及其儿子们的城堡政策有些游移不定。首先，威廉希望在征服早期出现过的封建无序状态不再出现，国王自己修建城堡，同时禁止伯爵们修建城堡；但另一方面，由于城堡在控制、征服土地和保护免受侵略方面的必要性，威廉不但将自己建造的一些城堡委托给贵族们管理和使用，而且还宽恕贵族们自己擅自建造城堡的行为。反观贵族，除了一些大贵族外，他们的土地大多分散在不同的乡村中，很难将他们的力量集中在一处，只能在每个相对重要的地方修建小城堡，而这些小城堡尽管数量众多，但威力与规模无法和工室城堡相提并论，根本不可能对威廉的王权形成重大威胁，他们希望的只是控制和镇压其领地上的居民，这也为威廉默认它们的存在提供了基础。

这一时期，大部分贵族建造的城堡并没有获得许可。从理论上讲，在王国范围内建造城堡一律都要经过王室许可，因此一旦条件成熟，在王室认为有必要时，就可以未经许可为由，将贵族擅自建造的城堡收归至自己手中。贵族建造城堡需经王室许可的原则在欧陆的诺曼底已经成为了法律，例如，“鲁弗斯要求在诺曼底的特定的贵族城堡应该置于他的管理之下，而且这项法律明显地得到了遵守”。[1] 但在诺曼征服的初期，还很难在英格兰找到这种法律依据，直到亨利一世时期，才正式在法律层面上确立了国王对城堡建造的垄断权力，确认只有王室才有权力建造可以同时在三个方向进行防御的防御工事，未经许可建造城堡是一种犯罪行为。这种法律对遏制私人城堡的过分建造起到了一定作用，但由于何种程度可以视为“过分”这一点有些模糊，遏制效果不甚乐观。同时还要看到，王室对于一些已经转让给贵族的城堡也慢慢弱化了控制权，如果想要重新控制或收回已经配置给封臣管理的城堡也不是一件特

[1] N. J. G. 庞兹：《英格兰和威尔士的中世纪城堡：一部社会政治史》（N. J. G. Pounds, *The Medieval Castle in England and Wales: A Social and Political History*），剑桥：剑桥大学出版社（Cambridge: Cambridge University Press），1990 年版，第 29 页。

别容易的事情。如“沃里克和伍斯特城堡在委托给贵族看管后就成为了贵族家族的世袭财产”,[1] 由王室城堡转化成了贵族城堡。即便如此，也不能过高估计这一时期贵族的实力，就是说在此时期，有的贵族能够将王室城堡占为己有，并不是由于力量强大到可以匹敌王权，而是因为王室的默认，区区几个这样的城堡动摇不了王室的统治根基。从王室城堡和贵族城堡之间的力量对比看，王室城堡无论是在控制人口，还是在战略意义方面都占据着明显的优势，贵族所依托的城堡不足以抗拒王室城堡，再加上这一时期的三位国王在武功和法律编撰上的巨大声望，即使偶有内部反叛，也是部分贵族因其政治失宠，或是利益受到损害酝酿而成的个案，并不会对王权造成太大威胁。

二、社会和平稳定时期的城堡

与历史上其他时期相比，可以认为英格兰的中世纪是战乱频发的年代，但就整个中世纪而言，也并非时时刻刻都充满了战争或动乱，甚至在大多数的年代里还是和平稳定的。这样说也许更恰当一些：在中世纪的英格兰，尽管战乱多发，但在大多数时间里，战乱是局部而非全局性的，真正席卷全国，致使整个社会完全失控的战乱是罕见的。反过来，所谓的和平稳定时期也并非无风无浪，而是不时有各式各样的局部战乱穿插其间，但总的趋势是逐渐向和平稳定发展。“中世纪盛期，贵族越来越老于世故，这表现为混乱的地方战争比以前少了。大约 1100 年以前，典型的欧洲贵族是粗野、残暴的武士，把大部分时间用来和邻人打斗或掠夺无助。12 世纪，由于基督教会的约束，由于新兴的国家更有效地实现地方和平，再加上贵族本身开始享受更为安定

[1] N. J. G. 庞兹：《英格兰和威尔士的中世纪城堡：一部社会政治史》(N. J. G. Pounds, *The Medieval Castle in England and Wales: A Social and Political History*)，剑桥：剑桥大学出版社 (Cambridge: Cambridge University Press)，1990 年版，第 27 页。

的生活，这类暴力减少了。”[1] 在英格兰更是这样。“任何对庄园和领地记录进行研究的人都会注意到，整个英格兰有大笔的钱财经常处于流动状态，从庄园的管事、总管和地租征收员手中移交到领主和他们的官员手中。路途中的强盗相对少见，领地记录中也没有提及由负责运送或征收钱财的官员所采取的保卫或安全措施。”“人们还是普遍承认法律的权威，诉讼的高层化即可表明这一点。如果有钱人不准备支付律师服务费的话，律师们也不会如此富有。”[2]

在相对和平稳定时期，城堡的存在与发展会有哪些变化？

首先，在相对和平与稳定时期，一部分城堡被城堡主主动抛弃了，这是城堡数量下降的一个重要原因。“当治安权可以有效地行使时，当帝国全境有法律和秩序而只在边境才有战事时，业主阶级曾住在不设防的乡村住宅，而农民也住在空旷的村庄里。”[3] 威廉一世的后期，对英格兰的征服已经基本完成，王室已经在各地的主要人口居住区和城市中修建了城堡。各地贵族也分别在他们的采邑建造城堡。这一时期，主要是简单的、比较容易建造的木制城堡，那些稍微有些财力的贵族都可以随意建造，再加之征服英格兰初期，王室与贵族共同面临着被征服居民的反抗，威廉国王也默许了大部分贵族建造城堡。当本地人的抗拒已基本解决或威胁不大时，许多在战乱中由中、小贵族匆忙建造的这些简易小城堡，大多被主动抛弃了。这些小贵族在和平与稳定时期，更愿意居住在比孤立于小土丘之上的简陋城堡稍微方便和舒适一些的庄园里。

其次，在相对和平与稳定时期，一部分城堡被王室有意识地加以摧毁，这是城堡数量下降的另一个重要原因。王室摧毁一些贵族城堡有

---

[1] ［美］罗伯特·E. 勒纳、斯坦迪什·米查姆、爱德华·麦克纳尔·伯恩斯：《西方文明史 I》，王觉非等译，北京：中国青年出版社，1994 年版，第 290 页。

[2] ［英］克里斯托弗·戴尔：《转型的时代——中世纪晚期英国的经济与社会》，莫玉梅译，北京：社会科学文献出版社，2010 年版，第 109 页。

[3] ［美］汤普逊：《中世纪经济社会史》上册，耿淡如译，北京：商务印书馆，1984 年版，第 318 页。

两个主要原因：一是因为有些贵族参与反叛或内战，对国王统治造成严重威胁，一当战乱平息，国王必然要对他们严加惩处。没收或直接将反叛贵族的城堡摧毁，就是具有重要象征意义的、最有效的惩处方式。例如，在斯蒂芬时期，斯蒂芬本人摧毁的贵族城堡就不计其数，“1136年，他摧毁了从叛乱的鲍德温·德·雷德弗斯（Baldwin de Redvers）手中获得的埃克塞特城堡；1138年，他又摧毁了从威廉·菲茨·艾伦（Willam Fitz Alan）那里获得的什鲁斯伯里城堡以及从罗杰主教那获得的数座城堡”。[1] 由于休伯爵在叛乱中扮演了主要角色，因此在他失败后，他所遗留的邦吉（Bungay）和法拉姆灵厄姆（Framingham）城堡也被充公并遭到破坏。[2] 再如达勒姆的主教休·德·普约赛特（Hugh de Puiset），参加了1173～1174年的反叛，并且修筑城堡来反对国王。反叛被镇压后，“亨利二世命令将他的诺斯阿勒尔顿（Northallerton）城堡夷为平地”。[3] 二是因为在战乱时期王权受到损害，趁王室无暇也无力顾及之际，贵族私建城堡的数量陡增。毫无疑问，这些小城堡对领主、家人，以及当地的依附农民来说，有时可以提供防卫和庇护之所。不过，也要看到正是依靠这些城堡，许多地方的“小暴君”统治着周边一大片区域，对附近地区居民或过往商旅实施烧杀抢掠，当时的人们有充分理由将这些“非法”城堡视为危险之地。因此，一旦和平得以恢复，对于国王或王公，最为迫切的任务莫过于将无数的此类城堡夷为平地。以满足人们对和平秩序的渴望。

再次，在相对和平与稳定时期，有助于促进城堡功能与类型的转化。从一定意义上讲，城堡是战争与暴力，以及地方分权的产物。因

---

[1] R. 艾伦·布朗、H. M. 科尔文、A. J. 泰勒：《国王工事史》第一卷（R. Allen Brown, H. M. Colvin, A. J. Taylor, *The History of the King's Works*, Vol. I），伦敦：女王文书局（London: Her Majesty's Stationery Office），1963年版，第41页。

[2] 罗伯特·利迪亚德：《盎格鲁－诺曼城堡》（Robert Liddiard, *Anglo-Norman Castles*），伍德布里奇：博伊德尔出版社（Woodbridge: The Boydell Press），2003年版，第139页。

[3] 罗伯特·巴特利特：《诺曼和金雀花国王统治下的英格兰，1075～1225》（Robert Bartlett, *England Under the Norman and Angevin Kings 1075～1225*），牛津：克拉伦登出版社（Oxford: Clarendon Press），2000年版，第280页。

此，正如前面所分析的，每当王权处于强势，社会处于和平稳定时期，由于抛弃或摧毁等原因，社会中的城堡总量会出现明显的下降。但我们在研究中也发现，在同时期整个社会用于城堡建造的费用不仅没有下降，甚至有时还有明显增加。在和平稳定时期，城堡开销巨大的一个重要原因，是城堡建造材料发生了巨大变化，即从威廉时代的土木制城堡正式向石制城堡转变。城堡费用的增加是因为城堡"质"的变化，而不是城堡"量"的变化。

在中世纪早期，生产力低下，生活质量不高，对社会上一切阶级来说，生活都是既困难又粗野的。只有在经济发展，社会财富越来越多的时候，城堡里的生活才可能追求文雅和舒适。而到了这个时候，"军事建筑也已进步到这样的程度：城堡不复仅仅是木头防舍而变为宽敞甚至雄壮的石头建筑物了"。[1] 例如，亨利二世即位后，英格兰进入到了相对和平与稳定时期，1154～1216 年，王室的大量开销与城堡的改建、扩建有关，反映了城堡从土木制的"山冈—城廓式"要塞向更加坚实和雄伟的石制城堡的转变。尽管这种转变并不完全局限在这个时代，但这一时期却是改造最多的时期。如亨利二世在多佛和纽卡斯尔的大型圆塔型主楼和位于奥弗德的圆形塔楼上面，添加了许多新的样式。"1166 年，大量的石材被运抵到温莎，1172 年又为修建温莎城堡购买了三百镑油脂；1194 年，十马车石灰被运送到了马尔波罗格（Marlboragh）；1204 年和 1208 年，大量的石头被运输到约克的埃克塞特。"[2] 毫无疑问，在当时的生产条件下，石头材料的购买和运输费用必然十分巨大。

另外，我们还可以更多地从城堡社会功能与类型综合转变的角度，解释为什么在没有大规模战争的情况下，有些年份的城堡建造开销与处于战争时期的年份的开销相差无几。亨利三世时期，除去用于边境

[1] ［美］汤普逊：《中世纪经济社会史》上册，耿淡如译，北京：商务印书馆，1984 年版，第 321 页。

[2] 罗伯特·利迪亚德：《盎格鲁－诺曼城堡》（Robert Liddiard, *Anglo-Norman Castles*），伍德布里奇：博伊德尔出版社（Woodbridge: The Boydell Press），2003 年版，第 143 页。

地区军事城堡的开销，剩下的近四分之三的建筑支出都用在了主要王室城堡的扩建和改建上面。这些城堡的改建或扩建，与防御外来敌人进攻没有联系或只有较少的联系。由于金雀花王朝时期，国内社会环境进一步稳定，中央政府的行政管理职能比之以往更为统一和有效，各个地区行政中心的行政管理能力越来越强化，内陆的王室城堡扮演了重要的行政中心的职能。此外，城堡还通常作为王室财产的储藏库或者关押罪犯的监狱，郡守和当地行政官的住宅，以及作为王室住宅或国王巡视全国时在各地居住的行宫。在和平与稳定的社会条件下，王室和大贵族们越来越追求更加舒适、宽敞的环境，他们要求城堡更加坚固、华丽，城堡的行政与居住功能的设计也更加完善。如此一来，建造费用必然会明显增加，“如仅在一座温莎城堡上面就用去了 1.5 万镑，温彻斯特花费了 9655 镑，伦敦塔花费了 9683 镑”，[1] 这些大幅开支显然与军事因素没有太大关联，完全是统治者为了进一步加强政治统治力和提高生活舒适度而进行的。可以说，在社会相对和平与稳定时期，内陆城堡建造的政治意义要大于其军事意义。

三、内乱时期的城堡

内乱包括贵族私战和王位争夺之战，最终都表现为社会内部的战乱状态。尽管城堡的社会功能是综合性的，但毕竟战争是城堡兴起与发展的直接原因，当社会政治矛盾激化至兵戎相见时，对城堡发展变化的影响就更为明显、直接和复杂，以往文献中这方面的资料丰富，因此，我们可以对贵族反叛与内乱时期的城堡现象，有更细致的观察和分析。

1. 贵族反叛中的城堡

在中世纪英格兰，虽然王权与欧陆比相对强势，但贵族反叛的情形

[1] R. 艾伦·布朗、H. M. 科尔文、A. J. 泰勒：《国王工事史》第一卷（R. Allen Brown, H. M. Colvin, A. J. Taylor, *The History of the King's Works*, Vol. I），伦敦：女王文书局（London: Her Majesty's Stationery Office），1963 年版，第 113 页。

仍时有发生。例如威廉死后，获得英格兰的威廉二世与获得诺曼底的兄长罗伯特公爵之间因英格兰王问题爆发矛盾，英格兰的部分法国贵族们借此反叛。这类内乱的特点是反叛贵族以城堡为大本营，据城堡而乱，国王与贵族之间的战争基本都是针对对方城堡的攻占或摧毁。如果反叛贵族的城堡被占领，该领主就失去了依托的屏障，实力被极大削弱，甚至可能一蹶不振。这在编年史中有较为详细的描述：威廉二世时期，那些反叛威廉二世的包括主教在内的贵族们，以城堡为据点，抢劫、焚烧、摧毁国王的自营地，毁坏了许多效忠国王之人的土地。他们盘踞在自己的城堡里，尽其所能在城堡里配置人员，储存给养。反叛贵族杰弗里主教和莫布雷的罗伯特先是去了布里斯托尔，将抢劫的东西带回城堡，然后又以城堡为据点，再去抢劫巴斯和周边各地，几乎将整个伯克利地区毁成一片荒芜。[1] 为了镇压贵族的反叛，国王不得不对反叛贵族的城堡进行围攻战。其中威廉二世与奥多主教之间围绕城堡的战斗在《盎格鲁-撒克逊编年史》中记载得最为生动和具体。[2]

奥多主教前往肯特，在当地进行大肆破坏，将国王和大主教的土地彻底糟蹋成一片荒地，并且将财货都运到他在罗切斯特的城堡里去了。威廉二世了解了事态的严重性，给予当地英国人以利益保证，英国人开始站在国王这边，准备擒拿奥多主教。他们来到位于汤布里奇的城堡，当时奥多的士兵和许多支持他而反对国王的人都在这座城堡里面。英国人包围了城堡，里面的叛军不得已与国王达成了停战协议，但奥多主教并没有在这座城堡中。国王及其部众立即又前往罗切斯特，以为主教在那里。途中国王获悉主教已经离开了罗切斯特的城堡，去了佩文西的城堡，于是率军再次改变进攻路线，以一支庞大的军队包围那座城堡，整整持续了六个星期。

后来，城堡里的粮食告罄，里面的人请求停战，并且把城堡交给

[1] 寿纪瑜译：《盎格鲁-撒克逊编年史》，北京：商务印书馆，2004年版，第248页。
[2] 同上书，第249～250页。

了国王。主教发誓将离开英国，除非国王召他回来，否则再也不到这个国家来了，并且主动提出要把罗切斯特的城堡献给国王。为了交接罗切斯特城堡，主教必须亲自前去，国王也派人随他同行接收。然而，城堡里的人却起来造反，不仅没有交出城堡，还把主教和国王的官员一同拿下，禁锢起来。国王得知事态变化，立即率领大军赶赴过去。与此同时，派人下达命令：每一个人，包括法国人和英国人，只要不是歹徒，都应该从城里或农村来到罗切斯特集合。在国王的号令下，各地的人们从四面八方涌向罗切斯特，将城堡层层围住，直到里面的人最终交出城堡。奥多主教连同城堡里的人被允许去了海外，主教放弃了他在这个国家所享有的一切尊荣。

在贵族反叛中，城堡通常都成为贵族的反叛工具，反叛被平息也常常是以城堡被攻占或摧毁为标志。每次反叛被平息后，都使国王进一步加强了对贵族城堡建造的控制，强化了在需要时就能够将它们收回或控制在自己手中的权力。亨利二世就曾经借平息反叛之际，通过种种方式，用二十年时间，使得当时英国社会的政治形势发生了极大的转变。有些贵族城堡为王室所控制，进而成为王室城堡。1154 年，王室城堡的数量为 49 座，贵族城堡数量为 225 座，其数量比大约为 1∶5。而到 1214 年，王室城堡的数量增加至 93 座，贵族城堡数量下降至 179 座，其数量比之从前的大约 1∶5 缩小至大约 1∶2，说明王室城堡的比重在上升，体现了王室力量的增长。[1] 王室政治力量的逐步增强，贵族的反抗频次和形式也发生了变化，尽管在约翰统治末期，曾出现过类似斯蒂芬无政府时期的贵族动乱，但此时贵族的诉求显然与斯蒂芬时期有明显不同。在无政府时期，一些闹事的贵族是想要趁乱在英国建立一个个具有独自主权的小领地，试图与国王分庭抗礼；而在约翰统治末期，贵族与国王的斗争开始于反对约翰无休止的征税、

---

[1] R. 艾伦·布朗：《城堡名单，1154～1216》（R. Allen Brown, "A List of Castles, 1154～1216"），英国历史评论（*English History Review*），第 74 卷，第 291 期，1959 年版，第 249 页。

征兵，贵族联合城市民众一起向约翰争取自己的权利，以至后来成了所有阶层反对约翰的斗争，具有保障人身权利和财产安全的宪政意义。贵族们并不是要推翻王权，只是争取和保护自己的利益而已。尽管约翰最后被迫签署了《大宪章》，[1]但这并不表明王权已经衰败，在城堡变化方面也没有什么重大反映。

2. 贵族私战中的城堡

在英格兰，私人战争在征服之初就为威廉所禁止，威廉的继承人也一直坚持压制这些私斗。取而代之的是十字军战争，包括那些对西班牙的摩尔人和法兰西阿尔比派（Albigensians）的讨伐战争，还有国际战争，像那些由狮心王理查、约翰和亨利三世在法国挑起的战争以及征服威尔士、苏格兰和爱尔兰的战争。但国王是否想禁止贵族私战是一回事，能否完全禁止又是另一回事。“封臣间的私战，对封主的权力、利益当然是个重大的打击，然而除了下述规定，至少在封主发动战争期间，封臣之间不得有私战外，在欧陆一直到教会、城市与国王联合推动‘境内和平’运动为止，没有任何禁止私战的约束真正被遵行。”[2]与欧陆相比，英格兰在这方面虽稍好一些，但贵族私战还是时有发生。

1138～1154年，英格兰爆发了争夺王位的内战。内战期间，封建私战也借机不断发生，一些大贵族为了争夺势力范围兵戎相见。内战后期，尤其以彻斯特与雷彻斯特伯爵在英格兰中部地区的争夺最为激烈。内战期间各地的私人城堡与日俱增。这一时期，除贵族之间的战争较以往频繁外，有些贵族甚至还达成各种和平协议，形成某种程度的攻守同盟，影响他们自己领地以及周边地区的政治生态。例如孟广林先生在《中古前期英国封建王权与世俗贵族的关系》一文中所举的例子：彻斯特伯爵雷纳夫和雷彻斯特伯爵罗伯特在林肯主教的主持下，

---

[1]《大宪章》，Magna Carta，1215年，英格兰国王约翰被迫签署的宪法性文件，宗旨是保障贵族的政治和经济利益，一定程度限制封建君主的权力。

[2]［德］韦伯：《韦伯作品集Ⅲ支配社会学》，康乐、简惠美译，桂林：广西师范大学出版社，2004年版，第223～224页。

达成了和平与互保条约，该条约旨在消除相互间的敌对战争状态和势力范围的扩张，以便有效地遏止其他势力对双方的侵逼，恢复和巩固各自所辖区域的封建统治秩序。在双方所做出的规定中，有两个归纳出来的条款与城堡相关：一是双方都应当善意地保护对方在自己势力范围之内的土地和全部动产。双方的封君和任何下属都不得从其城堡或领地上攻击对方及其下属。双方在任何人要来攻击或摧毁一方城堡时，或在反对一方的任何敌人时，都要相互帮助和支援。二是在欣克利和考文垂之间，欣克利和哈特希尔之间，考文垂和多林顿之间，多林顿和雷彻斯特之间，戈山、吉诺尔顿及其附近地区，以及吉诺尔顿和贝尔沃伊尔之间，贝尔沃伊尔和奥克汉之间及其附近地区，未经双方同意，任何一方都不得私自修建新的城堡。如果有人在这些地区修建城堡，双方要联合、互助将其摧毁。[1]毫无疑问，这是贵族在王室衰弱时期，制定的带有明显地方割据倾向的合约，从中可见城堡在巩固己方统治和抵御外部侵扰时是多么的重要。

3. 王位争夺战中的城堡

亨利一世有两个合法继承人，即威廉王子与女儿马蒂尔达。威廉王子在一次海难中去世，导致王位继承出现了问题。因为亨利的女儿马蒂尔达先是与德意志皇帝结婚，后又改嫁安茹伯爵杰弗里。威廉王子死后，亨利担心自己逝世时万一仍然没有男性继任者，女儿马蒂尔达不能顺利地继任英格兰女王，于是要求英格兰贵族宣誓，到时一定要拥戴马蒂尔达。虽然贵族们表面上按照亨利的要求表明了态度，但马蒂尔达改嫁安茹伯爵杰弗里的第二次婚姻有可能导致英国王位继承的混乱，以致贵族们并非发自内心地拥戴。亨利一世 1135 年逝世时，征服者威廉的外孙，身处英格兰的斯蒂芬捷足先登，迅速经温切斯特主教加冕为英格兰国王。马蒂尔达拒不接受这一结果，于 1138 年率军进入英格兰，向

---

[1] 孟广林：《中古前期英国封建王权与世俗贵族的关系》，《历史研究》，1997 年第 1 期，第 106～107 页。

斯蒂芬的王位发起挑战，贵族们此时也纷纷选边站队，一场大动乱开始席卷英格兰。“1139 年斯蒂芬俘获了马蒂尔达，却心生怜悯，放虎归山。1141 年马蒂尔达又俘获了斯蒂芬，但她的傲慢导致许多盟友倒戈相向。到了 1148 年，马蒂尔达放弃了对王位的争夺，将相对和平的王国留给了斯蒂芬，斯蒂芬虽然最终赢得了对英格兰的控制权，但王位的继承问题和贵族们不断增长的势力也迅速成为隐患。”[1]1153 年 11 月，为防止再次爆发争夺王位的战争，削弱王室对贵族的控制力，斯蒂芬和亨利（马蒂尔达之子）在威斯敏斯特会面，达成了亨利在斯蒂芬死后继承王位的协议。第二年斯蒂芬去世，亨利根据与斯蒂芬在前一年达成的协议顺利继承了王位，成为盎格鲁－撒克逊时代之后第一个毫无争议的继承王位的君主。自 1066 年以来，来自欧陆的英格兰国王不只亨利一人，但他是来自欧陆的第一个受过良好教育的国王。

1138～1154 年争夺王位的内战直接对城堡的演变产生了三个重要影响。一是王室城堡的数量减少，王权对城堡的控制力大为降低。由于马蒂尔达与斯蒂芬的王位之争，不可避免地导致贵族分成了两个派别，马蒂尔达的支持者大都来自西部郡，斯蒂芬依靠东南郡和伦敦的力量，当然也并非完全这样泾渭分明，每个地区都会有个别贵族发出不同的声音，如东南郡的沃灵福德维持对马蒂尔达的忠诚，而西部的巴恩斯特帕尔（Barnstaple）则忠于斯蒂芬。“一些贵族趁乱将先前的王室城堡据为己有，如埃克塞特的鲍德温·德·雷德弗斯、格洛斯特和赫里福德的迈尔斯（Miles）伯爵、北安普顿的西蒙伯爵、诺威奇的休·比戈德（Hugh Bigod）、林肯的兰纳夫（Rannulf）伯爵，他们几乎是在明目张胆地抢占王室城堡，好像这些城堡压根就是他们自己的一样。”[2] 二是

[1] ［英］克里斯托弗·丹尼尔：《周末读完英国史》，侯艳、劳佳译，上海：上海交通大学出版社，2009 年版，第 53 页。

[2] R. 艾伦·布朗、H. M. 科尔文、A. J. 泰勒：《国王工事史》第一卷，（R. Allen Brown, H. M. Colvin, A. J. Taylor, *The History of the King's Works*, Vol. I），伦敦：女王文书局（London: Her Majesty's Stationery Office），1963 年版，第 41 页。

贵族城堡激增，封建离心倾向增强。贵族们借内战之际纷纷加快城堡的建造，城堡的建造又加重了斯蒂芬时期的无政府状态。对一些贵族来说，在他们庄园所在的郡中，内战给了他们一个巩固自己权力的机会。“由于斯蒂芬的温厚、和蔼和善良，本已臣服宣誓的贵族个个都在建造城堡，弄得国内城堡充斥。只有少量的城堡得到国王的许可，而国王能够控制的城堡数量就更少了。”[1]在有些地方，王室几乎已经完全失去了对私人城堡的管控，当领主感受到自己的地位不够安全和确定时，“非法”城堡就在封建本能的支配下快速增加了。教会贵族也不甘落后，索尔兹伯里的罗格主教（Bishop Roger of Sailsbury）在获得了塞勒姆城堡后，立即围绕着他的教区，在舍伯恩（Sherbrone）、迪威齐斯（Devizes）和马姆斯伯里等地修建了几处城堡；他的侄子林肯主教亚历山大则修建了纽瓦克城堡（Newark Castle），并且快速扩展了他在斯利福德和班伯里的庄园。三是社会动荡，秩序紊乱，一些城堡主伺机作恶，使附近不幸的人民深受压迫。因为有的城堡建成之后，恶棍和坏蛋据堡为寇，昼伏夜出，抢劫民财。他们经常抓获那些有点财物的人，不分男女，投入城堡中的地牢，“以难以形容的酷刑折磨他们，以此勒索金银，没有哪个殉教者能够经受住他们所受过的那种酷刑”。[2]

与欧陆相比，英格兰城堡兴起的直接诱因不同，但后果却是惊人的相似，那些拥有城堡的贵族成了英王权力的障碍。因此，在王室内乱结束后，英王必然想方设法，借政治胜利之余威，或者在以往王室城堡薄弱的地区，建造城堡以挟制该地区的强势贵族，或者直接采取征用、摧毁等方式减少贵族城堡的数量。如在亨利二世初期，休伯爵在萨福克拥有邦吉、法拉姆灵厄姆和沃尔顿三座城堡，而直到亨利通过土地转让获得艾伊和哈根尼特（Haganet）城堡之前，王室在这一地

[1] R. 艾伦·布朗、H. M. 科尔文、A. J. 泰勒：《国王工事史》第一卷，（R. Allen Brown, H. M. Colvin, A. J. Taylor, *The History of the King's Works*, Vol. Ⅰ），伦敦：女王文书局（London: Her Majesty's Stationery Office），1963 年版，第 41 页。

[2] 寿纪瑜译：《盎格鲁－撒克逊编年史》，北京：商务印书馆，2004 年版，第 303 页。

区没有一座自己的城堡。1157年，亨利借故将休的沃尔顿城堡征收为王室城堡，休伯爵在沃尔顿城堡被充公后心有不甘，马上又在他的亨格依（Hungay）城堡中扩建了一座石制圆形塔楼来增强自己的力量。亨利针对这一情况，1166年开始于奥弗德规划修建新的城堡，并于1173年动乱爆发时最终建成了这座城堡。可以说，亨利二世在消除贵族城堡的威胁时毫不手软，对那些他怀疑的人，或者认为对他具有威胁的人进行选择性的打击。1174年后，他又陆续摧毁了二十座贵族城堡，并将其他一些城堡充公。“金雀花王朝的城堡政策目的明确，那就是不惮以损害贵族的利益为代价，自觉地直接地增强了王室权力。”[1]之后又有一些贵族城堡在爱德华二世及其之后数位国王统治时期被没收或摧毁，其原因不外乎是防止或平息贵族叛乱。其总体趋势是王室城堡的比重上升，间接反映了王权和国家权力集中的趋势。

英格兰的另一次王位战争是发生在15世纪中后期的红白玫瑰战争，兰开斯特家族（红玫瑰）与约克家族（白玫瑰）为争夺英格兰王位进行了旷日持久的内战，战争因兰开斯特家族的亨利七世与约克家族的伊拉莎白联姻而结束，开启了都铎王朝的统治。这场争夺王位的战争虽然断断续续地长达数十年之久，但真正在战场上兵戎相见的时间并不长，加起来一共也不过一年多。除一些直接开战的地区外，其他地区大多数人的日常生活依然如故，以往战争中常见的对无辜民众的杀戮、劫掠极少发生，因此没有对国内的经济发展和社会生活产生太大的影响，当然对中世纪城堡的基本发展趋势也没有产生重大影响。值得指出的是，这一时期，无论王室城堡，还是贵族城堡的建造都有减少的趋势。但这不是由于王位战争的缘故，原因之一是因为石制城堡的建造需要大量资金的支撑，非中小贵族的财力所能建造或改建的。更重要的是当时的社会政治、经济发展使城堡向民用方向转变，越是

[1] 罗伯特·利迪亚德：《盎格鲁－诺曼城堡》（Robert Liddiard, *Anglo-Norman Castles*），伍德布里奇：博伊德尔出版社（Woodbridge: The Boydell Press），2003年版，第65页。

到后期城堡的威吓力量越薄弱，充分体现了中世纪末期，城堡角色在政治、经济以及军事领域不断淡化的演变趋势。

四、边境地区的形势与城堡

1. 东南沿海地区

诺曼征服是从英格兰的东南沿海地区开始的，威廉在登陆时没有受到任何有力的抵抗。这个经历也使他深知英格兰的东南沿海地区最易受到威胁。于是登陆伊始，他就安排了几个既信得过又有实力的大贵族，牢牢控制着这些区域。如苏塞克斯被划分为以中心城堡为核心的五个军事区域，每一个区域委托一位贵族独立管理。“这五个城堡分别是阿伦德尔、布兰伯、刘易斯、佩文西和黑斯廷斯，有证据证明这些城堡早在《末日审判书》之前就已经建造。威廉二世时继续在东南沿海地区建造城堡，至诺曼底王朝结束时，从东西肯特到怀特岛，征服者已成功地建造了一个由一系列有支撑区域烘托的城堡所构成的控制系统，尽管这个系统的衔接还不是很连贯。”[1]

征服者未遭抵抗轻易登陆的经验，使英国国王一直忧虑东南沿海的安全。东南沿海地区具有战略重要性。在12世纪，这里继续进行大规模的、重要的城堡建筑活动，仅是多佛城堡在这一时期就有近万镑用于维修和扩建堡场。在东南沿海建造城堡的目的，大多数是为了保护可以出航远征到法国的重要港口，这些地方对英格兰社会的政治格局与商业活动具有相当重要的意义。与此同时，城堡的建造和维持也在东南沿海的其他城堡中进行。据罗伯特·利迪亚德在《盎格鲁－诺曼城堡》一书中描述：在亨利二世时期，建造奇海姆（Chilham）城堡花费了428镑，超过339镑用在了阿伦德尔城堡上，还有150镑和100镑分别花在了罗

[1] N. J. G. 庞兹：《英格兰和威尔士的中世纪城堡：一部社会政治史》（N. J. G. Pounds, *The Medieval Castle in England and Wales: A Social and Political History*），剑桥：剑桥大学出版社（Cambridge: Cambridge University Press），1990年版，第33～34页。

切斯特城堡（尽管它已经拥有了一座巨大的主楼）和坎特伯雷城堡的维护上面。在理查一世统治下，除了725镑继续花费在多佛城堡外，175镑用于坎特伯雷城堡，160镑花费在南安普顿城堡上面，这座城堡保护着通往诺曼地区的主要海港。在约翰治下，132镑花费在洛奇斯特，347镑继续用在强固南安普顿城堡和进一步扩大多佛城堡上面。[1]当亨利三世成为英格兰国王时，他的国家正遭到来自法兰西的王子路易的进攻。东南沿海的城堡不是被路易强行攻占，就是投降于他。较大的王室城堡中，只有多佛城堡没有屈服，并最终在多佛围攻战中将路易打败，收回了失地。毫无疑问，这一阶段城堡开支的大部分就用于东南沿海城堡的建造与修复上。“在亨利三世一生中，城堡的总支出达到8.5万镑，其中多佛城堡一座就用去了7500镑”，[2]可见其何等重要。加强东南海岸防御的计划一直到中世纪末期也没有明显改变。

2. 北方边境地区

北方边境问题主要是英格兰与苏格兰的关系问题。诺曼王朝初期，对苏格兰方面主要是以抵御为主，少有的几次进攻都因条件不足而失败，对苏格兰边境地区也有一些小范围的殖民活动，往往是依托城堡而进行的。如“1092年，威廉二世从诺森布里亚的戈斯帕特里克伯爵（Earl Gospatric）的儿子多尔芬（Dolfn）那里获得了卡莱尔城堡，威廉二世立即恢复了卡莱尔城堡防御要塞的功能，并为阻挡苏格兰人从西南方向的进攻，又建造了一座新的城堡，由他信任的部下驻守城堡”。[3]然后他又南下占领一些小块地方，并将一些农民举家搬迁到此定居，进行持续性的农业生产活动。

在北方边境建造城堡的主要目的是为了抵御苏格兰的进攻。尤其

---

[1] 罗伯特·利迪亚德：《盎格鲁－诺曼城堡》（Robert Liddiard, *Anglo-Norman Castles*），伍德布里奇：博伊德尔出版社（Woodbridge: The Boydell Press），2003年版，第136页。

[2] R.艾伦·布朗、H. M. 科尔文、A. J. 泰勒：《国王工事史》第一卷（R. Allen Brown, H. M. Colvin, A. J. Taylor, *The History of the King's Works*, Vol. Ⅰ），伦敦：女王文书局（London: Her Majesty's Stationery Office），1963年版，第113页。

[3] 同上书，第35页。

是亨利二世花费了大量金钱用于建造防御工事，以保护面临苏格兰国王马尔科姆进攻威胁的边境地带。亨利二世主要对斯卡伯勒城堡、鲍斯（Bowes）城堡和泰恩河畔的纽卡斯尔城堡，以及位于特温河畔沃克（Wark-on-Tween）城堡进行重建，其中斯卡伯勒花费了 682 磅，泰恩河畔的纽卡斯尔城堡的花费超过 1144 镑，沃克城堡的重建用了 382 镑。此外，还有 616 镑用于里士满的鲍斯塔楼的修建，这些城堡与达勒姆和诺汉姆的首府城堡以及哈伯特（Harbottle）的贵族要塞遥相呼应，共同在王国北部边境的防御中发挥重要作用。在后来的理查德统治时期，除因 1190 年发生在约克郡的反犹太暴乱使城堡受到破坏，不得已花费了 247 镑用于约克城堡的修缮外，再未给予北部城堡特别的关注。而在约翰治下，用于北方城堡的开销比较大，特别是在纳尔斯伯勒（Knaresborough）、斯卡伯勒、兰开斯特和诺汉姆这几个地区，但是建造这些城堡的目的有所不同，绝大多数城堡的建造并不是因为来自苏格兰的威胁，而是由于约翰与北方贵族之间的矛盾激化。

1286 年，苏格兰国王亚历山大三世逝世，三岁的外孙女玛格丽特继任王位。英王爱德华一世计划让自己的儿子（后来的爱德华二世）与玛格丽特订婚，但不幸的是玛格丽特早亡，使爱德华的计划无法进行。而在苏格兰内部有十三个贵族争夺王位。为了避免内战和英格兰的进攻，苏格兰人认可了爱德华的统治，爱德华继而推举约翰·巴里奥尔继任苏格兰王位。不久，约翰在幕僚的劝说下又反抗爱德华。1295 年，苏格兰与英格兰的宿敌法国结盟。接下来的半个世纪，英格兰与苏格兰几乎战事不断。1296 年爱德华一世进攻苏格兰，并在登巴战役中重创苏格兰军队；第二年，苏格兰的一位英雄威廉·华莱士率苏格兰军队又大胜英格兰。战争跌宕起伏，直到 1305 年威廉·华莱士被俘。翌年，苏格兰的另一个英雄罗伯特·布鲁斯加冕为王，继续抗击英格兰。1307 年，爱德华一世下定决心讨伐苏格兰，北上与罗伯特·布鲁斯的军队决战。可是战斗还没有打响，爱德华一世就去世了，征服苏格兰的遗愿留给了他的儿子爱德华二世。然而，爱德华二世能力不足，无法实现其父的“雄心壮志”。到了1314年，罗伯特·布鲁斯势力转强，一次次在边境地区向英格兰发起进攻，对英格兰逐渐形成真正的威胁。1327年，爱德华三世加冕，爱德华三世在位时间长达五十年，在此期间英国的对外战略发生了重大转折。1333年，英国对苏格兰发起攻势，苏格兰军队在哈里顿山（Halidon Hill）遭遇惨败。1346年，英军又在达拉姆附近的内维拉十字架之战（Battle of Neville's Cross）中获得了决定性的胜利，俘虏了罗伯特·布鲁斯的儿子戴维二世。至此，苏格兰边境平静下来，战事的重点转向法兰西。[1]由于边境形势的变化，英格兰北部边境地区的城堡数量开始减少，并出现由军事功能为主向民用为主的转变趋势。

3. 威尔士边境地区

威尔士境内拥有许多独立的诸侯领主，同英格兰的敌对状态甚至可以追溯到盎格鲁-撒克逊征服时期。威尔士一直没有臣服。1097年，威廉二世又率大军开始征战威尔士，当地一些威尔士人归顺于他，并为他当向导。虽然他依靠这些人的帮助，穿越了威尔士的大部分地区，但并没有真正征服威尔士人。威廉二世知道他此行的目的很难达到，不得已返回了英格兰。不久之后，他命令沿威尔士边界地区修筑城堡。

这种巩固威尔士边境地区主要定居点的活动，一直持续到12世纪甚至更长时间。当地那些主要的诺曼贵族以自己的财力支付建造费用，在一个个居住中心建造新城堡，或改造以前的小城堡，以便能够有效地抵御威尔士人的侵扰，控制土地并增加收入。“在威尔士边境的城堡分布图上可以看到城堡的分布相当密集，但研究认为这只是不同时期反复抛弃和重建的结果，而不是通过成百个同时兴建的城堡所组成的深层次防御。”[2]在亨利二世统治时期，1400镑被花费在威尔士城堡，

[1] 以上这段13世纪后期到14世纪中期英格兰与苏格兰的关系演变，参见［英］克里斯托弗·丹尼尔：《周末读完英国史》，侯艳、劳佳译，上海：上海交通大学出版社，2009年版，第73～77页。

[2] 理查德·伊尔斯：《诺曼英格兰的王权和城堡》（Richard Eales, “Royal Power and Castles in Norman England”），转引自罗伯特·利迪亚德：《盎格鲁-诺曼城堡》（Robert Liddiard, *Anglo-Norman Castles*），伍德布里奇：博伊德尔出版社（Woodbridge: The Boydell Press），2003年版，第58页。

约占王国城堡建造总开销2.15万镑的十五分之一；在理查德时期为458镑，约占总开销7146镑的十五分之一；约翰统治时期花费1700镑，约占总数1.7万镑的十分之一。花费这些经费的主要有布里斯托尔、格洛斯特、伍斯特和赫里福德等城堡，还有圣布莱威尔的什鲁斯伯里（St. Briavel's Shrewsbury）、布里奇诺斯（Bridgenorth）和约翰时期建造的伍斯特郡的汉利（Hanley）城堡。从上面这些数据上看，这些城堡的建造费用不是很大，无法与多佛、纽卡斯尔、奥弗德和斯卡伯勒等造价昂贵的城堡相比。应当说，从威尔士边境的城堡开销占城堡总开销的比重看，金雀花王朝这一时期城堡政策的重心，明显不在威尔士地区，没有像在苏格兰边境那样试图通过一系列城堡来保护、控制威尔士边境。因为，“对于威尔士的威胁，主要还是依靠边境领主的防御要塞，因此通常来说，威尔士边境地区城堡的建造和维持，对于这个时期的王室财政而言，不是太重的负担”。[1]

英格兰与威尔士的关系从亨利三世末期开始发生明显变化。尽管斯诺多尼亚勋爵卢埃林（Llywelyn）的威尔士亲王是亨利三世于1267年封授的，但是卢埃林一直拒绝承认对英格兰的臣属关系，亨利三世去世不久，威尔士就开始了公开的独立运动。1277年爱德华开始对威尔士进行武力征服，卢埃林在被俘获的情况下，不得已与英格兰签订了和平条约。不久，卢埃林的弟弟戴维（David）带领威尔士人又一次发动声势浩大的叛乱。1284年，叛乱被平息，卢埃林在战场上身亡，戴维被英军俘获后处死，此役使威尔士大伤元气。1287年和1294年，威尔士人还曾发动过几次起义，但规模与声势已经大为逊色，最终没有办法改变1284年确立的与英格兰政治关系的现实。爱德华将威尔士亲王的头衔授予他的儿子，以彰显英格兰在政治上对威尔士的统治地位。

[1] R. 艾伦·布朗、H. M. 科尔文、A. J. 泰勒：《国王工事史》第一卷（R. Allen Brown, H. M. Colvin, A. J. Taylor, *The History of the King's Works*, Vol. I），伦敦：女王文书局（London: Her Majesty's Stationery Office），1963年版，第67页。

爱德华一世时期，是在威尔士境内建造城堡的一个高峰时期，且绝大多数城堡都是由王室直接组织建造的。这主要出于两方面的考虑：一是以前有些军事基地的地理位置缺乏战略性。例如，作为进攻威尔士主要基地的切斯特、什鲁斯伯里、蒙哥马利和赫里福德，由于距离威尔士领土太远，交通网络已经不适合继续扩张，且非常易遭受攻击。二是有些建在威尔士腹地的城堡，无法满足新的战略要求。因为那些在威尔士领土中建造的城堡，大都是由拥有极大自主权的边境伯爵出于各自的目的分散建造的，并没有体现针对威尔士的统一攻略。爱德华一世为了进一步完成征服威尔士的目标，决定对征服的威尔士土地，通过永久性驻军逐步实现英格兰化。为了驻扎这些军队，同时更好地发挥防御功能和殖民功能，必须建造新的城堡。于是，“在威尔士中部的布依斯（Builth）和亚伯立斯威（Aberstwyth）地区，在威尔士北部的弗林特、里兹兰（Rhuddlan）、康韦、卡纳偌姆（Caermarum）、哈勒契（Harlech）和博马里斯等地区，爱德华一世总共花费了近十万镑建造新城堡”。[1] 其中在卡那封、博马里斯和哈勒契建造的城堡，达到了当时城堡建筑的高峰。这些城堡一般建在空旷、平坦地带，周围环以厚实的幕墙。幕墙内除了高耸的城堡主楼外还有其他附属建筑，通常有一个面积很大的庭院，庭院中有花草和鱼池，以及供宫廷贵妇们休憩的座椅。城堡的幕墙上设有许多塔楼，从塔楼上可以攻击敌人。城堡的建造和维护的费用十分昂贵，也正是由于这一原因，此后再也没有出现这样大规模的建筑工事。爱德华一世依托新城堡建造了许多新城镇，这些新城镇实际上是爱德华使威尔士臣服于英国统治的整体战略的一部分。依靠这些新的城堡和城镇的帮助，爱德华一世最终完成了对威尔士的全面征服。

纵观整个中世纪，英格兰的边境地区尽管不同时期面临着不同的

---

[1] R. 艾伦·布朗、H. M. 科尔文、A. J. 泰勒：《国王工事史》第一卷（R. Allen Brown, H. M. Colvin, A. J. Taylor, *The History of the King's Works*, Vol. Ⅰ），伦敦：女王文书局（London: Her Majesty's Stationery Office），1963 年版，第 228 页。

威胁，但直到爱德华三世时，始终是城堡建造和维修的重点区域，其军事功能一直没有淡化。王室对边境地区的城堡建造，几乎没有任何限制，实际上，可能还期待边境领主们去建造，甚至国王还会偶尔提供一点资金，帮助一些贵族把建造城堡的事情启动起来。丘堡或环状工事在边境地区的密度，远甚于其他地方。因为缺乏资料，对城堡总数进行准确估计是十分困难的，但是在三个边境郡中的城堡数“不会少于一百五十座”。[1] 最后，从爱德华三世开始到都铎王朝建立，边境城堡建造的特点是对东南沿海和北部边境现存城堡的加强和改造，而不是兴建新城堡，并最终在亨利八世时期，把东南沿海的防御任务交给了与私人城堡具有不同社会属性的沿海堡垒。

第三节　中央集权化趋势与城堡

中央集权化趋势对城堡的数量、功能和类型演变都具有十分重要的影响。对中世纪英格兰的中央集权化的发展脉络可以从不同角度进行多方面分析，这里仅从城堡演变的政治背景出发，对反映英国中世纪中后期中央集权化的几条主要线索予以简要描述，并以此为基础，概括性地探寻中央集权化趋势与城堡演变之间的内在联系。

一、国家机构及官员的专业化趋势

杰克逊·J. 斯皮瓦格尔在《西方文明简史》中指出：中世纪早期至13世纪是西方文明发展史上重要的社会转型时期，贵族们的尚武习性因其打着保护基督教社会的旗号而变得合理合法，他们继续在政治、经济和社会上主导着中世纪世界。但是，在这充满了城堡和私人权力

[1] N. J. G. 庞兹：《英格兰和威尔士的中世纪城堡：一部社会政治史》（N. J. G. Pounds, *The Medieval Castle in England and Wales: A Social and Political History*），剑桥：剑桥大学出版社（Cambridge: Cambridge University Press），1990 年版，第 39 页。

的世界中，国王的权力早已静悄悄，但又强有力地开始了其扩张的进程。13世纪，各国的君主们发展了自己的政府机器，使他们能够挑战教皇权力并成为欧洲政治权威的核心。从那时起，王国开始以不同的形式改变欧洲的政治环境。[1]

一般认为英国因其封建制度产生的特殊性，与同时期其他欧洲大陆国家相比，中央集权化的特点在诺曼征服的初期就比较突出。“除了达勒姆和切斯特的领地以及边界地区的领主权外，英国领主并不能像欧洲大陆的享有豁免权的领主那样拥有独立的司法权、军事权和财政权。”[2]但这也只是与欧陆国家比较而言，说明英国社会的封建力量相对弱势，国家构筑政治集权制度可以容易一些罢了，并不意味着英国此时就已经是一个中央集权制国家了。事实上，12世纪以前，英格兰的政治制度，无论是与同时期早熟的东方封建国家相比，还是与近现代西欧民族国家相比，仍然是极为原始和粗糙的，离真正的中央集权制相距甚远，集中体现在制度系统中“组织体系”的缺失与不足上。具体表现是：国家公共事务与国王私人事务纠缠不清；国家政府机关与国王王廷内府难以区别；王廷与国王常年“巡游”治政，居无定所；国家权力机关中行政、立法和司法三权合一；国王私人臣仆与国家公职人员混为一谈。虽然威廉二世在其执政期间也采取过一些措施，起用出身寒微之人参与国家及地方治理，以防止大贵族的封建权力过于强大。但建构集权政治制度的迫切需求与可能性尚需社会的进一步发展。自亨利一世起，通过几代国王的不断改革与创建，中央政府的政治权力日益凸显，国库、财政署、中书省、中央法庭及派出法庭等中央机构逐渐地从王廷中得以分离，并不断得到强化；而宰相、中书令、国库长、法官等领取薪俸的国家公职人员也随之出现；国家机构和官员的专业化趋势越来越明显（尤其是中

[1] ［美］杰克逊·J. 斯皮瓦格尔：《西方文明简史》（第四版）上册，董仲瑜、施展、韩炯译，北京：北京大学出版社，2010年版，第266页。

[2] ［英］克里斯托弗·戴尔：《转型的时代——中世纪晚期英国的经济与社会》，莫玉梅译，北京：社会科学文献出版社，2010年版，第107页。

央法庭的独立与专职司法人员的出现，再加上普通法的全面推行，形成了司法制度统一化的趋势，这一趋势对中央集权化的意义十分重大）。中央集权化是一个缓慢发展、时有波折的长期过程。直到14世纪，随着议会的逐渐发展，中央政府的行政、立法和司法的机构分离及权力范围才终于基本得以确立。

从13世纪30年代起，一个新的词语逐渐开始流行，这个新词就是议会（Parliament，源于法语parley，是谈话与讨论的意思），指的是由贵族及行政官员们参加的、可以对王政进行评议或讽谏国王的一种集会形式。在爱德华一世时期，议会是由国王召集的，与会成员没有定制，完全看国王个人的偏爱和信任；到了爱德华二世时，一些主要的贵族开始坚持主张他们具有参与议会的权力，并非必须要得到国王的指定。议会最初的主要职能是司法审判，并且逐渐开始以国内最高法院的身份自居，进而认为它对任何贵族都有权进行弹劾。1388年，议会甚至成功地审判了国王的一位近臣。14世纪末，议会有了进一步的发展，除了传统的贵族成员以外，议会中也开始有了地方上的代表，每个郡、市都可以选出代表参加议会。这样一来，议会中就有了平民代表和贵族代表两个不同的团体，国王最初分别同他们进行会晤，于是就有了议会下院和议会上院的区分。大概从1399年开始，下院议员开始出席上议院的会议，上议院同意的法令也开始需要获得下议院的同意。同时，没有上下两院的同意，国王不得擅设税种或任意提高税额，议会的权力和地位获得了明显的提高。钱乘旦、许洁明在分析英国议会的性质与作用时指出，英国的议会是中央国家机构，在中世纪的政府中起十分重要的作用，它既得到了对全体英格兰人的征税权，又是全体英格兰人的最高法院，并在英格兰享有制定新法和修订既有法律的权力。14～15世纪议会权力的发展首先体现为控制财政税收权力的增加。由于只有经过下院同意的征税案才对全社会具有法律效力，因而下院在批准税收和取得财政监督权方面必然居于优势地位，这为几个世纪后下院控制政府财政部门和实行责任内阁制奠定了基础。

14～15 世纪，议会取得的弹劾权是一种由下院充当原告对大臣提起公诉，然后由上院贵族担任法官进行审判的特殊司法方式，弹劾权的实施标志着议会有权要求身居高位的政府官员向公众报告其公务活动，为近代责任制政府奠定了基础。可见，在 14～15 世纪，英国议会作为中央机构的组成部分，其权力架构已经基本形成。[1]

中央集权不仅要有专门化的国家机构，还需要与之相适应的专业人员从事公务活动。关于官员的专业化问题，因篇幅所限，不便面面俱到。以下仅想通过建造“国王工事”的行政管理系统的演变这一线索，了解官员的专业化发展趋势。因为英国中世纪王室城堡监造模式的演变有着比较清晰的发展方向，而且同当时社会政治及行政上的集权化发展趋势相一致。

第一，从兼职兼管向专职专管的专门化方向发展。自 11 世纪 60 年代诺曼征服开始，直到 13 世纪初期，对王室城堡的监造，即有关王室城堡建造的行政及技术管理工作，与当时整个国家政治权力运行机制一样，呈现出明显的非专门化特点。通常的做法是根据当时的具体情况和需要，临时指派一些从事其他工作的人员兼职负责王室城堡的监造。在征服者威廉时期，因为政局尚未完全稳定，王室城堡的监造工作主要是指派给随征服者威廉一道从诺曼底而来的王室成员或大贵族承担，例如，“大贵族罗杰·蒙哥马利在苏塞克斯海岸建造的奇切斯特城堡和阿兰德尔城堡，威廉的儿子，控制中兰开斯特郡的罗杰则在克里特希洛（Clitheroe）和潘恩沃森（penwortham）启动了城堡工程，威廉的异母兄弟，摩坦伯爵罗杰（Roger Count of Mortain）则分别以索姆赛特郡的蒙特卡特（Montacute）城堡、康瓦尔的罗恩瑟斯顿（Launceston）城堡及赫里福郡的伯克汉姆斯特德（Berhamstead）城堡而闻名”。[2] 这个阶段很快随着征服的全面完成而结束，以后直

[1] 钱乘旦、许洁明：《英国通史》，上海：上海社会科学院出版社，2007 年版，第 85 页。

[2] ［美］迈克尔·V. C. 亚历山大：《英国早期历史中的三次危机——诺曼征服、约翰治下及玫瑰战争时期的人物和政治》，林达丰译，北京：北京大学出版社，2008 年版，第 40～41 页。

到 13 世纪初的一百多年中，则因为当时中央组织机构发展的不完善，以及地方郡治的稳定和成熟，形成了国王以令状方式，指派当地郡守负责监造和维护王室城堡的基本模式。几乎所有正规的王室建筑都有国王颁布给相关郡守的、在羊皮纸上制作并盖有图章的史称令状的信件。这里有一封 1214 年由约翰王（1199～1216）颁发给牛津郡守的令状，因篇幅很短，不妨全文引述，以证其当时王室城堡监管的主流模式："约翰，英格兰的国王，爱尔兰的领主，诺曼底和阿吉泰恩（Aguitaine）的公爵，和安茹的伯爵，问候牛津郡的郡守。我命令你，当你阅读这些信件后，你必须将我在牛津的房子加以维修，以便为我们的到来做准备。通过法律人士的监督和见证，允许你在财务署拿走必要的支出。签署于纽伯里（Newbury），我们统治的第十五年，12 月的第十二天。"[1] 通常情况下，郡守可以凭此类令状中的指示，使用该地区王室庄园的收入以及他负责的其他收入的资金。如果城堡或其他王室建筑规模宏大，当地资源难以满足建造需要，郡守也可以从其他资源中获得资金，如通过转让土地或出售主教教职，通过借贷，或者从王室金库直接支出。例如，"1166～1167 年，建造奥弗德城堡沉重的支出负担，不仅由奥弗德当地的城镇农场承担，而且还依赖于邻近的诺福克和萨福克的农场收入，以及转让艾伊（Eye）农场土地的所得"。[2] 因此，在国王将令状发给直接负责的郡守的同时，根据需要有时也将令状同时发送给相关郡的郡守，命令他们协助负责资金、材料、运输以及劳工的供应等。

监造王室城堡并不是郡守唯一的工作，甚至都不是其主要工作。郡是中世纪英国的地方行政单位，由国王直接任命的郡守是王国的最高地方行政长官。作为国王的代理人，郡守在处理地方行政事务、实

---

[1] R. 艾伦·布朗、H. M. 科尔文、A. J. 泰勒：《国王工事史》第一卷（R. Allen Brown, H. M. Colvin, A. J. Taylor, *The History of the King's Works*, Vol. I），伦敦：女王文书局（London: Her Majesty's Stationery Office），1963 年版，第 52 页。

[2] 同上。

施国王法律等方面扮演着十分重要的角色。尽管郡守受命负责大多数王室城堡的监造，但仍然是兼职兼管，因为郡守的本职工作是代表国王全面管理地方政务，对王室城堡的监造职能只是他众多的军事、司法和经济职能之外的职能。

因此，郡守是否能够对城堡的建造尽心尽力，国王的令状是否能够得到正确的理解和实施，郡守根据令状所进行的财政支出是否必要和合理，这些问题确实让国王感到有些不放心。于是国王决定直接派观察员（viewer）下去检查，其职责是检查国王的命令是否被准确执行，同时作为郡守在为国王的建设项目支出财物时的证明人。前面所引的国王令状中要求郡守的开支要“通过法律人士的监督和见证”中的“法律人士”，可能就是指这些观察员。他们类似于法庭的陪审员，懂得一些法律知识，但不是专职的法律人员，往往有自己的本职工作，只有出现问题时才需要他们“监督和见证”。因此，平时并不需要给他们支付固定的薪金。“如 1183～1184 年，王室的诺丁汉城堡的建造是由一位医生和一位牧师监督的；埃德蒙·布拉德（Edmund Blood）负责伦敦塔工程的检查，他的正常工作是为王室家庭提供食物、酒和衣服，但却经常要为温彻斯特城堡和伦敦塔的工事而奔波”。[1]

从兼职兼管到专职专管的变化有一个逐渐发展的过程。大约从 12 世纪中期开始，郡守接受国王令状同时负责多个城堡的建造，或者是负责建造特别大型的城堡，由于耗资巨大，经时多年，往往会力不从心，需要有人专门负责监督工程进度并掌握建筑费用开支。在这种情况下，郡守对王室城堡监造的部分职能就应当也很容易转交给另外的人负责，即通过指派特殊的人去进行特殊工程建筑的监督，这种人被称为“工事的负责人”（Keepers of the Works；custodes operacionum）。与前面提到的观察员不同，负责人不仅督查工程，实际上还掌握一些

[1] R. 艾伦·布朗、H. M. 科尔文、A. J. 泰勒：《国王工事史》第一卷（R. Allen Brown, H. M. Colvin, A. J. Taylor, *The History of the King's Works*, Vol. I），伦敦：女王文书局（London: Her Majesty's Stationery Office），1963 年版，第 54 页。

必要的开支，取代了既作为支付者又作为会计的郡守的职能；负责人通常负责的是重要建筑，而在观察员监督下的郡守负责的往往是普通的建筑；同时更为重要的是，负责人不仅自己已经成为领取薪金的专职官员，而且还可能负责管理其他因城堡建造需付薪的办事员（Clerk）。这在1203年的一份王室令状中有所暗示，该令状“指示诺曼底的穆里诺（Moulineaux）城堡的看守官，要付给办事员威廉·菲茨·艾伦（William Fitz Alan）五镑薪金，这个数额跟其他已雇用的办事员大体相同”。[1]但这类相关记录很稀少，这种职能的转移还没有形成稳定的制度，明显地反映出此时专门化还处于刚刚起步阶段。直到亨利三世（1216～1276）统治晚期，指派专职的“工事的负责人”才成为普遍适用的常规做法，王室城堡监造职能的专门化也为后来的集权化发展趋势奠定了基础。

第二，从地方代管向中央直管的集权化方向发展。郡守负责王室城堡的监造，从职权范围角度看，属于兼职兼管；从管理层级角度看，则属于地方代管。从这个意义上讲，王室城堡官员的专职化也就意味着监造职能的地方化要逐渐淡出，取而代之的是监造权力的逐渐上移，也就是逐渐向中央直管的集权化方向发展。

王室城堡监造模式向中央直管的集权化方向的发展趋势，大致经过了三个阶段：第一个阶段是地方代管和中央直管并存阶段。就是前面刚刚讲到的主要在12世纪晚期和13世纪实施的情形，即根据当时的具体需要，在继续以地方上的郡守主要负责普通城堡监造的同时，国王直接指派专职人员负责某些重要或大型王室建筑的监造。第二个阶段是国王派出“总负责人（Chief Keeper）和检察官（Surveyor）”阶段。表现为国王不仅越来越经常地派出专门人员，取代郡守负责个别城堡的监造，而且逐渐开始指定某人以中央特派官员的身份负责更大范围内的国王

[1] R.艾伦·布朗、H. M.科尔文、A. J.泰勒：《国王工事史》第一卷（R. Allen Brown, H. M. Colvin, A. J. Taylor, *The History of the King's Works*, Vol. I），伦敦：女王文书局（London: Her Majesty's Stationery Office），1963年版，第56页。

工事及相关事务。例如，“1356 年 4 月，国王指派惠特里格的吉尔伯特（Gilbert of Whitleigh）负责监督所有的木匠、石匠、铁匠、手工艺者以及其他工人，检验他们在国王城堡、庄园和英格兰的其他地方完成的工作，由更加熟练的工人代替不太熟练的工人，查询未能很好完成的工事，并且要做所有的从属于这种官员职务的其他事情。由此，每年可以领取近四十英镑的薪金，这说明他不仅是专职的，而且还是收入颇丰的官员。1356 年 5 月，国王又指派威科姆的威廉（William of Wykeham）为负责希思河上亨利（Henley-on-the-Heath）和东汉普斯蒂德（Easthampstead）的国王工事的办事员；1359 年 7 月，另一位深受国王喜爱的办事员被指派为温莎、利兹、多佛和哈德利（Hadleigh）城堡，以及新旧温莎、威奇米尔（Wychemere）、福利乔恩（Foliejohn）、伊顿（Eton）、吉尔福德（Guildford）和国王的兰利（King's Langley）等国王庄园的总负责人和检察官”。[1] 第三个阶段是设置常设官员阶段。大约从 1378 年开始，在中央设置了专门管理国王工事的常设职务，称之为“国王工事的办事员”（Clerk of the Kings' Works）或“检察官”，作为总揽国王工事的中央官员，负责大部分王室建筑的行政管理。到中世纪末期，越来越多的办事员被先后雇用去管理国王工事，直到 18 世纪这个职务都没有中断。通过这种方式，将国王的包括王室城堡在内的主要王室建筑的监造与管理，集中置于中央的控制之下。

与此同时，在王室建筑的技术管理方面也开始出现集权化趋势，最明显的表现是工匠“大师”（“Master of Chief” artisan）的集中涌现。这些人被王室雇用是由于他们自身巨大的声望，为国王工作也是他们实现设计理念、显示专业能力的机会。工作完成后，由负责该工事的办事员和检察官负责他们的薪金。他们的职责与国王工事的办事员差不多，都是监督正在进行的工事，但工匠大师比办事员更具备专业知识，

---

[1] R. 艾伦·布朗、H. M. 科尔文、A. J. 泰勒：《国王工事史》第一卷（R. Allen Brown, H. M. Colvin, A. J. Taylor, *The History of the King's Works*, Vol. I），伦敦：女王文书局（London: Her Majesty's Stationery Office），1963 年版，第 166～167 页。

能对建筑设计以及其他工匠的工作进行技术指导与监督。例如，“1307年，爱德华二世（1307～1327）在威斯敏斯特的工事，威斯姆的理查德（Master Richard of Wytham），石匠大师（Master Mason），被指派担任召集、选任并监督所有石匠工作的那个机构的负责人。还有罗伯特·奥斯金（Master Robert Osekyn），木匠大师（Master Carpenter），同时被指派去选任和监督所有木匠的工作”。[1]

木匠大师职务的常设和职权强化也经历了一个发展过程。很长一段时间，木匠大师的职务并非是长期或连续性的。大约1336年前后，我们才可以看到有关国王的木匠的官职被长期设置并延续下去的记载。“威廉·赫尔利（William Hurley）于1354年去世，他在去世前，作为国王指派的木匠大师，长期负责管理和指导所有在国王工事上劳作的木匠，达十八年之久。赫尔利去世后，他的职务由他的监督官威廉·赫兰德（William Herland）代替，赫兰德在1356～1357年被描述为‘国王的木匠大师’。当他在1375年去世时，休·赫兰德（Hugh Herland）又接替了他的职务，成为国王工事技术方面的负责人，并每天可以获得一先令的薪金，就像威廉·赫兰德在这个职位上所获得的薪金那样。”[2]从1379年开始，直到1782年这个职务被取消，中间没有中断。毫无疑问，设置以监管国王工事技术事务为主业的工匠“大师”官职，并长期存在，与常设行政官员负责国王工事一样，都是这一时期国家行政管理机构集中化、专门化的体现。不仅如此，工匠“大师”的出现并形成制度，还蕴含着王室城堡监造模式演变的另一个趋势，即从全面负责向各司其职的职能化方向发展。

第三，从全面负责向各司其职的职能化方向发展。如前所述，对王室城堡的监造管理，在英国中世纪的中早期存在一个由郡守或“工事负责人”全权负责的阶段，这既受制于当时政治组织机构发展得不完善，

---

[1] R. 艾伦·布朗、H. M. 科尔文、A. J. 泰勒：《国王工事史》第一卷（R. Allen Brown, H. M. Colvin, A. J. Taylor, *The History of the King's Works*, Vol. Ⅰ），伦敦：女王文书局（London: Her Majesty's Stationery Office），1963年版，第174页。

[2] 同上书，第178页。

也与中世纪初期部分国王工事相对简单有关。这两个基本条件随着社会向前发展，慢慢地发生了重要变化，于是全权负责的阶段也就结束了。

对王室城堡可以做多种分类，从材质上分有木制城堡和石制城堡，从结构上分有主楼城堡和同轴城堡，从功能上分有军事城堡和宫殿城堡。到中世纪后期，有的王室城堡的规模越来越大，结构越来越复杂。在英国中世纪城堡建筑史上，14 世纪中期是个重要转折，在英格兰腹地城堡的防御职能逐渐淡去之时，一些城堡以追求建筑艺术和舒适生活为发展目标，不再以防御能力为基本要求，如果说军事性质的城堡依旧存在的话，那以王宫为模式的豪华城堡也越来越多。有时一座大型的石制同轴城堡或宫殿城堡的建造需要耗时多年，所费甚巨，用工众多。这些城堡，就单体建筑而言，即使以今天的标准衡量也可谓工程浩大。因此，必须要权力集中，严格规划，合理分工，各司其职。

职能化发展最好的例子是办事员与其他对工事的行政控制负有责任的人之间不断加大区别。在爱德华一世时期，将行政管理者和技术工匠结合起来作为工事的“负责人”，是相当普遍的做法。但到 14 世纪末期，这种设置已非常态，国王工事的行政管理人员和技术人员之间的区别变得越来越明显，这就是前面论及的“总负责人（Chief Keeper）”与工匠“大师”的分别设立，这里不再赘述。有必要指出的是在行政与技术官员区别的同时，专门负责进行财务审计和物资采购运输的职务也开始出现并日渐独立：第一个重要的职务是审计官。早在爱德华一世时就有审计之说，如“贝弗利的罗伯特大师（Master Robert of Beverley）审计了办事员奥德纳尔德的贾尔斯（Giles of Oudenarde）在 1281 年至 1285 年为伦敦塔工作时的开销情况”。[1] 从爱德华二世时期扩建及维修威斯敏斯特和伦敦塔开始，这个职位被明确地称之为审计官，自 14 世纪下半叶开始，正式的指派被写入特许状卷轴（Patent Rolls），在爱德

---

[1] R. 艾伦·布朗、H. M. 科尔文、A. J. 泰勒：《国王工事史》第一卷（R. Allen Brown, H. M. Colvin, A. J. Taylor, *The History of the King's Works*, Vol. Ⅰ），伦敦：女王文书局（London: Her Majesty's Stationery Office），1963 年版，第 169 页。

华三世时期，该官职的称谓和职责已经变得常规化了。审计官的职责通常是相似的，即对工事的办事员所掌控的所有支出账目进行审计和证明。另一个重要的工事职务是承办商（puryeyor），国王优先购买权的执行人，尽管没有明确其工作范围，但常常被指派为王室建筑采购材料，可能类似于当代的政府采购。在1340年的特许状卷轴中，委任状特别标明了有关王室工事的材料购买和物质运输的权力。“1361年的温莎有三位承办商，1362～1363年哈德利也有三位，且承办商在14世纪下半叶的威斯敏斯特和伦敦塔的建造中也被经常提到。”[1]

从历史社会学角度看，各种建筑的结构和监造不能简单地看作是解决实际问题的有效方法，它还体现了社会关系，揭示了当时社会的复杂性。总之，中世纪英国王室城堡监造模式的发展变化，总体上反映了同时期国家行政管理向集中化、专业化和职能化发展的趋势。

二、地方政治权力的去封建化趋势

诺曼征服伊始，英国王权就比欧陆国家的王权强大，英国地方的封建势力受到一定程度的扼制。主要表现在三个方面：一是在诺曼英格兰的地方上，不允许出现也未出现盎格鲁-撒克逊时期，或欧陆各国曾经普遍存在的伯爵（count）统治下的名副其实的大公国。威廉统治之初，由于社会中还没有形成国王可以直接治理国家的观念，他也不得不设立若干与伯爵领[2]同类型的地方管区。毫无疑问，一些权力巨大的大贵族会恃强自重，与国王分庭抗礼，但威廉很快就对这些反叛进行了无情的镇压，致使这些地方上最大的封建力量元气大伤。此

[1] R. 艾伦·布朗、H. M. 科尔文、A. J. 泰勒：《国王工事史》第一卷（R. Allen Brown, H. M. Colvin, A. J. Taylor, *The History of the King's Works*, Vol. Ⅰ），伦敦：女王文书局（London: Her Majesty's Stationery Office），1963年版，第171页。

[2] 伯爵领（Earldom），即伯爵管辖区，是英国伯爵（Earl）和欧陆伯爵（Count）控制的辖区，不属于英国的地方行政机关。

后，虽然国王仍然不时地任命一些伯爵，但这与传统的“伯爵”已经大为不同，这些伯爵的权限仅在于审理部分司法案件。实际上司法权力的行使、部队的征集权和财税的征收权，都属于称作郡守的国王直接任命的代表。二是在诺曼英格兰，英国贵族阶层与王室的联系较之欧陆地区更加紧密。在征服前的几个世纪里，英国贵族与王室之间联系松散。因为他们认为土地并非来自王室，除了偶尔缴税外，无需为保有土地而额外付出。但诺曼征服后，这一观念开始改变。“威廉四处宣扬一种新鲜理论，‘其附庸所获得的土地，终极所有权仍属于威廉及其继承人’。其下属以能够完成受封仪式时承诺的封建义务为条件使用所获得的所有封土。这些义务概括为：（1）由其个人率领来自封土上的一定数量的武装佃户为国王提供每年四十天左右的免费军事服务；（2）在条件需要时，为王室堡垒提供防务；（3）在召开御前会议或王室法院时，出席并提供完整准确的地方信息；（4）在封地内执行法律及定期发布的皇家命令；（5）在总佃户需要占有其父亲或其他去世亲属得自王室的土地时，支付继承费或者原始遗产继承税；（6）在国王或王室法院认为必须应付的紧急情况出现时，支付财政征收。”[1] 这为日后国王向所有大小贵族直接发号施令打下了基础。应当说，封建制度是一把双刃剑，既是政治权力分化的根源，也是封建国王政治权威的必要基础。封建制度的实施无疑造成权力的分割，构建了分权社会，但同时，封建制度也为日后权力集中埋下了伏笔。分封与授予无疑是自上而下的行为，分封与授予本身就说明权力在王，权力在上。在特定的社会政治经济条件下，国家不得不分权而治的时候，封建分权制顺理成章；而一旦社会发展到了可以也应当集权的时候，国家权力逐渐统一，中央集权制也是水到渠成。封建制所导致的分权式政治秩序并非只是一条导致政治混乱的单行线，因为，“以封君和封臣之间的关系为基础，高层的领主也有

[1] ［美］迈克尔·V. C. 亚历山大：《英国早期历史中的三次危机——诺曼征服、约翰治下及玫瑰战争时期的人物与政治》，林达丰译，北京：北京大学出版社，2008 年版，第 39 页。

可能建立强大的国家。在中世纪的兴盛时期，无论是英格兰还是法兰西的国王，在建立强大的中央王权的过程中，都依赖于他们与其封臣之间的关系”。[1] 三是在诺曼英格兰，贵族封地的集中程度不高。英国一些大贵族虽然地产巨大，但一般都很分散，并不像法国贵族那样是比较完整的一块，所以割据性较小。例如大贵族拉尔夫·巴纳尔的地产就分散在德文、萨默塞特、北安普顿、格罗斯特、林肯、约克六个郡中，其中德文郡与约克郡相距最远的地产达二百八十英里。各郡的地产也很分散，占有整个村子的较少，大部分是与别人共同占有。这不是孤立的现象，还有大约二十个国王的直接封臣，其地产分散在十个或更多的郡中，至于一个封臣的地产分布在四五个郡中的情况，更是十分普遍。封建领地分散的最直接后果，就是有利于王廷司法权的加强。由于领地分散，一个大封建主的封臣分布在广大地区，彼此相距遥远，要把他们召集到一起并组成法庭，很不容易，这就使得这种领主法庭不易举行。另外，一个领主受封的司法权与他的领地不一致，这就使得他在这个区域没有完整的司法权。还有，“领地分散使一个村子分属好几个领主，如果土地分属争议，两者往往分属于不同的封君，任一方的封君都不能组成法庭进行审理，自然致使这类案件移转到郡法庭，甚至到王廷去处理。这就使英国大多数封建主形成不了足以抗衡王室的，巨大独立的经济、政治、司法实体，这有利于英国王权的强化”。[2]

尽管如此，威廉一世时期的英格兰就其社会性质而言，仍然是一个封建制的分权国家，只是英国的王权更大一些，走向君主集权的障碍小一些，君主集权的进程更快一些。欲使中央权力更加强化，还需在这个基础上进一步削弱地方政治权力中的封建化力量。所谓削弱地方权力中的封建化力量，是指国家在必不可少的地方治理过程中，通过运用其他封建领主所没有的一些权力，逐步构建以地方政府机构以

---

[1] ［美］杰里·本特利、赫伯特·齐格勒：《新全球史——文明的传承与交流》（第三版）上册，魏凤莲、张颖、白玉广译，北京：北京大学出版社，2007 年版，第 468 页。

[2] 马克垚：《英国封建社会研究》，北京：北京大学出版社，2005 年版，第 134 页。

及国王雇用的官员为主的权力运作体系，从而使国王“更少依赖他们的封侯”。[1]在威廉一世之后，在地方政治权力结构的重组中，有三项变革对达成这一目的具有重要意义。

首先，进一步强化对郡政的管理。在盎格鲁-撒克逊时期，英国就已经形成郡、百户、村三级地方行政管理系统，其中最重要的是郡。诺曼征服后，威廉派出的郡守大多是他的亲信，也是他在该郡的大封臣。由于国家地方职官与君主封臣合二为一，不久郡守呈现世袭倾向，形成与国王抗衡的势力，这就是郡守职务的封建化。为了革除这一积弊，威廉二世时，有意识地把一些供职于王廷中的小骑士外派到地方担任郡守，亨利一世继续推行这一制度，郡守成为贯彻王命的得力工具。后因斯蒂芬时期的内乱，导致郡守坐大，权力甚至比国王还大。无政府时期结束后，由亨利二世开始的金雀花王朝，中央权力比以往强大，郡守必须在中央命令下完成各项工作。1170年，亨利二世一举罢免了王国的所有郡守，并对他们的施政行为进行调查，调查过后，仅让其中的几个人官复原职。此举证明，只有国王才是整个英国境内那些公职人员的主人，同时奠定了郡守一职成为国家公职的基础。1236年，亨利三世对郡守的职责又进行了一次改革，把王田的管理权从郡守的手中收回，由财政署任命专门的官员管理。对其他由国王监护、没收的地产的管理，也转到新设立的管理人员手中。郡守不能在郡内收入中随意截留作为自己的收入，只能领取规定的薪金，所有的收支都要向财政署申报。此后郡守一职的独立性更是大为丧失，成为国王的行政官员。在中世纪晚期，英国中央政府还找到了一个既可消解原来的氏族性地方组织，又避免出现封建化封地的方法，即在继续保持原有郡政独立地位的同时，又对其政权加以分化。“郡守、助理人员（Lieutenant）、巡回法院法官、治安法官，他们对同样的司法管辖

[1]［美］杰克逊·J. 斯皮瓦格尔：《西方文明简史》（第四版）上册，董仲瑜、施展、韩炯译，北京：北京大学出版社，2010年版，第242页。

区实施管辖。但是他们的权力皆由中央所授，且彼此独立，其权力可以由中央发放一纸通告而立即剥夺，任何一种权力都不足以和中央抗衡。郡是一个行政机构、军事机构、司法机构和治安机构，但是上述诸权却由不同的人分领。”[1]由于实行中央任免，并由王廷官员短期任职和轮流任职的制度，地方贵族世袭垄断郡守要职的趋向被有效遏制，郡守结党营私、擅专大权的现象逐渐消失，郡政处于王权的牢固支配之下，中央对地方的集权得以加强。

其次，对领主在百户区的封建特权进行清理和削弱。百户区名义上是郡下面的一级行政区划，在性质上应当属于国家的一级政权组织，其权力应当属于公共权力范围。但在实际运作中，百户区的封建特征确很明显，因为许多百户区被国王随土地一起分封，赐给了各地的大领主。据统计，在爱德华一世时，全国六百二十八个百户区中，有三百五十八个分封给了各地的贵族。在这些分赐出去的百户区中，一般的行政、司法等事务，则由该封建主掌管，而有关收入也归封建主。这样一来，地方上的封建贵族不仅在自己的领地上行使封建性质的行政和司法权，而且也可以在相当大的程度上涉足百户区的行政事务与司法活动。百户区的封建化倾向削弱了国王的权力，侵害了国王的利益。为了防止百户区的封建化倾向进一步强化，爱德华一世曾于1274～1275年命令对全国各地的百户区情况进行调查，目的在于借机收回封建主对百户区的控制，调查内容包括国王在各个地方上的王田、森林、没收、监护等财产性权益及行政事务管理是否被篡夺，如果封建主主张在当地拥有司法特权，则必须回答凭何权力（Quo warranto）的质问，即必须出示正当文件或其他依据，证明其司法权是由王室赐予的，否则便要被收回。调查结果编定成著名的《百户区卷宗》（*Hundred Rolls*）。调查结果表明，许多封建主对自己行使的一

[1] ［英］爱德华·甄克斯：《中世纪的法律与政治》，屈文生、任海涛译，北京：中国政法大学出版社，2010年版，第130页。

些权力根本无法提出有力的证明。因为封建特权的来源极为复杂，“有些来自盎格鲁－撒克逊时期，当时文书使用不普遍，所以没有证明；有些来自诺曼王朝时期，这时许多特权的赐予是口头行为，并无书面文件证明；更多的是各封建主在混乱时期篡窃而来，当然就更没有证明”。[1]依据调查结果，爱德华一世想要收回被篡窃的权力，但遭到封建主的激烈反抗，以至不得不暂时以妥协告终。但百户区调查对削弱封建化趋向还是具有重大意义，调查活动对当时领主们的封建取向起到了震慑和遏制作用，更重要的是肯定了王国的一切司法权源于国王、领主特权皆因国王赐予而得的原则，这为日后继续此类调查，取缔证据不足或滥用的封建特权提供了重要的法理基础。

再次，地方治安长官制度得以兴起和强化。兴起于14世纪的地方治安长官制度，对进一步弱化封建领主在地方治理中的政治权力，促进中央集权化发展具有明显的作用。关于地方治安长官制度产生的基本原因，以及治安长官与王权的关系、治安长官与封建领主的关系，韦伯有过精到的分析：单就纯粹财政观点而言，中世纪末期的英国，如果没有地方贵族的协助，君主根本无法推动地方行政。君主如果想要防止地方大贵族完全占有国家地方行政，除非他自己拥有巨额的收入，否则就不得不将地方行政交给另一群（不管在人数或力量上）足以与地方上大贵族相抗衡的地方望族。在英国，此一状况曾导致治安长官的出现。庄园领主的纯粹封建制的行政与司法权，以及在封建大贵族支配下的地方长官（郡守），由于经济发展所导致的人身隶属关系的解消，已无法胜任纯粹地方行政事务。[2]担任治安长官的主要是当地有威望的乡绅和骑士，虽然从广义上讲，这些人也是贵族，但属于贵族集团中的小贵族，不是封建力量的主要代表。“乡绅在政治上兴起的原因是国王的势力不断上升，以及地方军事力量（即指领有大量封

[1] 马克垚：《英国封建社会研究》，北京：北京大学出版社，2005年版，第107页。

[2]［德］韦伯：《韦伯作品集Ⅲ支配社会学》，康乐、简惠美译，桂林：广西师范大学出版社，2004年版，第177页。

地，享有诸多封建特权的大领主）的衰落。”[1]

到 15 世纪，与治安长官的地方治理方式比较，除城市的行政机关仍然有特殊存在价值外，其他地方的基层组织几乎都处在可有可无的状态，治安长官组织已经逐渐发展成为地方上最有效率、最有权力的司法行政机关。以至韦伯不无夸张地称赞说：“在被歌颂为国民之守护神的‘自治’制度的全盛时期，治安长官乃是地方州郡里唯一真正有效执行行政工作的官吏，与之并存的古老的强制性赋役制团体、庄园领主的家产制行政与各式各样的皇家的家产官僚制统治，皆萎缩至无足轻重的地步。”[2]

三、国家司法制度的统一化趋势

政治与法律密不可分，司法制度是政治的重要组成部分，甚至可以说具有改变一个国家的能量。政治上的中央集权趋势，必然要求国家建立统一的司法制度，反过来说，国家统一司法制度也正是中央集权化不可或缺的重要体现。

在诺曼英格兰时期，英格兰的司法制度与欧陆一样还比较原始，国家没有统一的司法制度，司法权力呈现分散与混乱的局面：从法律内容方面看，公法与私法不分，司法依据多是地方法和习惯法；从司法体制方面看，具有立法、行政与司法合一的基本特征。国家同时存在着三种司法权，分别是国王司法权、地方司法权和封建司法权。虽然说国王的司法权具有某些国家公共司法权的性质，但由于当时国家尚无专门的司法机关和职业法官，法庭和法官的职权均由王廷和朝臣兼为行使，很难保证司法效率与司法的统一性。地方司法权虽然在理论上属于国家公共

[1] J. H. 赫克斯特：《重新解读历史》（J. H. Hexter, *Reappraisals in History*），纽约：哈帕和柯林斯出版社（New York: Harper & Collins），1963 年版，第 142 页。

[2] ［德］韦伯：《韦伯作品集Ⅲ支配社会学》，康乐、简惠美译，桂林：广西师范大学出版社，2004 年版，第 181 页。

权力的一部分，但地方法庭也没有专门机构与专职人员，而且往往受地方大贵族的掣制，不时表现出封建性的一面。大量的细小的司法案件是由领主在各自的封建特权法庭审理的，这是当时司法制度封建化的集中体现。而封建领主司法制度的结构与特性，对国家政治统一是有阻碍作用的。弊端有三：一是封建司法特权不利于国家层面的政治治理，由于受封建关系的习惯法制约，王廷司法权既不易有效地控制没有直接封授关系的次级封臣，对大封臣的扼制也时常力不从心。二是以封土制为基础的领主司法权，不仅是一种政治权力，同时也是重要的财产权力。领主司法权可以作为财产为某人占有、转让乃至出售，司法活动中的各种罚金是各级领主的一项重要财源。因此，领主出于其自己的经济利益，不可避免地具有一种尽力维护分封制度，竭力扩展其私人司法权、蚕食和僭越王廷司法权的制度性冲动。三是缺乏统一、理性的法律规范和诉讼程序，不利于建立国家司法权威。随着中世纪中后期政治、经济、文化等方面的发展，社会对统一国家司法制度提出了越来越迫切的要求。从 12 世纪开始，王廷之外逐步建立中央司法机关，最终形成了较为专职和固定的中央法庭和巡回法庭，较为固定的法官和专职司法人员逐渐替代非专业法官。封建领主的司法特权不断削弱，国王的司法权逐渐覆盖王国的重大法律领域，国家统一的司法制度得以确立。专门设立的司法机关、普遍适用的司法依据和专业与职业化的司法人员，三者相辅相成，浑然一体。为了更加清晰地展现国家司法权力统一化的趋势，这里从三个方面择其要者分别述之。

1. 司法机关的统一化趋势

司法机关的统一是国家司法制度统一的组织保障。要想改变国家司法权力分散与混乱的状况，就要采取措施扩大和强化国家司法权力，压缩封建贵族的司法特权。英国中世纪逐渐形成的司法机关的统一化趋势主要体现在以下几点：

首先，扩大王廷司法范围，挤压封建司法空间。在亨利一世时期，颁布了《亨利王的法律》。在这部法律中，将直接危害王权统治和王国公共安全的两类，共大约三十五种刑事案件，明确规定为属于事关“王之和平”，应归“王座之诉”管辖的范围。亨利二世时期，为强化王权，又先后颁布了《克拉伦敦敕令》（1166 年）和《北安普顿敕令》（1176 年），再次重申杀人、纵火、抢劫、盗窃和窝藏等犯罪以及重大的民事案件均划归“王座之诉”管辖，由王廷审理。“由此，王廷不仅真正成为各级封建主可求诉的终极封君法庭，而且正演进为王国所有臣民皆可求诉的最高国家法庭，国王的最高司法权由此真正建立起来。”[1]

其次，建立健全国家最高司法机关。以前的王廷并不是国家的专职司法机关，还兼顾王国的行政、宗教事务、外交等要政，因此，难以适应王国司法集权的需要。随着王廷司法权的扩展，需由王廷审理的案件越来越多，社会现实提出了建立专门司法机关来协助或代替王廷处理司法事务的需要，中央法庭因而逐渐形成。大约 1178 年，按照亨利二世的要求组建了一个包括三个世俗人士和二个教会人员的中央法庭，这是一个常设机构，法庭设在伦敦西敏寺，这被认为是英格兰独立设置王座法庭或普通诉讼法庭的开端。从原来的国库法庭和财政署法庭，再到 12 世纪中后期设置的中央法庭，开始显现了国家司法权逐步走向统一和集权的趋势，但与国家司法机构的完全独立和专职化还有很大距离。因为此时中央的王座法庭、普通诉讼法庭仍与王廷的职责多有交错，即便是王座法庭与普通诉讼法庭在管辖范围上也没有明确区分，但毕竟为国家司法权的统一在机构设置方面进行了重要的制度建设，为进一步发展打下了基础。大约在 13 世纪后期，王座法庭与普通诉讼法庭才在运行模式和受案范围方面有了明确的定位。由国王主持王座法庭，跟随国王巡游并在巡视中审判那些破坏“王之和平”的案件。普通诉讼法庭则固定在西敏寺进行审判活动，以审理臣民之间的民事案件为主，包括动产与不动产纠纷，另外，还有权纠正下级

[1] 孟广林:《英国封建王权论稿——从诺曼征服到大宪章》，北京：人民出版社，2002 年版，第 328～329 页。

郡法庭、百户法庭的错误判决。作为中央三大法庭之一的财政署法庭，14 世纪初也与财政署彻底分开，成为独立的专门审理财政与税收案件的法庭。除了王座法庭、普通诉讼法庭和财政署法庭这三大法庭外，这时还出现了一个新的称之为最高法庭的中央法庭，这就是议会上院。"上院的司法权主要有三项，一是审判犯有叛逆罪或者大罪的大贵族（peers）；二是对下面普通法法庭审判案件的错误进行纠正；三是对被弹劾的大臣进行审判。"[1]

司法机关的统一化趋势，除了表现在中央司法机关越来越明显的独立与专门化外，还体现在中央法庭的派出机构对地方法庭的管控，以及对封建法庭的蚕食与渗透方面。在中央司法机构不断发展完善的同时，中央的巡回法庭制度也开始日益走向常态化和规范化。"由于王廷并不专职司法且不断巡游，国库法庭和财政署法庭又不固定且权力有限，再加上信息不畅和交通不便，难以及时审决大多发生在地方的有关'王座之诉'的案件，需要中央的法官派往各郡去审理向王座法庭投诉的案件。"[2]12 世纪，国王亨利一世开始派法官到各地的地方法院中审理案件，巡回法庭由此产生。在斯蒂芬时期，封建内战打断了国王司法集权的进程，王国的巡回法庭制度被迫中止。亨利二世即位后，随着王权的进一步提升和法律人才增多，在更大范围内实施巡回法庭制度有了更加坚实的基础，巡回法庭制度迅速恢复并呈现出制度化的趋势。"为了稳定 1173 年王族反判扰乱了的地方社会秩序，亨利二世在 1175 年将王国分为东南西北四大片区，分遣巡回法官各自督查一区。1176 年，为实施《北安普顿敕令》又将全国划分为六个巡回区，派遣十八名法官分巡各区。1179 年，亨利二世再将全国划分为四个巡回区，分派二十一名法官前往巡查。"[3] 巡回法庭的建立具有重要意义，

---

[1] 马克垚：《英国封建社会研究》，北京：北京大学出版社，2005 年版，第 276 页。

[2] 钱乘旦、许洁明：《英国通史》，上海：上海社会科学院出版社，2007 年版，第 53～54 页。

[3] 孟广林：《英国封建王权论稿——从诺曼征服到大宪章》，北京：人民出版社，2002 年版，第 334～335 页。

"在英国法史上，这是一个里程碑式的事件"。[1] 该制度不仅有助于提升和扩展中央的司法权威，加速普通法的形成与发展，促进国家统一司法制度的建立，同时致使郡守的割据性大为减弱，增强了中央对地方的控制力。

2. 司法依据的共同化趋势

一个社会仅仅建立了统一的司法机构，并不等于司法统一一定会实现。在一个社会共同体中，如果各地都盛行只得到局部认知及少数人认同的地方法、封建法、特权法，无论是程度规则还是实体规则，大家都是各吹各的号，各唱各的调，那么，不仅谈不到司法集权问题，就一般意义上讲，这样的共同体甚至都很难被认为是一个真正的国家。统一的司法机构仅仅是国家司法统一的外在前提，国家司法统一的核心内涵应当是在国家主权范围内司法依据的共同性。12 世纪之后的英格兰，伴随着国家专门司法机关的建立和有效运作，一个在全国范围内普遍适用的，被称之为"普通法"（Common Law, 也译为"共同法"）的法律体系开始形成，并不断得到发展。

普通法这一概念并非始自中世纪的英格兰，但这一概念的本质意义却是因在中世纪英国的运用和强化得以彰显。在英国法学家看来，它在中世纪英格兰的内涵是十分清晰的，就是特指王室法院在审判案件时使用的法律。随着国家司法机关越来越趋向统一与集权，古老的习惯法和封建的地方法的适用范围日益萎缩，王室法院之法迅速成为在整个王国具有普遍效力的"共同法"（普通法），"它几乎吞没了全部的地方差异与部落差异，而这些细小差别在诺曼征服时期尚在英国法中大量存在。'普通法'是'王国的法与习惯法'，它的含义体现出更大的发展。它不仅是属地法，它还是'最高法和普遍法'"。[2]

中世纪的"英国普通法"创制数量最多的时期，是从亨利一世即

---

[1] ［英］爱德华·甄克斯：《中世纪的法律与政治》，屈文生、任海涛译，北京：中国政法大学出版社，2010 年版，第 27 页。

[2] 同上书，第 26 页。

位到亨利三世去世这段时间。从表现形式上看，普通法的基本载体是国王的令状和国王法院的案卷。至今保存完好的《令状录》(*Register of Writs*)可追溯到1227年，国王令状能够成为“普通法”的基本内容，无疑反映了国王们的那种强势地位和中央日益集权的社会现实。“因为王室令状绝不是什么可以忽略而又不付出代价的东西，其用语明白无误，不留下任何可供斟酌踌躇的余地。”[1]《诉讼案卷》(*Plea Rolls*)是国王法庭审判案件过程的详尽记录，最早的记录肯定要早于12世纪末。到13世纪末的爱德华一世时期，国王法庭又开始把案件审判记录以《年鉴》这种更加规范和严谨的方式逐年公布，当然也更加受到欢迎。同时为弥补上述文献中存在的不足，国王们还陆续颁布一些制定法，使法律在民事和刑事、实体和程序各个方面相对完善起来，爱德华一世甚至因此而被誉为英国的查士丁尼。普通法的全面推行意味着国王有权对包括贵族在内的所有人行使最高司法裁判权，权力主体的唯一性及适用范围的普遍性特征，使这种司法权具有了某种“公权”的属性。普通法就是王室法，体现了统一的王权的权威，没有中央集权就没有英国普通法。正如英国当代著名的法律史家密尔松指出的那样：“普通法是在英格兰被诺曼人征服后的几个世纪里，英格兰政府逐步走向中央集权和特殊化的过程中，行政权力全面胜利的一种副产品。”[2]

3. 司法人员的职业化趋势

在普通法形成之前，由于司法审判对诉讼技巧并没有太高的要求，法庭的判决是由出席法庭审判的所有有义务参加百户区法院、郡法院、领主法院以及国王法院，并负责做出最后判决的诉讼参与人共同做出的。加之当事人聘请诉讼代理人(pleader)在实践中也受到诸多限制，

[1] [比] R. C. 范·卡内冈：《英国普通法的诞生》，李红海译，北京：中国政法大学出版社，2003年版，第45页。

[2] S. F. C. 密尔松：《普通法的历史基础》，李显冬等译，北京：中国大百科全书出版社，1999年版，第3页。

此时，“法庭上所进行的一切还不太需要太多的专业人士”。[1]正如学者阿贝尔曾经说过的那样：“早期法律秩序通常能在没有通过适当训练而获得实体法规与诉讼程序知识的专家们的情况下得以维持。但是，当社会变得愈来愈复杂时，法律规范也变得愈来愈具有抽象性和普遍性，因为只有这样它们才能协调组成社会的各种集团的利益与价值。由于同样的原因，解决纠纷或对其可能的解决方式提出建议的工作变得更为困难，更需要专门的训练。”[2]事实也正如此，随着中央统一司法体系的建立和普通法的全面实施。在中世纪中后期，英格兰出现了一批以法律为主要职业的法律人。有学者认为，这些职业法律人主要包括三类：一是专门负责司法裁决的王室法官，既包括中央法庭的法官，也包括派往各地的巡回法官；二是以自己所掌握的法律知识，为当事人提供法律服务的职业律师阶层，这其中既包括早期的法律代诉人、代理人，也包括后来的出庭律师与事务律师，甚至还包括在律师学院学习司法诉讼，不具备律师资格的法律学徒（appren-tices）；三是那些出身律师或法官的法学家，如早期普通法历史中的格兰维尔、布拉克顿、利特尔顿等。他们在自我发展过程中逐渐在出身、学识背景、价值观念以及职业伦理等方面呈现出同质化、一体化趋势，最终形成了一个统一的法律职业共同体，深刻地影响了英国法律文明的进程。[3]

在亨利二世统治时期，一些长期从事审判的官员开始出现。例如，“从1165年的米迦勒节开庭期到亨利二世去世期间，先后有不少于七十人曾在财政署法庭担任过法官。虽然其中有一半人仅仅偶尔担任一两次，但是有一个不超过十二人组成的审判小组在所有出现过的法官记录中占三分之二。其中有三人担任法官之职达二十年之久，另有四人的任

---

[1] 保罗·布兰德：《英国法律行业的起源》（Paul Brand, *The Origins of the English Legal Profession*），马萨诸塞：布莱克威尔出版社（Mass.: Blackwell Publishers），1992年版，第5页。

[2] 转引自［美］H·W. 埃尔曼：《比较法律文化》，贺卫方、高鸿钧译，北京：清华大学出版社，2002年版，第86～87页。

[3] 李栋：《试论中世纪英格兰法律职业共同体的形成》，《广州大学学报》（社会科学版），2011年第1期，第49～55页。

职时间也超过了十年”。[1] 在 13 世纪亨利三世时期，更是出现了许多长期从事审判的职业法官。帕提沙尔的西蒙（Simon of Pattishall）被认为是英国历史上第一位职业的王室法官，他曾在普通诉讼法院、巡回法院和王座法院担任王室法官达二十六年之久。除西蒙之外，亨利三世时期还有许多这样的职业法官。“普莱斯顿的吉尔伯特（Gilbert of Preston）从 1240 年到 1273 年在普通诉讼法院和巡回法院连续任职超过三十年。另外三名法官，莱星顿的罗伯特（Robert of Lexington）、彻克勒比的罗格（Roger of Thirkleby）和贝茨的亨利（Henry of Bath）任职时间都超过了二十年。另外，还有八名王室法院的法官任职时间也在十至二十年之间。”[2] 爱德华一世统治时期这一趋势表现得更为明显。据学者布兰德考察，“这一时期，两名法官任职超过了三十年。布瑞福德的威廉（Willian of Bereford）从 1292 年到 1326 年在普通诉讼法院和巡回法院担任法官。白金汉姆的埃利斯（Ellis of Beck-ingham）从 1273 年到 1285 年在巡回法院担任法官，1285 年到 1306 年，他又在普通诉讼法院担任法官。另外四名法官的任职都超过了二十年。此外，可以确定的是，这一时期还产生了不少于十四名，任职在十年以上的职业法官”。[3] 随着长期稳定占据王室法官职位的法官，在人数和专业化程度上的不断增长，王室法官职业化群体初步形成。“到爱德华一世统治末期，在主要的王室法院中委任一名不具有适当法律职业经验的人出任法官，几乎已无可能。”[4]

与上述职业法官群体形成相对应，职业律师群体在这一时期逐渐分化为两个界限清晰的职业群体。基于不同的历史渊源，早期普通律师职业群体从一开始就存在法律代诉人（serjeant）和代理人

[1] 保罗·布兰德：《英国法律行业的起源》（Paul Brand, *The Origins of the English Legal Profession*），马萨诸塞：布莱克威尔出版社（Mass.: Blackwell Publishers），1992 年版，第 16 页。

[2] 同上书，第 27 页。

[3] 同上书，第 28 页。

[4] 同上书，第 29 页。

（attorney）的区别，尽管如此，在爱德华一世之前，他们之间的区别相当模糊。随着爱德华一世时期职业规章和职业准入规则的引进，法律代诉人与代理人之间的界限逐渐清晰起来。正如学者里昂在论及法律职业共同体形成的历史影响时所说："正是因为有了这样的一个共同体，普通法才发展为一套严密的体系，才抵挡住了所有外部的竞争和削弱它的企图；法律的权威才越来越高，成为王国内的最高因素；才形成了法律至上的理念传统。"[1]

四、中央集权化对城堡演变的影响

在诺曼征服之初，英国的王权就比较强大，而后"王权的增长在英国发生得也较早，而且比其他国家发展得更充分。到 1150 年，英国可能是欧洲中央集权程度最高的国家"。[2] 这时的英国虽然还不是真正意义上的中央集权国家，但中央集权化的趋势明显，在之后几个世纪的发展进程中，历代国王通过国家机构及官员的专门化、地方权力结构的去封建化、国家司法权力的统一化等多种方式不断强化中央权力。"各种条件都对国王有利，从中央法院的法官到地方大员如郡守及治安法官，国王控制着所有政治及行政要害职位的人选，只要国王选任的官员能力超群，那么挑战国王无异于自取灭亡。"[3]

英国中央集权化的发展对城堡在中世纪英国的存在与演变具有重要影响，具体表现在：第一，英国王权强大，国王对城堡建造的控制相对有效；封建传统没有欧陆悠久，城堡并非像欧陆那样因社会内部的强烈需求而自然产生。因此，中世纪英国城堡在总数上较欧陆的法

[1] 布莱斯·里昂：《中世纪英国宪政史》（Bryce Lyon, *A Constitutional and Legal History of Medieval England*），纽约：W. W. 诺顿公司（New York: W. W. Norton & Company），1980 年版，第 625 页。

[2] ［英］迈克尔·曼：《社会权力的来源》第一卷，刘北成、李少军译，上海：上海世纪出版公司，2007 年版，第 487 页。

[3] ［美］迈克尔·V. C. 亚历山大：《英国早期历史中的三次危机——诺曼征服、约翰治下及玫瑰战争时期的人物和政治》，林达丰译，北京：北京大学出版社，2008 年版，第 112 页。

国少，因地方普遍建造城堡所导致的社会混乱也没有欧陆那般严重。第二，在国家形成之初，国家行政能力不足以掌控国家的各个层面，除个别主要城市外，以城堡为中心的贵族领地无疑比国家的单一统治形式在防御、控制上更为出色。领主并不拥有管辖全体居民的明确权力。他对社会所履行的大多数的职能，都是通过其他自主的权力代表，即封臣来起作用的。当国家行政机构健全与集中的时候，地方政权的封建色彩日趋淡化，城堡作为地方行政中心，或作为保护地方行政中心的防御工事的作用逐渐降低，城堡早期的行政功能日渐消失。第三，城堡作为各层次领主生活和居住的中心，拥有与之相配的司法功能。作为封建制度的产物，领主法院的命运必然与封建制度的兴衰紧密相连。在英国，11～12 世纪中叶是封建制度的鼎盛时期，那时，领主法院在国家司法体系中占有一席之地。但是，自 12 世纪后期亨利二世司法改革以后，自由土地保有人的地产案件可以通过申请国王权利令状，越过领主法院，直接投诉于国王法院，甚至已经投诉于领主法院的案件只要尚未结案，也可通过国王令状调至国王法院，因此，领主法院迅速走向衰落。特别是 1267 年以后，允许自由土地保有人在法院未取得国王令状的情况下拒绝出席领主法院，领主法院的地位更是一落千丈。“到 13 世纪末，几乎找不到一件自由地产案件是在领主法院上审理的。”[1] 领主封建法庭审理的案件大为减少，作为领主法庭的城堡的重要性也随之降低，甚至会被废弃。第四，从城堡整体社会功能与历史命运上看，中央集权化正是地方分权化这一城堡得以兴起的重要政治因素的对立面，中央集权化的发展方向，从政治上彻底动摇了城堡存在的基础，随着中央集权化进一步趋强，城堡除了文化功能仍然保持强势外，其实用功能逐渐萎缩，开始走向城堡的末途之旅。

[1] F. 波洛克、F. M. 梅特兰：《爱德华一世之前的英国法律史》第一卷（F. Pollock and F. M. Maitland, *The History of English Law Before the Time of Edward I*, Vol.I），剑桥：剑桥大学出版社（Cambridge: Cambridge University Press），1895 年版，第 133 页。

第四章

从军事角度看中世纪城堡

战争是城堡兴起的最直接和最明显的原因。“无论在法兰克地区9～10世纪的城堡原发阶段，还是诺曼征服英格兰时期的城堡植入阶段，军事必要性都是支撑城堡存在的首要因素，正是防范战争伤害的迫切需要导致了领主将本属于要塞的防御功能融合进了宅邸之中。”[1]整个中世纪，不同时期的军事风格，包括军队构成与配置、战略战术的变化与调整，以及武器装备的改进与配备都对城堡的发展演变产生着重要的影响。

第一节　城堡兴起的军事因素

对军事因素与城堡兴起的关系不能泛泛而论。除特定的经济、政治和文化等社会条件外，城堡之所以普遍存在于中世纪的西欧，是因为西欧中世纪战争的多发性、割据性、掠杀性，以及军队的封建性等特征与城堡兴起之间具有重要的内在联系。

---

[1] R. 艾伦·布朗：《英国城堡》（R. Allen Brown, *English Castles*），伍德布里奇：博伊德尔出版社（Woodbridge: The Boydell Press），2004年版，第123页。

一、城堡是中世纪战争特殊性的产物

1. 中世纪战争的多发性与城堡兴起

中世纪早期的西欧是一个战争频发的社会，“因古典时代的终结及城市中心的衰落导致了封建主义的盛行，贸易衰退、市镇凋零，知识几乎被遗忘，暴力到处蔓延，最低限度自给自足的农业与战斧的统治并存”。[1] 尽管西欧中世纪城堡同时具有政治、经济和文化等多种社会功能，但城堡兴起的最直接原因无疑还是战争的需要。以英国的 11 世纪为例，虽然与前两个世纪的欧陆相比战争少了一些，但仍然可以称之为是一个战乱不断的时代。1066 年 11 月底，征服者威廉从坎特伯雷出发，准备在绍什沃克（Southwark）渡河，和平进驻伦敦。面对威廉这种志在必得的气势，包括埃德加王子本人在内的大批撒克逊英格兰的贵族自感无望，不得不向威廉表示臣服，愿意迎接威廉进入伦敦，尊其为王。威廉当然会同意他们的请求，但并没有迫不及待地立即进入伦敦，因为他觉得有必要先在城里建造一座城堡，哪怕是一座简易的小城堡，“以便他可以在城内为自己和身边的随从找到一个安全的隐蔽所”。[2] 即使贵为诺曼底公爵的威廉，在要进入伦敦加冕的时候，都认为安全没有足够的保证，可见当时社会的动乱程度。这种担心事后被证明绝非多余。

战争是中世纪西欧的显著特征之一，以下仅对中世纪英国的主要战役略作提及，窥斑见豹。

1069～1070 年，英格兰北部贵族发动叛乱，威廉一世率军北上，在对反叛贵族进行无情镇压的同时，也虐及无辜，史称“北部大掠

---

[1] ［美］罗伯特·E. 勒纳、斯坦迪什·米查姆、爱德华·麦克纳尔·伯恩斯：《西方文明史 I》，王觉非等译，北京：中国青年出版社，1994 年版，第 266 页。

[2] ［美］迈克尔·V. C. 亚历山大：《英国早期历史中的三次危机——诺曼征服、约翰治下及玫瑰战争时期的人物与政治》，林达丰译，北京：北京大学出版社，2008 年版，第 34 页。

夺”。1135～1154 年，马蒂尔达与斯蒂芬争夺王位，大贵族们分别投向斯蒂芬或马蒂尔达麾下，内战烽烟四起，全然一片无政府的封建混战状态。1205 年，因坎特伯雷大主教的继任人选问题，英格兰又陷入了七年的内战之中。1264 年 5 月，西门·孟福尔男爵于里维斯战役中击败了亨利三世的军队，并俘获了亨利三世，成为英格兰的实际统治者。1265 年 8 月，在伊夫舍姆战役中，亨利三世的儿子，即后来的爱德华一世，击败了孟福尔，为亨利重新夺回了王位。1297 年 9 月，苏格兰英雄威廉·华莱士在斯特灵桥战役中战胜了英格兰军队，1298 年 7 月，在法尔寇克战役中，华莱士又被英王爱德华一世击败，在这次战役中，长弓这一新式武器首次被大规模有效使用。1314 年 6 月，在历时两天的班诺克本战役中，罗伯特·布鲁斯重挫爱德华二世率领的英格兰军队。1403 年 7 月，在什鲁斯伯里战役中，亨利四世击败了由欧文·格伦道尔和诺森伯兰伯爵共同领导的起义，伯爵的儿子哈里·珀西在战役中遇难。1455 年 5 月，玫瑰战争爆发，在首场战役圣奥尔本斯战役中，约克派击败了兰开斯特派，在 1460 年 12 月的韦克菲尔德战役中，约克公爵理查丧生，约克派大败。1461 年 3 月，爱德华四世带领约克派在陶吨战役中，战胜了兰开斯特军队，此次战役是玫瑰战争中最为血腥也最具决定性的一次战役。1471 年 4 月，在巴内特战役中，兰开斯特派的重要人物“王权决定者沃维克”在此次战役中丧生。1485 年 8 月，在标志着玫瑰战争实际上终结的博斯沃斯战役中，亨利·都铎击败了理查三世，建立了都铎王朝。[1]

“面对连绵不断的大小战争，人们每天都生活在恐惧之中。”[2] 在充满恐惧的那些日子里，人们尤其是贵族们迫切需要一个既可以居住生活，又可以有效防御战争侵扰的地方，这个地方就是城堡。贵族们的

---

[1] 以上列举的战役请参见：[英] 克里斯托弗·丹尼尔：《周末读完英国史》，侯艳、劳佳译，上海：上海交通大学出版社，2009 年版，第 282～285 页。

[2] [法] 罗伯特·福西耶：《剑桥插图中世纪史（950～1250 年）》，李增洪、李建军、陈志坚等译，济南：山东画报出版社，2008 年版，第 32 页。

城堡"与周围的茅舍区别鲜明，就如同其在城镇里的住宅与城市贫民的住所迥然殊异一样，这种差别不仅是因为它们建得更漂亮，而且首先是因为它差不多总是为了防御而设计。富人这种保护自己及家人免受攻击的愿望，自然与社会混乱本身一样由来已久"。[1]国王、伯爵、贵族和武士，面对来自方方面面的危险，必须以城堡为基地随时做好战斗准备，保护家人，抵御进攻。

2. 中世纪战争的割据性与城堡兴起

从军事角度看，战争并不是城堡普遍兴起的充分条件，例如在近现代社会，战争也时有发生，但城堡并没有充当重要的角色。在分析战争与城堡的关系时，还应当充分注意西欧中世纪战争的割据战特点。在被称之为中世纪的时代，由于封建制的推行，王国的政治权力、军事权力和司法权力被无数或大或小的封臣所分割，王权的形式意义大于实质意义，贵族则割据一方，成为在地方上实际的统治者。各等级封建贵族之间因为政治、军事、婚姻、继承、王位争夺、封君反叛等各种各样的原因，经常爆发时间或长或短的战争，这些战争一般来说规模都不大，而且影响通常也不是全局性的，但对战乱直接涉及地区的领主及其他受其保护的人们来说，这些战争就发生在自己身边。正是这些遍及西欧各个角落的大大小小的封建战争，促使中世纪城堡不仅沿当时帝国或王国的边境线建造，在内地也广为兴建；不仅在大规模外族侵扰时期兴建，即使在外来威胁大为减少时也继续得以建造。"每个封邑都有它的边疆。连微小的地形差别，像一个小山脊、一条溪流那样，也成为一条界线了。每一块形势有利的地点，像一座峻峭小山、一个悬崖绝壁、一个两河合流的水湾（在那里成了一个自然可资防御的三角地带）那样，都被占夺而设防了。在没有这些地势的平坦空旷的原野上，则采用了粗笨的工程；堆起一个人为的土山，在山上

[1] [法]马克·布洛赫：《封建社会》下卷，李增洪、侯树栋、张绪山译，北京：商务印书馆，2007年版，第496页。

建造城堡，而挖出了泥土的渠，正好成为城堡周围的壕沟。”[1]每个政治实体都以一个城堡为中心，管辖和统治城堡方圆几英里的地区。面对随时都可能在自己身边发生的封建战争，建立城堡往往是最可靠的防御方式，“以土石材料为主的城堡可以有效抵挡骑兵的快速攻击，将突袭式的速决战转化为消耗战，城堡的作用不在于杀伤敌人的有生力量，而在于化解敌人的攻击。抵御住了攻击，人身和财产的安全就有了保证，在那个以保护领地人身财产安全为核心任务的时代，城堡受到格外青睐，城堡建造得以普遍发展”。[2]

3. 中世纪战争的掠杀性与城堡兴起

在有关中世纪战争的著作中，关于掠夺性与残暴性的记载和描述，俯拾皆是，不胜枚举。如一个叫拉蒙的伯爵抱怨帕拉斯伯爵的行为说：“他骑马去唐迪抢夺财物，他骑马去皮格蒙斯亲手杀死好几个人，他又杀害了佩拉克的村民，他也杀害了伯让的人，他还在圣科洛马围攻在神坛前避难的人。”拉蒙同时还抱怨他的一个邻居乌赫尔伯爵：“他骑马来对付我，杀害了我的子爵和其他手下；他砍伐和烧毁我的庄稼，践踏我的土地。”[3]甚至还有这样的描述：“一个名叫‘多毛者’伯纳德的骑士，率领一千骑兵和几乎同等数量的步兵围攻卢皮亚。他们挖掘战壕把卢皮亚团团围住。他们纵火、挥剑烧杀劫掠，所到之处，一片狼藉。当地早就料到这种破坏行为的民众，带着值钱的财产到保护帕拉斯教堂的城墙后避难。居民们留下的是四壁皆空的寒舍，所有侵略者感到沮丧，因为掠夺的物品没有满足他们的欲望，于是他们把所掠之物放回营地后，继续向邻近地区进发。”[4]面对这些频频发生的公然抢劫和令人发指的残暴，人们防不胜防。一些城堡也成了强盗的

[1] ［美］汤普逊：《中世纪经济社会史》上册，耿淡如译，北京：商务印书馆，1984年版，第319页。

[2] 陈志强等：《城堡·骑士·贵族》，昆明：云南人民出版社，2002年版，第2～3页。

[3] ［法］罗伯特·福西耶：《剑桥插图中世纪史（950～1250年）》，李增洪、李建军、陈志坚等译，济南：山东画报出版社，2008年版，第30页。

[4] 同上书，第31～32页。

巢穴、匪帮的庇护所。那些恶魔白天就躲藏在城堡中或附近的森林里，当夜幕降临，人们放松警惕的时候，他们突然出击，大肆劫掠周围乡村的牲口和粮食，拦劫过往的商人和旅客，甚至敲诈主教和住持。

中世纪战争的掠夺与残暴性不仅体现在外族入侵或土匪行径上，也通常存在于“官方”的或“正常”的战争中，此时的西欧社会还远不是一个懂得尊重人权和财产权的文明社会。例如，历史学家奥德瑞克·维塔里斯（Ordericus Vitalis），他是紧跟在威廉身后的一代人，从他的著作中可以看出，他对威廉是心存好感的。即使这样，他在描述1070年2月的一次战争时也写道：绵延一百英里，无数暴徒倒在威廉的复仇之剑下，他推倒他们的掩体，摧毁农田，焚烧房屋和储备。他放纵自己的怒火，不分青红皂白，滥杀无辜。当愤怒达到极点时，他命令收集粮食、家畜、农具以及各种物质付之一炬。亨伯城的郊外成了一片鬼蜮，第二年随之而来的饥荒造成了饿殍遍野。[1]

在中世纪，发动战争的主要目的是获得财富，最重要的财富是土地及依靠土地生活的人。在抵御从海上或陆地进攻的外族入侵，或躲避封建主之间大小内战的战火，或对付土匪流寇之类暴徒们的烧杀掠夺的过程中，城堡和内部的驻军可以很容易地控制一大片区域。“当地的领主和城堡要比相距较远的国王和军队更直截了当，保护措施也比较令人安心。当时的动乱加上军事技术的特点使封建单位成为有效的保护模式。”[2]

二、城堡是封建军队的根据地

不同的社会环境孕育不同的社会组织形式，军事组织就是其中之

[1] ［美］迈克尔·V. C. 亚历山大：《英国早期历史中的三次危机——诺曼征服、约翰治下及玫瑰战争时期的人物和政治》，林达丰译，北京：北京大学出版社，2008年版，第36页。

[2] ［美］道格拉斯·诺斯、罗伯特·托马斯：《西方世界的兴起》，厉以平、蔡磊译，北京：华夏出版社，2009年版，第30页。

一。众所周知，诺曼征服前后，英格兰身处两种极其不同的社会形态的交替期：盎格鲁－撒克逊英格兰的部落时代和诺曼英格兰的封建时代。尽管后者在政治和经济组织形式上分别借鉴和沿用了前者的部分内容，但其军事组织形式则与盎格鲁－撒克逊英格兰的军事组织完全不同，是一种崭新的、来自欧陆的、以骑士为核心的封建军事制度，正是这种制度的出现从另一个侧面促进了中世纪城堡的兴起。

1. 诺曼英格兰时期军队构成的封建性

要了解诺曼英格兰时期军队构成的特殊性，需要向前追溯一下盎格鲁－撒克逊时期的军事制度。当时在国家的战争与军事观念上，占统治地位的是这样两个相互关联又有所区别的正统思想："一是王国的所有自由民对国家和地区防御具有一种普遍的义务与责任；二是实现对王国普遍负责的途径，表现为在上述自由民中招募军队或民兵（fyrd）。"[1] 如果用现代的话语表述，大致可以认为这时的英格兰实行的是全体自由民的义务兵役制。按这种军事组织原则所组建的军队在性质上无疑属于国家，而不是私人武装。它存在的基础是古代日耳曼的传统，即以英格兰全部土地为基础，所有的自由人对国王承担军事服务。通常的配置比例是一海德[2] 面积的土地要提供一名士兵，也有若干海德土地提供一名士兵的配置。甚至据伯克郡审判书（*Berkshire Domesday*）所示，还有每五海德土地提供一名士兵的情形，该原则能否适用于全国还不能确定。但这种与土地面积挂钩的兵役制度同后面诺曼时代的封建采邑一样，都是出于军事目的对土地的划分，其结果是军队构成与某一地区土地的经济负担有直接联系。这种按照传统惯例组建的军队，以各地按照土地面积提供的民兵为基础，以步兵为战斗的主力。同时，"英格兰的盎格鲁、撒克逊和朱特人采取的战斗方式

[1] 迈克尔·普雷斯特维奇：《中世纪时期的军队和战争：以英国为例》（Michael Prestwich, *Armies and Warfare in the Middle Age: The English Experience*），纽黑文：耶鲁大学出版社（New Haven: Yale University Press），1996 年版，第 58 页。

[2] 1 海德＝120 英亩＝50 公顷（约 485622.77 平方米）

都是以矛、斧头为主要武器的近身战，是一种步行的战斗方式”。[1]这种军队通常由国王或其他大贵族的侍卫来率领，这些核心将领像后来的骑士一样受过良好的训练，而且大多都是职业或半职业性的军人。但与接受采邑的骑士不同，他们并不拥有作为军事服务报酬的采邑，也不因获得任何土地权利而服务于他们的领主，其兵役时间也相对长一些。总而言之，盎格鲁－撒克逊时期的军队供应是依赖于全国土地所产生的价值而不是土地自身，与土地的联系没有采邑制度那样直接、密切和固定。

诺曼英格兰的军事组织构成与盎格鲁－撒克逊时期是不同的，它是由征服者威廉从法兰克移植过来的一种封建军事制度，军队的核心力量是骑士。这种以骑士为中心的军队，骑士及骑兵，尤其是重甲骑士是战斗中的绝对主力。骑士们出色的骑术、武装到牙齿的防护铠甲和矛，以及其身后随时准备给予帮助的随从，在当时落后的军事技术和战术环境下，形成了无比强大的战斗力。尽管封建军队中也有不少步兵或弓兵，但只有骑士们才是统治中世纪战争，进而统治中世纪社会的主角。骑士的封建性与作战方式没有必然联系，体现骑士封建性质的是采邑制度，骑士们以服兵役的形式获得土地，享有土地的占有权、使用权。这些人的薪水、训练、武器装备的提供和维持基本都依赖于所获得的封地。同时，大领主还可以对封地采取层层分割的形式。将其承担的封建义务逐层转移给下层接受土地次分封的骑士们。起初，这种土地仅是受领骑士终身的采邑，后来变成世袭。“授予战士土地使之定居，具体而言，乃是在无法维持一支雇佣军的自然状态下，用以确保一支有经济余暇且又能随时应命的武力之典型的方式。这种武力之所以出现，乃是因为生活水准的提高，农业与工业营利活动集约性的加强，以及战争技术的发展，使得一般民众既无余暇，也不太具有

---

[1] R. 艾伦·布朗：《诺曼人和诺曼征服》（第二版）（R. Allen Brown, *The Normans and the Norman Conquest* Second Edition），伍德布里奇：博伊德尔出版社（Woodbridge: The Boydell Press），1985年版，第81页。

军事利用价值的结果。”[1]

2. 封建军队对城堡有特殊需求

由于诺曼英格兰时期的军队是以采邑为基础、以骑士为核心的封建军队，供养与招募军人的方式、军人服役的时间、核心战斗人员的多寡、武器装备的优劣及辅助兵种的作用等诸多方面，都与以往盎格鲁－撒克逊时期有明显不同，这些直接影响着提供军事防御、战斗方式和维持日常供给体系的演变，其中诺曼英格兰军事组织性质的转变对防御要塞产生的特殊需求最为明显和典型。

第一，封建军队以采邑为基础制约了中世纪防御工事的规模。盎格鲁－撒克逊时期，理论上全民皆兵式的军事组织与其面积庞大的、纯军事性和公共性质的“堡垒”等防御要塞形式相呼应。从总体上看，中世纪城堡与之前的防御工事相比，规模通常要小些，有的甚至小很多。因为，中世纪封建军队的核心，是需大量金钱来维持的骑士，每个骑士都是以一定面积土地为基础的，靠土地的收益生活。而骑士的成长过程以及在战争中所需的一系列装备又费用高昂，受可分封土地的数量及其他高昂费用所限，骑士人数不可能很多。再加之在中世纪虽然战争不断，但大规模的战争并不多。威廉征服时期的由数千名主力骑士组成的军队在后来极少出现，而征服后全国各地为维护统治所产生的骑士需求还是较多的，这又分散了总数本就较少的骑士。有的小型防御要塞里根本就没有骑士，有的有一位或两位骑士，较大的防御要塞中才有可能达到数十位骑士的规模，例如，“即使是地处战略要道的里士满城堡和黑斯廷斯城堡，其永久性驻军也不过平均为三十一人和十五人”。[2] 军队主力人数的缩减使所需防御要塞的面积也相应缩小。

第二，封建军队的贵族属性要求中世纪城堡具有军民两用功能。

---

[1] ［德］韦伯：《韦伯作品集Ⅲ支配社会学》，康乐、简惠美译，桂林：广西师范大学出版社，2004 年版，第 198 页。

[2] 罗伯特·利迪亚德：《盎格鲁－诺曼城堡》（Robert Liddiard, *Anglo-Norman Castles*），伍德布里奇：博伊德尔出版社（Woodbridge: The Boydell Press），2003 年版，第 204 页。

在盎格鲁－撒克逊时期，军队人数较多，这种情况使得凭借当时的经济状况，不可能有现代意义上的永久性驻军，这也使得诺曼征服前的防御要塞不需要或只有极少的民用特征。反观中世纪时期的军队构成方式，不同类型的军事要塞中往往仅有为数不多的驻军，正因为军队的人数较少，在中世纪初期的城堡中，开辟几处尽管不大但仍可生活的居住空间才成为可能。同时，中世纪英格兰的骑士与盎格鲁－撒克逊时期的步兵在阶级属性上是不同的，步兵的阶级成分是农民，而骑士的属性无疑属于贵族，尽管贵族们在层次上也有不同，但低层次骑士的生活水平也是农民不可比拟的，不可能让这些骑士的生活太过困苦，这也变相要求给予骑士在防御要塞中一定的生活空间。何况还有特定的人在要塞中为骑士服务，如骑士武器装备的维护、马匹的喂养，骑士生活的照顾以及战斗时的随从，这些人同样需要一定的居住空间，并与骑士一起构成要塞居民的一部分，以至这一时期的要塞从中世纪之前那种临时的纯军事性建筑转换成军事和民用双功能的要塞。

第三，封建军队的依附关系导致中世纪的要塞具备私人属性。如前所述，在盎格鲁－撒克逊时期，旧的军队构成影响了当时英国防御要塞的性质。全民皆兵的募兵形式、军队的临时组合及服务于国王的统领类型，这些都表明旧英国军事组织是国家的而不是封建的，需要一种国家式的防御体系，该体系由阿尔弗雷德和他的继承人在对抗丹麦人的侵扰中兴起并发展，“就像王室城镇一样，属于国家或社区性质，而不是私人的”。[1] 而诺曼征服后的英格兰，军队是封建军队，统率这些骑士的司令官往往就是封君，即这个区域最大的贵族；应招来履行战斗或防卫义务的骑士就是该封君的封臣，或者是封臣的封臣。这种军队在性质上不属于国家，完全是封建主的私人武装，这种驻防骑士与领地统治者的依附关系使得城堡的私人化具有了客观必要性。既然是私人军队，当然

[1] R. 艾伦·布朗：《诺曼人和诺曼征服》（第二版）（R. Allen Brown, *The Normans and the Norman Conquest* Second Edition），伍德布里奇：博伊德尔出版社（Woodbridge: The Boydell Press），1985 年版，第 85 页。

应当由私人提供必要的驻防基地及基本生活条件。

第四，骑士装备的昂贵价值需要城堡加以保护。骑士的军事地位有赖于装备精良，而这些装备价格非常昂贵，“从里普阿尔法兰克人的法律条文反映的情况看，一名全副武装的骑士所需基本装备的价格大体为：头盔六索里达[1]（sulidi）；铠甲十二索里达；剑和剑鞘七索里达；没有鞘的剑三索里达；护腿甲六索里达；长矛和盾牌二索里达；战马十二索里达。而当时一头健壮公牛的价格是二索里达。如此折算，一名全副武装的骑士所需装备的价格是将近二十三头公牛的价格。这对于普通农户来说是个巨大数字，耕牛是农民最为贵重的财产，很多农民根本买不起牛。随着经济和骑士制度的发展，骑士的装备价格总体上还有所提高”。[2] 如此看来，骑士不仅是战斗力，应当说骑士本身就是一笔巨大的财富。打仗时骑士依靠那些精致、贵重的铠甲保护冲锋陷阵；战争间隙或和平时期，对骑士及骑士的装备自然也应当严加保护，城堡就是罩在骑士身上的更加坚固的盔甲。武装骑士需要富足的经济来支持，而贵重的骑士也需要坚固的宅邸来保护。

总之，诺曼征服后的军队构成方式使得英国防御要塞从盎格鲁-撒克逊时期的大规模、纯军事性和公共性，向小规模、军事民用双用途及私属性过渡。而军用性、民用性与私属性的三者合一，正是中世纪城堡的基本社会属性。因此，诺曼征服后英格兰军事组织的封建化是城堡产生的重要社会条件之一。

3. 城堡内的驻军和护卫

城堡是中世纪最重要的军事工事和民用住宅，骑士是中世纪最重要、最典型的军事和政治力量。可以说，绝大部分骑士一生与城堡相关，在城堡内成长，以城堡为中心履行封建义务。骑士最直接的义务当属城堡护卫（castle guard），即在城堡内驻军。一般来说，城堡内的

---

[1] 金币，每一索里达约重 1/72 磅，约四十个银币。

[2] 倪世光：《西欧中世纪骑士军事装备与服役报酬》，《历史研究》，2008 年第 3 期，第 185 页。

驻军有两种：早期，是一种特殊的封建式的军事任期形式，即城堡护卫；晚期，随着货币经济的发展，雇用战士成为很自然的事情。

并非所有的城堡都需要驻军。西德尼·佩恩特（Sidney Painter）在他的《城堡护卫》[1]一文中写道，有证据表明至少有四十二座英国城堡，由服军役的骑士承担城堡的护卫，其中十一座是王室城堡，三十一座是贵族城堡。从朗德[2]和斯滕顿（Stenton）[3]的统计来看，有驻军防卫的城堡总数可能还要更多一些。

城堡中如何驻军是更为复杂的一个问题。首先看贵族城堡。如果某个贵族城堡的战略地位非常重要，那么就有必要安排护卫在此驻扎，例如里士满和黑斯廷斯。里士满城堡由一百八十六位骑士负责，这些人被分为六组，每组的人数从二十六人到四十二人不等，轮流驻扎，两个月一轮换，人数较多的组通常安排在夏季，此时也是苏格兰人侵扰最为猖獗的时候。而黑斯廷斯城堡则由尤（Eu）伯爵封地的六十位骑士保护，他们分成四组，每月一轮换，全年轮到三次。对大型的王室城堡来说，日常的驻军需要由若干个贵族联合提供，最好的例子当属多佛。有九位贵族对多佛城堡共同承担护卫责任，其中承担义务最多的是看守官霍赫利（Haughley），这个大贵族因其广阔的封地，应当履行提供五十六名骑士的封建义务，这些骑士分成十三组，每组四或五人。也就是说，看守官的领地需要独自提供一支由四至五位骑士的日常驻军，一年当中每人服务一个月。另外五个中等贵族，每人算是一组。每人提供十四到二十四名骑士，最后还有三个小贵族合起来算是一组，这样除看守官霍赫利外，其他八位贵族被分成了六个小组，

---

[1] 西德尼·佩恩特：《城堡护卫》（Sidney Painter, "Castle-Guard"），《美国历史评论》（*The American Historical Review*），第40卷，第3期，1993年，第450～459页。

[2] J. H. 朗德：《城堡护卫》（J. H. Round, "Castle Guard"），《考古杂志》（*Archaeological Journal*），LIX, 1902年，第144～159页。

[3] F. M. 斯腾顿：《英国封建制度的第一个世纪，1066～1166》（F. M. Stenton, *The First Century of English Feudalism, 1066～1166*），牛津：克拉伦登出版社（Oxford: Clarendon Press），1932年版，第190～215页。

六个小组每月各自派出三位骑士加入到看守官提供的基础护卫力量中。这样很容易计算出，“多佛城堡最终的日常驻军平均大约在二十二或二十三位骑士”。[1]

城堡驻军的历史很长，甚至在中世纪结束后很长一段时间内还继续存在。但不是所有的城堡都一直如此。在征服后的第一个世纪，由于社会仍处于动荡不安之中，国王和大伯爵的城堡，或由几个伯爵共同管理的城堡通常有人数不等的军人长期驻扎。后来随着国家不断趋于稳定，国王和贵族们发现，和平时期，这些驻军大部分时间是没有必要存在的。当城堡防御的必要性越来越小时，原有封建性质的城堡护卫责任就变得越来越难以落实。结果，城堡主更倾向于在和平时期以收取一定数额金钱的方式取代骑士的军事服务，这些钱被称为“军役金”。利用封臣缴纳的这些金钱，城堡主可以雇用少量的驻军，此举在亨利二世时就开始了。以金钱替代城堡护卫服务可能对双方都方便，但是和平时期和战争时期的金钱数额是不同的，战争期间相对要更贵一些。通常，只有和平时期才允许用“军役金”来取代封建义务，而在战争时期，还是需要实际派出骑士进行城堡护卫的。如威尔特郡的迪威齐斯城堡，约二十份采邑指派给该要塞的看守官。在战争期间，每个完整采邑要提供一位骑士到城堡服四十天的军役。然而在和平时期，每个完整采邑每年可以支付二十先令来替代实际提供护卫的骑士。“《百户卷档》(*Hundred Rolls*)提到迪威齐斯可能在和平时期能够收到大约二十五马克的‘代役金’，这种实际驻扎与金钱支付混合的方式使得迪威齐斯在战争时有足够的驻军及在和平时也有少量雇用性质的护卫。”[2]至少到13世纪中期的贵族战争期间，国王和大贵族要求封臣在战争期间提供实际军役服务的情形还在继续。之后，只有在普遍的封建军事系统崩溃时期，对城堡的封建性质的护卫义务才基本停止，与

---

[1] 罗伯特·利迪亚德：《盎格鲁－诺曼城堡》(Robert Liddiard, *Anglo-Norman Castles*)，伍德布里奇：博伊德尔出版社(Woodbridge: The Boydell Press)，2003年版，第204～205页。

[2] 同上书，第209页。

此同时“代役金”也转变成了普通征收的税种。

三、城堡是军事物资的储备和供给基地

中世纪战争以围攻战为主，胜利的标志就是攻占对方的城堡。但更常见的情况是，守城方的失败是由于自身粮食和武器供给的不足，而不是被攻城方的武力所征服。与此同时，城堡作为军事进攻的基地，有责任为战场上的军人输送武器，或为保障前方军事行动的顺利进行及时补给其他物质。

城堡之所以有此种功能与其自身的特点密切相关。有的城堡位于森林、矿场等武器装备材料产地附近，有的位于海路交通要道附近，这些是城堡成为武器建造“作坊”或输送“枢纽”的基本条件。城堡身为军事、民用合一的防御建筑，许多大型城堡内都有熟练的石匠或木匠，他们可以利用城堡的地理优势，使用材料制造武器装备，有的在国王的命令下，在各个城堡中巡回为需要者服务，如经常派出一位“工程师”去维护投石机械，或者时不时地让一些手工艺者去检查和维修盔甲和弩弓。

城堡的储藏和物资供给对解决城堡驻军及其他居民的自身需要至关重要。城堡的物资储藏，部分依靠自身的土地生产，部分依托于当地市场。布里奇诺斯城堡的供给有时从七英里外的斯滕斯顿（Stottesden）市场获得；温莎城堡也从其附近的庄园里获得供应。在许多情况下，城堡的供给是否足以支撑城堡内生活的人员及驻军的需要，就要看城堡看守官的动员和组织能力了。在一些特定城堡中，食物贮藏一直在有条不紊地进行，埃克塞特的鲁格蒙特城堡（Rougoment Castle）在几年中，总供应 13 夸脱小麦、3 夸脱的大麦，以及少量的麦芽和豆类，绝大多数是为马匹准备的，有时这些食物也被用于酿造。为方便保存，肉类食物经常被制成腊肉和熏肉。与那些不太受重视的城堡相反，靠近沿海或边境地带的城堡，由于经常处于军事环

境，物质供应一向十分充足。以多佛城堡为例，1255 年，多佛城堡购买了 227 夸脱（1 夸脱≈1.1365 升）的小麦、425 夸脱的大麦、75 夸脱燕麦、125 桶酒和 500 磅（1 磅≈0.4536 公斤）蜡。在威尔士边境地带，城堡的物质供应也比较有保障，1247 年，诺丁汉郡和莱斯特郡的郡长被要求为城堡购买大量小麦。从切斯特到德加威的海上运载的食物量也非常大。1245 年，从海上运进了 1000 夸脱的小麦和同等数量的燕麦，还有 100 条腊肉和 100 夸脱的食盐。有时物质补给还来自爱尔兰，经常有两条船在切斯特和北威尔士城堡之间航行，但当天气不适合船运输时，这些供给将不得不采取更为危险的陆路方式。当边境或沿海城堡从域外得到充足补给后，有时还会采取逐级转运的方式，分一些普遍缺乏的物资给其他一些内陆的城堡。如把外面购买的一些重要物质先运到布里斯托尔城堡，然后再由海上运输至南威尔士的卡纳森（Carnarthen）、卡迪根（Cardigan）和兰贝德（Llanbadrn）等王室城堡，在那里再由赫里福德郡的郡长按习惯将谷物和盐肉运往布依斯和帕伊（Pain）等内陆城堡。除驻军所需的食物外，出于防御和远征需要，城堡中的武器储备也至关重要，如 1326 年，10000 只马蹄铁和 16000 只铁钉运至伦敦塔。[1]

第二节　中世纪围攻战中的城堡

对中世纪西欧来说，在战争史语境中很难将围攻战与城堡分开叙述。当时的战争以攻取城堡或城镇为主要目标，近现代战争中出现的大规模阵地战还很少出现。那么，当时为什么盛行围攻战？到底是哪些原因让围攻战与城堡长期共存呢？这需要我们从认识中世纪特定的军事技术和战术入手，进一步探讨围攻战与城堡之间相克相成的复杂关系。

---

[1] 以上描述的具体物品及数量可参见 N. J. G. 庞兹：《英格兰和威尔士的中世纪城堡：一部社会政治史》（N. J. G. Pounds, *The Medieval Castle in England and Wales: A Social and Political History*），剑桥：剑桥大学出版社（Cambridge: Cambridge University Press），1990 年版，第 123～125 页。

一、中世纪围攻战的主要技术

古代攻城机械的种类不下数十种，刘衍钢在论文《马塞里努斯笔下的罗马工兵装备考》[1]中对相关内容已经进行了比较系统的描述。这里主要选择在中世纪围攻战中常见且作用明显的云梯、投石机、攻城塔楼和挖掘坑道等基本围攻技术和工具做一简单介绍。

1. 攻城云梯

云梯可能是最早的攻城装备，在埃及古王国时期的墓葬中就已经可以看到它们。在中世纪，云梯材料以木制为主，少数为竹制，材料的选择取决于当地的林木资源。云梯通常由底座、梯身和上端三部分组成，但在各部分的具体结构上可能略有不同。例如，底座基础有方形，也有圆形，有插入地下固定的，也有在地面上可以移动的；有的梯身可以上下缩放，以适应不同高度的城墙；有的云梯顶端有金属钩爪，用来钩攀城缘；高级一点的云梯则在底座装有木轮，以方便运动，顶端装有一对辘轳，登城时云梯可以沿着城墙壁自由地上下移动，以便安置在最理想的位置上。云梯架好后，攻城的士兵最先采取的行动是向城墙上的防御士兵投掷武器，趁其躲藏时迅速攀爬梯子。在运用云梯攀越城墙的实战中，对攻城士兵的技术要求并不高，攀爬速度才是关键。而速度快慢，除其他因素外，在一定程度上又与进攻一方对梯子长度与城墙高度之间比例的准确估计相关。梯子通常要建造得比城墙高一些，以便架在城墙上时能与城墙保持一定的角度。如果梯子太短，战士不能到达顶部，或者因角度过陡而缺乏稳定；如果太长，防御者能轻易地接触到梯子顶部将其掀翻，或者因角度太大，不堪士兵攀爬的重压而折断。通过反复的实战检验，通常认为梯子的根部与城墙之间的距离取梯子长度的一半为最佳。这样在知道城墙的高度后，

---

[1] 刘衍钢：《马塞里努斯笔下的罗马工兵装备考》，《古代文明》，2011 年第 1 期，第 36～44 页。

就很容易估算出梯子的长度。在攻城战中，要针对每个不同高度的城堡建造不同的梯子，即使是同一个城堡，因城墙高低错落也需要不同的梯子。如果一个要塞建有几层防御线，必须准备不同长度的云梯。如“1351 年对布洛涅（Boulogne）城堡的围攻中，进攻者都已经攻占了前面低矮的城墙，但不能攻上后面更高的防御工事，因为他们的梯子太短”。[1] 除此之外，对梯子的绝对长度也有限制，如果长度在十米以上，云梯就会不灵活，这也就是为什么采用云梯进攻的要塞，城墙大多不超过十米高的原因，面对十米以上高高矗立的城堡，云梯明显力不从心。

2. 投石机

投石机是投掷武器中的一种，主要构造包括一个轮轴（axle）连接着的立式柱子（vertical posts）的支撑框架。固定在轮轴上的是投掷杠杆，距支点较远的杠杆末端处是一个装有弹药的投弹索环袋，一个巨大重量的平衡锤被牢扣在距支点较近的杠杆末端。在发射时，操作员解除扳机装置，平衡锤迅速向下，通过重力推动，杠杆的较长末端向上高飞，把投掷物抛向远方。平衡锤是投石机的关键部件，13 世纪，“埃吉迪奥·科隆纳（Egidio Colonna）描述了三种装有不同类型平衡锤的投石机：tiabuclum 装有固定平衡锤；biffa 装有移动平衡锤；tripantium 装有混合型平衡锤”。[2] 比较而言，带有移动平衡锤的投石机更加有力量，后来更加先进的投石机往往装有两个对称的移动平衡锤，这在中世纪编年史中曾使用不同的名称（如 biffa、brigda、couillard）。一般来说，平衡锤越重，投掷物抛出的越远。康斯坦丁·诺索夫在《古代和中世纪时期的攻城武器：围攻战武器和技术导读》一书中，在介绍平衡锤重量与射程之间的关系时说：有人认为在

---

[1] 康斯坦丁·诺索夫：《古代和中世纪时期的攻城武器：围攻战武器和技术导读》（Konstantin Nossov, *Ancient and Medieval Siege Weapons:A Fully Illustrated Guide to Siege Weapons and Tactics*），斯泰普尔赫斯特：斯派尔蒙特公司（Staplehurst: Spellmount Ltd），2006 年版，第 75 页。

[2] 同上书，第 176 页。

理论上，用4吨重的平衡锤，可以把100公斤的弹药射到150米外；6吨重的平衡锤，可投射209米；8吨重的平衡锤，可投射277米。13世纪初，马尔罗辛（Malroisin）创造出一种装有巨大平衡机器的、被称为中世投石机的新投掷机械，1216年由法国的路易王子带到英格兰。这种投石机能够发射更重的弹药，并且能够达到足够的精确度。现代仿制的中世纪抛石机，在试验中可以把重达33磅的弹药打中200码之外的目标。然而，这种投石机的重量令人印象深刻，通常净重6～7吨，有的竟然重达17～21吨。[1]它们确实太大了，以至在转移这些巨大装置时，不得不将其拆解后分散运输。“在1221年贝坦姆（Bytham）的围攻中，用十二辆马车，以每天平均十英里（1英里≈1.609公里）的速度，花费了十天的时间才将这种装置从伦敦带到指定的战场。”[2]

3. 攻城塔楼

攻城塔楼曾经在6世纪被广泛使用，然后消失，直到11世纪又重现，并在十字军战争时期流行。安娜·科穆宁娜（Anna Comnena）在《阿历克赛传》中详细记载了关于攻城塔楼的信息：攻城塔楼是一个木制的庞然大物，静止不动时就很吓人，而当它移动时，看上去就更加可怕了。因为它被建立在大量的车轮之上，隐藏在里面的士兵用铁撬一起控制它移动，外面的人们看不见它是如何行走的，它看上去就像是一个有着自己独立意志的、高高耸立着的巨人，这种情形特别令人吃惊。攻城塔楼从下到上分为几层，并且完全被遮掩、覆盖，周边有一些按规律排列的圆孔，弓箭手可以通过这些圆孔向外射击。在顶层，

---

[1] 康斯坦丁·诺索夫：《古代和中世纪时期的攻城武器：围攻战武器和技术导读》（Konstantin Nossov, *Ancient and Medieval Siege Weapons:A Fully Illustrated Guide to Siege Weapons and Tactics*），斯泰普尔赫斯特：斯派尔蒙特公司（Staplehurst: Spellmount Ltd.），2006年版，第171～177页。

[2] 迈克尔·普雷斯特维奇：《中世纪时期的军队和战争：以英国为例》（Michael Prestwich, *Armies and Warfare in the Middle Age: The English Experience*），纽黑文：耶鲁大学出版社（New Haven: Yale University Press），1996年版，第290页。

站着全副武装的士兵，随时准备进行防御或者进攻。[1]

4. 挖掘坑道

严格意义上讲，挖掘坑道指的是行为，而不是一种装备，但因为在中世纪通过挖掘坑道确实能够对城堡防御造成极大威胁，所以挖掘坑道无疑也应当包括在中世纪围攻战的技术手段之中。挖掘坑道一般基于两个目的：一是从通道进入到城墙里面，给大部队打开城门；二是通过掏空城墙底座，导致城墙或塔楼部分倒塌，以便围攻部队从缺口攻入城内。采取挖掘坑道的方式围攻城堡，会受到地质条件的限制，也不是每一次挖掘坑道都能取得预想效果。当然，影响坑道技术使用的最大因素还是源于防御者的防范，安娜·科穆宁娜在《阿历克赛传》中详细记载了一次坑道技术的实施：

> 总督府（Praetorium）耸立在一座土丘上，城墙围绕在它的周围。在山丘对面，博希蒙德（Bohemund）的士兵开始向总督府方向挖掘坑道，用带有高屋顶的棚屋抵抗来自上方扔下的石头和箭矢，他们就像鼹鼠一样在底下打洞。他们一面挖掘，一面用马车将泥土从隧道中搬运出来，每当把土运到远处倒掉时，就像完成了一个伟大工程似的兴高采烈。此时，城内的防御士兵对围攻者挖掘坑道的事是不会掉以轻心的，他们不断地沿着城墙巡逻，对那些围攻部队有可能挖掘坑道的地点，检查得特别仔细。他们很快就在一个地方听到了进攻者在底下挖掘的声音。这时，守卫者在上方开凿一个小洞，且依靠这个窥视洞穴，看到里面有大量工兵正在掘进，于是守卫者用火将下面工兵们的面部烧伤。守卫者是如何烧伤他们面部的呢？方法很是奇特，士兵们先是从松树和其他相似的油质树种中，把易燃的树脂收集起来，再与硫混合在

[1] 安娜·科穆宁娜：《阿历克塞传》（Anna Comnena, *The Alexiad of the Princess Anna Comnena*），Bk. XⅢ，伦敦：基根保罗出版社（London: Kegan Paul），1928 年版，第 330～331 页。

一起，使之更加容易燃烧，然后将这些物质导入到芦苇管中，在末端点火后，士兵使劲吹气把管中的易燃物吹下去，燃烧着的颗粒就这样滴落在下方坑道里工兵的脸上。基乌姆的士兵，当他们与敌人面对面时，就是这样使用火燃烧烤的方式直接教训围攻者，这种方式似乎非常有效，下面的工兵常常被熏烤得难以忍受，像一群蜜蜂一样争先恐后、毫无秩序地从他们自己挖掘的坑道中逃出来。[1]

二、中世纪围攻战的规范战术

中世纪的军人在设计围攻城堡的战术时，经常要对城堡建筑的新发展做出回应；反过来城堡也会因变化着的围攻技术而变得越来越复杂，并在实战中逐渐形成了一套程式化的战略、战术。当然这些程序也会随着战场的变化、战争的目的、具体围攻目标的不同而发生变化，但总的来讲还是有一定规律可循的。

1. 劝降防御者投降

要想攻占城堡，指挥官必须制定全面细致的战略计划。因为，越是远征，费用越高，强行攻取城堡的代价高得令人难以置信。因此在对城堡强攻前，围攻的军队要尽可能地尝试不战而屈人之兵，尽力去恐吓或劝诱城堡的看守官或领主和平投降。如果投降条款在强攻之前被接受，驻军则可以携带自己的武器或盔甲体面地离开城堡。面对挑战，守方司令官无疑会先对双方的力量进行评估，其回应通常有几种：一是在城堡坚固、防御能力强大的情况下，守军拒绝投降，经常的回应是杀死围攻者的传令官，并将他们的头颅或尸体用粗鲁的方式抛向战场。如果驻扎部队拒绝投降，攻城将以公开的象征行为开始，

[1] 安娜·科穆宁娜：《阿历克塞传》（Anna Comnena, *The Alexiad of the Princess Anna Comnena*），Bk. XIII，伦敦：基根保罗出版社（London: Kegan Paul），1928 年版，第 329 页。

例如进攻者扔标枪或射石弩到城堡门口来标志他们的目的；在中世纪末期攻城武器也时常担当这种使命，火炮开火即象征着战斗的开始。二是围攻一方力量特别强大，城堡必然会被攻陷的情况下，守方司令官或者直接投降，或者要求与他的上级联系寻求支援。一般情况下，进攻方会给守军这个机会，当然也可以拒绝。“1102年，在三个月的围攻后，阿伦德尔的驻军派使节到贝莱姆（Bellême）找他们的领主罗伯特，请求他派遣部队增援，或者允许他们投降。罗伯特在不能给予增援帮助的情况下同意他们投降。”[1]三是在彼此力量大致平衡的情况下，守军提出休战以拖延时间。休战可以推迟迫在眉睫的进攻，便于城堡主直接与领主联系，请示如何处理，或者在城堡里等待支援。休战也给防御者时间建造反围攻武器，增强他们的防御能力。在供给和支援不能按时到达时，他们将挂起象征投降标志的白色旗子。事实上，较长时间的休战可能会导致进攻部队战斗力减弱，特别是当骑士四十天的服务义务接近期满时。但如果围攻部队知道他们有足够的食物和其他供给，能够坚持相当长的时间，而城堡内饮食匮乏时，围攻者也可继续维持不战状态，直至守军弹尽粮绝，不得不投降。

2. 攻城准备战术

在劝降被城堡守军拒绝之后，甚至在劝降的同时，攻城的准备工作就已经开始了。攻击部队开始缓慢行进到围攻地点，在离城堡城墙不远的地方建造一个或多个防御营地，或建造一些基本的进攻设施，调集并装配进攻机械，有时也在现场建造个别庞大的、有威胁的围攻武器，对城堡形成包围之势。攻城者到周围农村中抓一些农民，役使他们修筑工事，同时还抢劫庄稼，控制其他资源，并威吓附近的土地所有者和农民不要扰乱他们。如果城堡依赖外部供水，切断水源也会

---

[1] 康斯坦丁·诺索夫：《古代和中世纪时期的攻城武器：围攻战武器和技术导读》（Konstantin Nossov, *Ancient and Medieval Siege Weapons:A Fully Illustrated Guide to Siege Weapons and Tactics*），斯泰普尔赫斯特：斯派尔蒙特公司（Staplehurst: Spellmount Ltd.），2006年版，第235页。

给城堡内的生活带来极大威胁。其实，围攻者做这些事情之前，城堡守军也时常对附近地区使用“焦土”政策，例如守军在获得粮食、禽畜和其他物品之后，有目的地烧毁土地上的农作物，以及一些一时无法保护的物资，以阻止敌人从当地轻易获得给养，有时由此导致的饥荒会迫使围攻者不得不后撤，甚至结束围攻。

在城堡附近扎营，并稳定好周边环境后，攻城部队就要想办法尽可能地接近城堡。为此，进攻者可能首先要用植物、树枝、碎石、沙土或任何可利用的材料，填满围绕着城堡的干沟渠或护城河。在可能的条件下，他们也可以使用驳船通过护城河将战士送抵城墙的底部。一旦进攻者能够穿越沟渠或护城河，初次进攻可能很快就会开始。

3. 攻击战术

对城堡的攻坚战没有完全相同的方式，攻城的步骤如何展开要视具体情况而定。在通常情况下，进攻大多是以不太猛烈的方式开始，例如使用梯子翻越城墙。成功运用云梯战术的关键是速度快，趁守军还没有准备好的时候，就要偷袭到城墙垛上面，并且随之立即与防御者进行肉搏战。在战士们架梯与爬梯的同时，进攻部队的弓箭手和弩手在城墙外面，以所谓“大盾”为掩体，用石弩、长弓和投石器等轻武器射杀城墙上的守军，为同伴提供掩护。云梯将在城墙的几个点上同时进攻，目的是分散守军的兵力，转移守军的注意力，增加打开通道的可能性。当然，防御者也不会坐以待毙，他们一面向敌军的掩护者进行猛烈回击，一面通过将梯子推离城墙，或自上而下向爬梯士兵射箭、投掷标枪、砸石头、抛生石灰粉或倾倒“热液体”[1]等方式，极力阻挠进攻。在实战中，云梯战术成功和失败的战例都有记载。“在

[1] 热液体主要是指煮沸的汤水或生石灰水。近代有人认为还包括滚烫的油，这只是传说，没有多少可信度。“只要想一想，有谁会相信，在高高的城墙上，防御者点火烧热笨重的大铁锅，里面晃动着昂贵的油，然后，防御者抬起烧得发烫的大铁锅，冒着敌人的炮火，将沸油倒在进攻者的头上？”参见［法］让·梅斯基：《城堡：从战争时期到和平年代》，赵念国译，上海：上海书店出版社，2004年版，第117～118页。

1140 年的威尔特郡，进攻者通过使用绳梯成功地突破了迪威齐斯城堡的外围防御，最终打败了城堡的驻扎军。然而在 1327 年，诺森伯兰郡的诺汉姆城堡的驻军成功抵抗了爬云梯。”[1] 如果通过云梯成功地占领了城墙，围攻者将以骑士风度，可能会临时停战，为驻军再提供一次有尊严的投降机会。如果城堡驻军力量足够强大，有效地遏制了云梯战术，拒绝投降，围攻的指挥官仍然有几种选择而不是放弃进攻。

接下来的战术可能是挖掘坑道。工兵（snapper）用木制框架支撑着，在城墙或塔楼底部开始挖掘。在工兵挖掘坑道时，攻城塔楼（或称为冲击塔）也缓慢地向城墙或塔楼靠近。这种复杂的攻城机械有的高达九十英尺，一般至少有三层：顶部一层配有吊桥，接近城墙时能够打开，以便进攻者爬上城墙垛，顶部一层还有投石器和弩炮等攻城机器。为了木制的冲击塔免受火袭，经常要在冲击塔的顶棚上覆盖一层在淤泥里浸泡过的动物皮，在极少的情况下，也有用铁质材料覆盖的，受到保护的战士在里面伺机向外射击。这种机器可以搭载数十名士兵，士兵在塔内利用梯子可在各层之间活动。“1266 年，围攻凯尼尔沃思城堡时的冲击塔拥有二百名弓箭手和十一台围攻机器”，[2] 实力强大。将冲击塔移动到位是一项艰巨的任务，许多强壮的、经过训练的士兵在里面吃力地推动，有些时候还要用几头公牛来牵引。在围攻贝德福德时，亨利三世使用了两个这样巨大的冲击塔直接耸立在墙垛之上，在强大的攻势下，城堡被攻占。从这次围攻战动用的武器规模和巨大投入来看，这个城堡肯定是一个十分重要的军事目标。当围攻任务完成时，国王下令彻底摧毁这座城堡，遗址现在在伦敦以北 55 英里处。

4. 长期围困战术

在上述攻击仍不能奏效时，围攻者如果锲而不舍，最后往往会采

[1] 利泽·E. 赫尔：《不列颠的中世纪城堡》（Lise E. Hull, *Britain's Medieval Castles*），伦敦：格林伍德出版社（London: Greenwood Press），2006 年版，第 41 页。

[2] 同上书，第 42 页。

取长期围困的战术，期待着围攻造成的饥饿能迫使驻军接受有条件的投降。如果进攻者在强攻之前就已经确信城堡内资源匮乏，难以长期坚持，那么，长期围困、封锁城堡的方式也可以在强攻前采用，这样可以减少双方的伤亡，尤其是进攻一方的伤亡。在长期围困中，双方打的是一场资源消耗战，占有和控制资源的多寡是胜负的关键。经过长时间的围困，城堡内的食物和饮用水越来越少。围攻者有时还通过投石机将尸体投向城堡，或者把人和动物的尸体，以及像硫黄那样的毒物投入到水中，污染城堡的水源。病菌开始猖獗，疫病逐渐地蔓延起来，城堡内不断有人饿死或病死，士气极为低落，驻军不得已而投降。

当驻军被迫投降时，胜利者期待有利于他们的协定。要反复讨论各种善后方案，包括守军首领的流放、所有私人财产的放弃、俘虏的移交及赎金的支付方式、对俘虏的象征性羞辱等。坚决抵抗的领导者通常要被投入监狱，或者被轻率和粗鲁地处死，在当时的战争中，这样的处置并不令人吃惊。尽管城堡被攻陷的结局时常可见，但城堡仍然被继续建造，因为围攻者无功而返的结果可能更多。王室和大贵族有条件建造更加强大和复杂的城堡，而这种城堡面对当时的军事技术和战术，优势也是相当明显的，从下面这个战例中就可见一斑。

三、多佛城堡的围攻战及启示

1. 多佛城堡围攻战的起因

追溯多佛城堡围攻战的起因，还要简要地从金雀花（Plantagenet）王朝开始时谈起。1154 年亨利（Henry of Anjou）加冕为英格兰国王，史称亨利二世，开启了英国金雀花王朝的历史。此前，亨利已是安茹伯爵、诺曼底公爵、布列塔尼的大领主，并娶了阿基坦公国的女继承人埃莉诺（Eleanor）为妻，事实上，“此时的亨利一身兼领五‘国’，即英格兰、诺曼底、安茹、阿基坦和布列塔尼。除英格兰外，直接或间接被英国国王占有的其他采邑都在卡佩王朝时期的法兰西王国境内”。[1]正因为如此，自金雀花王朝伊始，英格兰与法兰西的领地之争就一直没有间断过。到亨利二世的小儿子约翰任国王时，英格兰在领地之争中遭受了一系列败绩，约翰继承的巨大王国中的欧陆部分已经大多被法国国王菲利普·奥古斯都（1180～1223在位）陆续攫取，在1204年他母亲埃莉诺去世之前，失去了阿基坦。到1205年，约翰先后失去了安茹、缅因、都兰（金雀花王朝的故乡）和富饶的诺曼底。1214年，约翰经过几年的准备，准备不惜一切代价向法军发起反攻，但在布汶战役（Battle of Bouvines）中惨败，约翰收复欧陆领地的梦想随之消失殆尽。当他垂头丧气、穷困潦倒地从欧陆返回英格兰时，国库已空无一文，许多贵族长期积蓄的对约翰王的不满情绪也随之爆发，于是英格兰境内开始陷入内战的混乱中。反叛的贵族们先是在伦敦武装自己，指责约翰的专横，煽动民众反对约翰的统治，继而为了推翻约翰的统治，又从伦敦发出吁请，请求法国国王菲利普·奥古斯都[2]最年长的儿子路易王子来继承英格兰王位，直接威胁到了金雀花王朝唯一剩下的英格兰王位。

法国王子路易对此当然乐见其成。他于1216年5月21日率军登陆英格兰，并迅速向伦敦挺进，坎特伯雷城主动为路易的军队打开了城门，罗彻斯特城堡的英军虽然有所抵抗，但很快也在猛烈的围攻下陷落，法国王子于6月2日胜利地进入伦敦。约翰在他到来之前已经逃离伦敦。法军的这次成功不仅得到许多重要的英格兰反叛贵族的呼应，并且还获得了苏格兰国王亚历山大（Alaxander）和北部威尔士埃林（Llywelyn）的支持。占领伦敦后，路易又向西进攻温彻斯特。温彻斯特以及附近几个重要城堡，在一个月内相继陷落，英格兰东南地区的几个主要城市也在他的控制之下，路易又将注意力转向了多佛城堡，他决定攻取这个在英格兰与法国的联系中具有重要战略地位的要塞。

---

[1] ［法］让·瑟利耶、安德烈·瑟利耶：《西欧人文图志》，吕艳霞、王恬译，北京：中国人民大学出版社，2008年版，第118～120页。

[2] 菲利普·奥古斯都（1165～1223），法国卡佩王朝国王。

多佛城堡地处英格兰的东南沿海，是控制英格兰和欧陆之间的最短海上出口的交通枢纽和重要战略要地。早在威廉一世时期多佛城堡就已经修建，由于战略地位重要，一直是各时期的英国国王重视的城堡。12世纪后期，从亨利二世开始更是对多佛城堡加大投入，持续对城堡进行大规模的重建和扩建。1180年，亨利二世拆除了原来的多佛旧城堡。在多佛悬崖之上有一个U形环状工事，这个老旧的山顶要塞可能在铁器时代就已经形成了。为了与这个U形环状工事相适应，亨利二世开始了雄心勃勃的、更大规模的防御工事建造。先是在这个山顶要塞的中心，建造了一个由内部堡场所围绕的方形主楼。接着沿原来U形工事遗迹，用石头修建了一个巨大的环墙，扩大了堡场范围，将坚固的城堡防御线有效地向外推进，甚至将城堡外墙的末端向右扩至悬崖边上。据估计1179～1191年，在多佛城堡上面花费了七千镑，这在当时无疑是一笔巨款。亨利二世在这个巨大城堡完成前去世了，建造工程由他的儿子理查一世和约翰继续进行，有记录说这两个国王都在这儿花费了相当可观的金钱，进一步改造和扩建多佛城堡。遗憾的是他们的续建工程具体项目大多没有文献记载，只能从后来多佛城堡围攻战的描述以及更后的维修记录中推测出些微信息：他们可能继续用石头巩固城堡的外层防御，包含建造在城堡围栏北段的巨大门楼，这可能是英格兰最早的一对鼓楼门楼；沿着城堡北部末端，将反时针方向的石制外墙至少伸展到了佩维里尔（Peverill）的大门，从所知的金钱的投入量判断，由约翰国王承担了这个工作的主要部分，包括门楼。总之，到约翰国王后期，多佛城堡的重建工程已经结束。根据前一个世纪不断改进的围攻技术和战术，城堡的形制也随之发生了一些显著变化，诸如向前突出的巨大的门楼，内堡与外墙之间扩展的堡场，更加坚固和延长的石制外墙等。这些变化使城堡防御更加易守难攻。1216年7月，法国王子路易兵临城下。

此时，多佛的看守官是国王约翰忠诚的支持者休伯特·德·伯格（Hubert de Burgh），他是肯特伯爵和英格兰的首席政法官，一个经验丰富的军人，1205 年他曾经成功地组织过希农（Chinon）城堡的防御。他所率领的驻扎在多佛的部队，包括一百四十余名骑士和其他大量的步兵及辅助武装人员，并且供给充足。城堡防御的成败对攻防双方都至关重要，也与英格兰的命运密切相连，如果多佛城堡被路易占领，路易就将处于一个更加强有力的地位，英格兰王国的历史可能将改写。因此，后来有学者指出："多佛城堡是英格兰的关键"。[1]

2. 多佛城堡围攻战的过程

根据历史记录，当路易到达多佛时并没有立即对城堡展开围攻，他和他的军队花费了几天的时间安顿和驻扎在附近城镇里和城堡周边。此时城堡里的驻军还可以在城堡主门之外的堡场里全副武装地列队演练。资料记载，外堡被橡树栅栏围绕，并有较宽的沟渠包围。围攻部队开始时围而不打，但对峙距离相当接近，以至攻守双方的军队在列队时，路易军队中的石弓都可以射向城堡守军。甚至在一次双方相互示威中，"一个名叫伊曼特（Ernaunt）的石弓手由于太接近城堡守军了，以致没有时间逃走而被守军捕获"。[2] 正式进攻于 7 月中旬开始，路易将他的军队一部分留在附近的城镇中，其他的移动到城堡前面的山上扎营，同时还派舰队到多佛城堡对面的海上，目的是恐吓守军。用于炮击城墙和大门的投石器处于随时发射状态，一个被描述为"由围栏组成的高城堡"的、用枝条做屋顶的围攻塔楼已经在现场建造完毕，从城堡与进攻的具体方位看，围攻塔楼被建造在城堡的北门前面。路易还用棚屋来保护他的工兵挖通道直到外堡的木制栅栏下，同时用一个上面有棚盖的门廊穿过沟渠。攻城开始后，战斗异常激烈，很快外堡就被攻陷。"一个名为瓦特·德·保内（Huart de Paon）的骑兵，擎举着贝休恩（Bethunne）领主的旗号，第一个登上了被轰开的外墙裂口。皮埃尔·德·克里昂（Piere de Creon），大门和外堡守军的指挥

[1] 约翰·古德：《多佛城堡和 1216 年围攻战》（John Goodall, "Dover Castle and the Great Siege of 1216"），《盖德拉城堡》（*Chateau Gaillard*）XIX，1998，注释 13。

[2] 同上书，注释 18。

者，在战斗中阵亡。”[1]

路易不断加强进攻，派遣工兵去城堡门楼之下挖掘坑道，以致两个塔楼中的一个倒塌。大量的士兵试图通过这个塔楼倒塌形成的缺口进入城堡，但是他们被守军激烈的抵抗击退，城堡的缺口很快被用从城堡中拆卸出来的包括横梁等巨大的木头或石头成功封堵。第一轮强攻失败了，双方僵持了很长一段时间，10月14日，路易与守军首领达成休战协定。几天后，10月18日，英王约翰死去，年仅九岁的儿子亨利三世（1216～1272）即位。这无疑是一个获取城堡的好时机，于是围攻部队尝试劝说驻扎部队承认法国王子为国王，从而取代年幼的亨利，但是这个提议被城堡守军拒绝。这时距离路易离开伦敦围攻多佛城堡已经三个多月了，在久攻不下的情况下，围攻的成本明显要大于防御成本，围攻部队最终耗不下去了，开始陆续撤离。1217年开始的几个月中，围攻部队在多佛城堡前面的营寨被摧毁，少数留守营寨的护卫被杀死。

多佛城堡攻守形势的转变，对路易寻求英格兰王位的成败具有重要影响。多佛城堡的驻扎部队在休战期间，加速城堡的维修和物质供给，并且有效阻止了对方增援部队登陆，这使路易感到十分不安，他立即决定于1217年5月12日再次围攻多佛。路易的军队仍在城堡前面的山上扎营，还带来了可能首次在英格兰出现的、在史书中被称之为“马尔罗辛”（Malvorision）的巨大的新型投石机械。据说，这种抛石机能够发射更重的弹药，可以把重达三十三磅的弹药打中二百码（1码≈0.9144米）范围内的目标。但这种投石机过于笨重，运输和组装极为不便，实际的使用效果并不理想。于是他又开始匆忙在多佛城堡对面的开阔地上建造令人恐惧的庞然大物——攻城塔楼。

然而，无论是新型的投石机，还是攻城塔楼这种令人惊骇的庞然

[1] 约翰·古德：《多佛城堡和1216年围攻战》（John Goodall, “Dover Castle and the Great Siege of 1216”），《盖德拉城堡》（*Chateau Gaillard*）XIX，1998，注释23。

大物，都没有使路易王子的军队攻破多佛城堡。不仅如此，多佛城堡的守军还利用其特殊的战略位置，主动出击，封锁或控制水陆要道，一方面阻止路易的法国援军从海上登陆，另一方面又分割路易试图穿过英格兰的军队，使路易的军队彼此难于支援和联系。1217 年 5 月 20 日，在附近展开的林肯战役中的法军又遭到了惨败。路易得知这个信息，知道他已经无法攻占多佛城堡了，于是命令拆卸在多佛的投石器和攻城塔楼，立即撤回伦敦。围攻多佛城堡无果，林肯战役又遭失败，再加上 8 月 24 日，在桑威奇（Sandwich）海战中，由休伯特·德·伯格领导的英国舰队对想穿过海峡前来增援的法国部队，给予了沉重打击，路易知道已经没有多少胜算了，于是放弃了取得英格兰王位的尝试，通过协商，体面地从英格兰返回到海峡对岸的法兰西。

3. 多佛城堡围攻战的启示

著名的多佛城堡围攻战，不能仅仅作为一个一般案例进行研究，它清楚地展现了像多佛这种城堡在国家政治危机中所具有的特殊重要的角色。多佛城堡之战说明，一、至少在 13 世纪之前，虽然阵地战、运动战已经逐渐增多，但围攻战仍然是当时的基本作战模式。据史料记载，被称为“最伟大的战士”的英王理查一世，“在其一生中不断地参与到围攻战中，甚至还在一次围攻城堡的过程中负伤而死，而他所参加的阵地战只有二三场”。[1] 二、虽然时至 13 世纪，随着社会文明的发展，包括英格兰在内的整个西欧社会，解决社会冲突和国际争端的方法越来越多，但以武力或以武力相威胁仍然是主要手段。三、围攻战的基本技术与战术虽然有所改进，但没有发生质的变化，挖掘坑道、投石机、攻城塔楼、示威炫耀、坚壁清野、恐吓劝降等仍然是其主要的军事技术和战术。四、城堡特别是一些规模较大的城堡，在防御敌人进攻时卓有成效，这些重要城堡仍然受到青睐，得到王室

---

[1] 迈克尔·普雷斯特维奇：《中世纪时期的军队和战争：以英国为例》（Michael Prestwich, *Armies and Warfare in the Middle Age: The English Experience*），纽黑文：耶鲁大学出版社（New Haven: Yale University Press），1996 年版，第 281 页。

财政的明显倾斜。例如，亨利三世在多佛城堡战役结束后的在位期间内，“王室城堡的支出总额达到 8.5 万镑，其中仅多佛城堡一座就用去了 7500 镑”。[1] 总之，单纯从军事角度看，王室和大贵族有条件建造更加强大和复杂的城堡，而这种城堡面对当时的军事技术和战术，优势也是相当明显的，此时的城堡还有不可替代的防御功能。因此不难理解这个时代仍然是城堡遍布的时代，令城堡军事功能衰弱的军事条件和其他社会条件还不完全具备，尚需时日。

第三节　军事变迁与城堡衰弱

从 9 世纪城堡兴起到 13 世纪，相当长的一段时间里，城堡在军事上都具有不可替代的作用。大约从 13 世纪中晚期开始，虽然仍有少量为军事目的而继续建造的城堡，但是建造得越来越多的是具有半防御性质的、有较好居住功能的城堡。它们虽然仍具有某种“军事面”，但实际上，建造它们更多考虑的是方便生活和炫耀身份，而不是提升军事力量。那么，又是什么导致城堡军事功能走向衰落的呢?

一、社会价值的降低使城堡逐渐丧失了战略重要性

在战争中，凡重要的军事目标都具有较高的社会价值，要么它扼守重要的交通要道，要么它是某地的政治、经济中心，要么就是攻克它可能对战争结局具有关键作用。城堡在中世纪早中期就具有这样的战略地位，城堡这种显著的社会价值，使其必然成为当时战争的攻防核心和首要目标。但这种情况在中世纪中后期发生了变化，表面的原因是因为战争频次大为降低，但这似乎不是根本原因。城堡军事功能

---

[1] R. 艾伦·布朗、H. M. 科尔文、A. J. 泰勒:《国王工事史》第一卷（R. Allen Brown, H. M. Colvin, A. J. Taylor, *The History of the King's Works*, Vol. I），伦敦：女王文书局（London: Her Majesty's Stationery Office），1963 年版，第 113 页。

走向衰落的深层原因，是随着中世纪的社会发展，城堡在经济、政治、居住等方面的实用价值不断走低。城堡的社会价值明显降低，即城堡在战略上逐渐丧失了重要性。

城堡的军事价值离不开它的政治和经济价值。绝大多数城堡不仅是军事要塞，更是不同范围内的政治和经济中心，“城堡作为地方分权化的政治中心，它的存在给当地民众和外来者深刻的政治统治的印象”。[1]同时，中世纪的城堡，也一直作为农业活动的中心而受到特别关注。中世纪的财富始终是用土地及土地上生产的产品来衡量的，当时的商品活动有限，交通不便，领主们很难将农作物大范围地运输，或在市场中与他人的产品进行交换，他们只能将产品运往附近的宅邸——城堡或庄园房子中。此外，城堡还是郡守及领主们实施行政管理和收集各项税款的所在地。因此，在中世纪攻克城堡就等于占据了该地区的行政中心和经济中心，城堡在这一时期的军事价值难以估量。

城堡军事功能在中世纪末期的衰弱，究其原因是它政治和经济价值的逐渐消失。如前所述，城堡主的政治角色在13世纪开始呈现转移的态势。当地领主的一些权力被转移给了国王和他的大臣们，国家的行政机构逐渐趋于中央化、专门化。这些变化又反作用于城堡，即不断集中的、扩大的行政中心需要更加宽敞的地方办公，导致城堡的设计从明显的军事特征走向表面军事化，实质上的官邸化或宫殿化，进一步削弱了城堡的军事价值。城堡的经济价值也是如此，中世纪前期那种乡村农户为生活在城镇或城堡里的富裕者供应生活必需品的、较为稳定的发展模式在后期发生剧烈变化，城堡的经济中心地位逐渐为发展中的城市所取代。在新的生活观念的影响下，领主们越来越崇尚舒适、高贵的生活方式，有的领主移居到了更适合居住的城市中的塔楼房子中生活，有的领主则在原来城堡附近另建起了以居住功能为主

---

[1] 玛丽莲·斯托克泰德：《中世纪城堡》（Marilyn Stokstad, *Medieval Castles*），韦斯特波特：格林伍德出版社（Westport: Greenwood Press），2005年版，第43页。

的庄园房子。在这种情况下，城堡在中世纪后期无论作为政治中心，还是经济中心，乃至作为部分大领主的宅邸的功能都开始走向衰弱。

城堡社会价值下降的直接后果，就是城堡围攻战逐渐较少。城堡在爱德华一世征服威尔士的过程中还发挥着重要作用，但在爱德华二世统治时期的贵族战争中，城堡的防御和围攻仅在个别的局部战争中才有重要意义。因为中世纪末期，战争的战略、战术方针，已经从原来的围攻战转向了阵地战，战场上越来越多的阵地战代替了旧式围攻战。关于玫瑰战争研究的新观点是："在玫瑰战争中就已经呈现出了明显的以运动战为主的迹象。大多数的司令官都认为如果有必要，都应当通过在战场上排兵布阵，快速果断地解决胜负问题，而不是固守在城堡这类防御工事中维持战略防御。"[1] 自 13 世纪中期开始直到中世纪末期，围攻城堡的次数一直持续减少。在反对爱德华二世的贵族叛乱和玫瑰战争期间，发生的围攻战屈指可数，即使在这些有限的围攻战中，城堡在军事问题上扮演的也是不太重要的角色。

二、雇佣军的大量出现削弱了城堡的战争作用

诺曼征服后英格兰军事组织的封建化，是城堡产生和存在的重要社会条件之一。封建军队以采邑为基础，以骑士为核心，尤其是重装骑兵，冲击力和机动性大大提高了骑兵的战斗力。"骑士和他们的骑兵扈从与其说是军队的核心，不如说就是军队本身；随军征伐的大群农奴后备步兵是不算数的，看来他们到战场上只是为了逃跑和抢劫。在封建制度继续繁荣时期，即十三世纪末以前，进行和决定一切战争的是骑兵。" [2] 以骑士为核心的封建军队对城堡具有特殊的需求，主要体

---

[1] M. W. 汤普森：《城堡的衰落》（M. W. Thompson, *The Decline of the Castle*），剑桥：剑桥大学出版社（Cambridge: Cambridge University Press），2008 年版，第 34 页。

[2] 恩格斯：《论封建制度的瓦解和民族国家的产生》，《马克思恩格斯全集》（第 21 卷），北京：人民出版社，1965 年版，第 455 页。

现在以下几个方面：一是骑士数量很少，需要城堡这种小型化的防御工事；二是骑士的贵族特性需要城堡同时具有军事和民用属性；三是骑士或以私人采邑为基础，或为更大贵族的私臣，使城堡要塞的私属化成为可能；四是骑士的复杂技艺及昂贵价值需要在城堡中学习或得到城堡有效的保护。从这些意义上讲，骑士与城堡的关系是封建社会中一对密不可分的关系，如果没有以骑士为核心的封建军队的存在，城堡存在的军事意义就会大打折扣。随着骑士制度的逐渐瓦解和雇佣军的大量出现，城堡在中世纪战争中的作用开始减弱。

骑士与雇佣兵在出现时间上，并不是截然分明的先后顺序关系。在整个中世纪时期，就军队构成来讲，始终都有骑士的存在，也始终都有雇佣军的存在，但在不同阶段侧重点和重要性大相径庭。在中世纪早中期，骑士无疑是战争中的武神与霸主；而到了中世纪晚期，雇佣军已经以主角的身份走到了历史的前台。“雇佣兵主要有三个来源，第一个来源是没有采邑的骑士；第二个来源是战争期间雇用的国内和国外的士兵，多是步兵和弓箭手；第三个来源是往往以集体为单位被雇用的联盟军队。”[1]雇佣兵的大量出现极大地削弱了骑士在战场上的重要作用，重装的骑士在军队中的数量愈来愈少，“十三世纪中叶，托马斯·德·桑坦普雷曾说到，在他的家乡教区里，骑士的人数就从上世纪末的六十个降到只剩下一两个，这只是总现象中的一个地方例证而已”。[2]从表面上看中世纪西欧的军队构成，确实有一个从骑士到雇佣军的演变过程，甚至以往也有学者认为雇佣军的盛行极大地动摇了骑士的军事地位，似乎雇佣军的出现是骑士消亡的原因。其实不然，雇佣军出现和骑士消亡并不是因果关系，它们共同受制于当时的社会发展条件，是大致相同的历史原因促使了它们此消彼长。因此，我们完全可以把雇佣军出现和骑士消亡这两种历史现象置于同一社会背景之

---

[1] 倪世光：《西欧中世纪骑士的生活》，保定：河北大学出版社，2004年版，第225～226页。

[2] [比]亨利·皮朗：《中世纪欧洲经济社会史》，乐文译，上海：上海世纪出版集团，上海人民出版社，2001年版，第73页。

中，来解析其兴衰的共同原因。

第一，经济的发展与变革提供了普遍使用雇佣兵的物质基础。以采邑、分封换取骑士服军役的制度，在经济方面是以落后的农业生产、与人身依附相联系的劳役和实物地租、市场与货币发展迟缓、国家缺少统一有效的财政收入等特定经济形态为基础的。随着中世纪中后期社会经济的发展与变革，这些采邑骑士制度赖以存在的经济基础条件陆续发生了重大变化。骑士存在的经济基础的丧失，雇佣兵可以被普遍使用的经济基础的出现，这是相反相成的一个问题的两个方面。首先，对骑士们自身来说，原本维持其骑士身份就是一项巨大的开支，在后来市场与货币得到发展的时候，骑士们的生活越来越奢华，支出越来越大，而其收入却没有多少增长，这造成了许多骑士因贫困而无法维持奢华的骑士生活，尤其是那些低等级的骑士，相当大的一部分人已经完全贫困化了，不得不靠受雇于大贵族以工资性的收入来维持生活，只剩下数量不多的一部分骑士还可以按传统的封建义务为封君提供军事服务。其次，中世纪晚期，以付盾牌钱代替服兵役的方式产生并流行起来，盾牌钱的出现对骑士服役制度造成了严重冲击。盾牌钱制度流行以后，各国国王和主要封建领主都用获得的盾牌钱去招募雇佣兵。“到中世纪末，我们就已经看到有骑士同他们的不知用什么方法召集的扈从队去受雇于外国君主，这种迹象表明了封建的军事制度的彻底崩溃。”[1]因为国家财政增加及货币、市场、自由民的存在，如同有钱就能买到商品一样，国家有钱就能雇用到军人，国家可以不依赖骑士的军役就能够从事战争活动，那么还有什么理由必须以采邑供养骑士，用封建义务把骑士禁锢在自己身边，而不去使用雇佣军呢？何况随着中世纪军事技术、战术的发展，使用雇佣军具有更高的性价比。于是，在战争中使用雇佣军的现象开始流行起来，15世纪末，雇

[1] 恩格斯：《论封建制度的瓦解和民族国家的产生》，《马克思恩格斯全集》（第21卷），北京：人民出版社，1965年版，第455页。

佣兵役逐渐成为许多西欧国家进行兵员补充的主要形式。

第二，军事技术的改进致使雇佣军具有更大的优势。对骑士最早构成致命威胁的新型武器是长弓。“训练有素的长弓手，可以每分钟十至十二支箭的速度发射，能射穿二百三十米之内骑士的铠甲。”[1]长弓之箭能够射穿骑士的铠甲，这动摇了骑士在战场上绝对的优势地位。对骑士构成致命威胁的武器更有后来出现的枪炮，一方面，枪炮的出现和广泛使用使得战争日益平民化，削弱了骑士的作战优势，打破了骑士对战争艺术的垄断；另一方面，枪炮对城堡也产生了致命的威胁，而城堡正是骑士和力量的象征。武器的发展进步使得军队的兵种和构成发生了变化，步兵的优势愈发明显。与骑士昂贵的装备相比，轻便火器的价格很便宜，使得不很富裕的社会阶层也能够买得起这种武器；同时还应看到，掌握轻便火器的使用方法远比学会骑马和使用冷兵器要简单得多。通常情况下，要成为一位真正的骑士，需要从小拜师学艺，并且需要经过长期严格甚至有些残酷的训练。而在使用轻便火器的时代，要想成为一名优秀战士就相对容易多了，因为既不需要特别强壮的体魄，也无需经过繁复、长期的训练。骑士通身包装的铁叶甲，由于愈发厚重，战马的行进速度越来越慢，骑士作战的灵活性也大为降低，很难适应运动战的需要，后来竟成为军事行动的桎梏。“14世纪初期以后，骑士在战场上不断遭遇败绩，由英国步兵组成的弓箭手，在1346年克雷西战役中打败了装备精良的法国骑士，1356年，法国骑士军队在普瓦提埃战役中，再一次惨败在英军不守“规矩”的战法之下。”[2]骑士在战场上连续不断的失败，使他们失去了社会存在的价值，从而进一步导致了骑士制度的彻底瓦解。

第三，雇佣军没有骑士军队的固有弊端，具有更高的战争效能。骑

---

[1] 西德尼·佩恩特：《中世纪史，284～1500》（S. Painter, *A History of the Middle Ages 284～1500*），伦敦，麦克米兰出版社（London: Macmillan）1975年版，第329页。

[2] F. 吉斯：《历史中的骑士》（F. Gies, *The Knight in History*），纽约：哈帕和罗出版社（New York: Harper & Row），1984年版，第150页。

士军队内部存在的许多弊病，也是其军事失势的根源之一。例如，骑士制度中的多重臣服现象，妨碍了骑士战斗力的充分发挥。有的骑士曾经宣誓效忠若干个领主，当这些领主之间发生战争时，他只好按封建义务把手下军队尽量分派到各位领主军中服役，如此一来，曾经在他手下朝夕相处的骑士们，有可能在战场上就成了“敌人”，这样的战争能否真正打下去，很值得怀疑。对此，马克·布洛赫评价道：“大量一仆数主的臣服行为注定成为瓦解附庸社会的主要因素之一。”[1]再有，骑士以采邑分封为基础，为了某人而私战的思想观念对骑士行为具有强有力的制约作用。骑士对他们首领或领主的个人忠诚度，经常对战争的结果有着极强的重要性。诸如战斗中的背叛、指挥官的阵亡或被捕获经常预示了事件的结果。另外，还必须注意到中世纪战争是贵族战争，这一点与现代战争模式恰恰相反。中世纪早期，战争作为一种贵族行为，有一套繁文缛节的程式化仪式。时过境迁，骑士们却不能与时俱进，仍然坚持旧的作战规则，在战场上讲究排场和礼节，盲目傲慢，藐视一切，使他们时常陷于被动挨打的境地。法国之所以在百年战争期间屡次败北，法国骑士疯狂地追求荣誉而不顾军事纪律和实际的战场情况是重要原因之一。例如，在克雷西战役中，法国骑士经过一天的长途跋涉到达战场时，已是筋疲力尽。此时，法国国王菲利普六世决定第二天再迎战英国军队。但是，当法国骑士看到英国人已在战场上严阵以待时，认为不发动进攻就意味着耻辱。于是，为了捍卫骑士的荣誉，他们不顾命令发动攻击，结果惨败。中世纪晚期，骑士在战场上所遵循的规则和正义的信念，已被现实战争中不讲究规则的残酷无情所摧毁。例如骑士誓言中有这样的规定：“决不在超过一对一的情况下进行战斗，要避免一切欺诈和虚假的行为。”于是“一场战斗往往演变为骑士个人之间的格斗，而头领们之间如此单打格斗的输赢是决定性的。由于作战象征着履行宗教和道德义务，因而有一种强烈的倾向，要依据既定的惯例和一套死板的

[1]［法］马克·布洛赫：《封建社会》上卷，张绪山译，北京：商务印书馆，2007年版，第345页。

规则来操作战争和战役”。[1]这种规则在骑士与骑士的战斗中是被遵守的，但到了中世纪晚期，当骑士与日益兴盛的雇佣军作战时，这种规则只会给骑士带来致命的伤害。因为雇佣军与骑士之间有很大不同，他们并没有骑士所具有的荣誉、忠诚、效忠、慷慨等观念，装备着长弓和火器的雇佣军只为金钱而战，为取得胜利往往不择手段。雇佣军中既有骑兵也有步兵，他们出身于各个社会阶层，大都受过专业军事训练，勇敢、残暴、富有作战经验。与传统的骑士相比，他们少了迷恋荣誉和讲究气派的虚荣，而多了实用，他们是更为纯粹的战士。于是新型雇佣军的大量使用最终瓦解了以骑士为主体的中世纪的“贵族战争”。雇佣军的使用还使军队规模迅速扩大，使大范围的阵地战成为可能。“14 世纪的英国，骑兵和步兵的招募比是 1∶2。15 世纪早期亨利五世统治时正常比例是 1∶3，到 15 世纪 40 年代招募工作变得更加频繁时，这一比例竟上升到 1∶10。而在军队规模上，1298 年英王爱德华一世入征苏格兰时，身边大约有三万人，而到 1340 年，爱德华三世及其盟友有近五万人的兵力，而他的对手法王菲利普六世在所有战场上调配的军队总数竟达十万人之多，这可能是中世纪晚期最大的作战组织规模。”[2]而采邑兵役制不可能形成这样大规模的军事组织。

雇佣军制度作为英国中世纪中晚期社会的一项重要制度，影响是巨大的。由于它建立了强大的足以贯彻国王意志的武装，增强了国王的力量，削弱了传统贵族的社会地位。特别是 1504 年通过的《取缔家兵法规》中规定：“凡豢养家兵的均应在王室法庭受审，一经供述、审诉以验明证据确凿后，即可将被告定罪。”[3]从法制上取缔了封建义务兵制，国王成为直接军事统帅，独自掌握武装力量，从而造成王权力

[1]［美］帕雷特主编：《现代战略的缔造者：从马基雅维利到核时代》，时殷弘等译，北京：世界知识出版社，2006 年版，第 4 页。

[2]［美］杰弗里·帕克等：《剑桥战争史》，傅景川等译，长春：吉林人民出版社，2001 年版，第 164、165 页。

[3]［英］阿萨·勃里格斯：《英国社会史》，陈叔平、刘成等译，北京：中国人民大学出版社，1991 年版，第 127 页。

量日趋强大。正如丘吉尔所说："自从以雇佣军代替封建义务兵以后，以土地为基础的关系便瓦解了；在中世纪英格兰，长期形成的刻板的社会结构从根基上发生了动摇。"[1]

三、新型火药武器的使用加速了城堡的衰弱

枪和火炮的使用，是西欧中世纪晚期武器装备进步的突出表现。由于通常认为城堡以军事功能为主，因此在以往有关城堡研究的论著中，关于火药武器与城堡衰落的关系是一个论述较为充分的话题。毫无疑问，城堡作为一种防御工事，与攻击武器是一种盾和矛的关系，两者的改进与发展是相互影响的，由于两者之间的影响最为直接和明显，以至被过多关注，甚至在一定程度上放大了新型火药武器在城堡衰落中的作用。事实上，如果从更加广阔与深入的视野观察，不难发现真正摧毁城堡的不是火炮，而是中世纪后期日益明显的政治集权与市场经济的发展。确切地说，虽然火药武器对城堡的命运具有直接影响，但不是决定性的，新型火药武器的使用只是加速了城堡早已开始的衰落进程而已。

目前已知在英国最先使用火器的人，是1304年爱德华一世的苏格兰战役中，一位叫琼·德·拉蒙利（Jean de Lammoilly）的勃艮第人。他使用硫黄和硝石——这是火药的两个主要成分——做出所谓希腊火来点燃斯特灵城堡（Stiring Castle）内的房子。"这是一种极易燃烧的混合物，里面通常包含了树脂，似乎这种东西并不适合远距离投掷，可能是把火药装满用两个先令买来的陶土罐中，然后扔向城堡。"[2]这种武器显

[1] ［英］温斯顿·丘吉尔：《英语国家史略》，薛力敏等译，北京：新华出版社，1983年版，第326页。

[2] 迈克尔·普雷斯特维奇：《中世纪时期的军队和战争：以英国为例》（Michael Prestwich, *Armies and Warfare in the Middle Age: The English Experience*），纽黑文：耶鲁大学出版社（New Haven: Yale University Press），1996年版，第287页。

然还不是火炮，其威力源于燃烧，而不是爆炸。有研究者认为，欧洲人将火炮作为武器使用的最早证据，是1326年左右两份手稿中的两幅图画。这两份手稿是英格兰爱德华三世的大臣沃尔特·德米拉尔特的，其中“一幅图画描绘的是一个穿铠甲的人小心地用一根赤热的棒对着瓶状炮火门，在炮口外出现一支箭，炮口对着一座塔楼的大门”。[1]还有学者认为火炮在1347年的卡利斯（Calsis）围攻中才开始使用。[2]火药武器不仅可以用于进攻，同样也可运用到城堡的防御上。例如，“1361年建于谢佩岛（Sheppey Island）上的昆伯勒城堡，在1365年，该城堡安置了两门大火炮和九门小火炮；1379年，卡里斯布鲁克的所有者购买了两门大炮和硝石，这暗示了火药已经在特定的区域使用。三年后，南安普顿城堡购买了一门火炮，枪也被提供给科夫、波切斯特、多佛城堡、特威德河畔的贝里克（Berwick-on-Tweed）和罗克斯堡（Roxburgh）”。[3]

尽管在14世纪初，火药武器就已经出现并投入使用，但在整个14世纪，甚至15世纪初的一段时间，火炮无论在防御，还是在进攻中，几乎都没有起到至关重要的作用。火炮之所以在这段时间作用不甚明显，大体有这样几个原因：一是特别笨重，对进攻一方来说不宜运输和及时配置；二是射程不远，虽然对付固定的防御要塞很有用，但仅能在很短的距离内使用，以致城堡内防御者很容易破坏敌人的进攻；三是发射速度慢，大型火炮不能满足实战中的射速要求。1383年的伊普尔（Ypres）围攻中，一门火炮每天只能发射五次，尽管后来发射速度几经改进，但也很难满足攻城或防御需要。此时，火炮的威力主要体现在对敌人的威吓中，是一种对敌人心理产生巨大压力的武器。有

[1] ［英］李约瑟：《军事技术：火药的史诗》，《中国科学技术史》第五卷《化学及相关技术》第七分册，刘晓燕译，北京：科学出版社，2005年版，第240页。

[2] 马修·约翰逊：《城堡大门的背后：从中世纪到文艺复兴》（Matthew Johnson, *Behind the Castle Gate: From Medieval to Renaissance*），纽约：劳特里奇出版社（New York: Routledge），2002年版，第122页。

[3] N. J. G. 庞兹：《英格兰和威尔士的中世纪城堡：一部社会政治史》（N. J. G. Pounds, *The Medieval Castle in England and Wales: A Social and Political History*），剑桥：剑桥大学出版社（Cambridge: Cambridge University Press），1990年版，第253页。

必要指出的是，那种小型的手持火枪可能更具有实用性，可使持有者和他的家庭的城堡和庄园房子变得更加安全。因此，在整个14世纪和15世纪初，传统武器仍然维持着它们的优势，这些传统武器继续在伦敦塔和其他地方建造和维护，枪在这时还没有取代传统的弩。只有当火炮等变得轻便而易于移动时，才在战争中发挥出巨大作用。

从15世纪中期开始，随着技术的改进，火炮的机动性、射程和射速都有了明显提高。例如，“1428年，奥尔良的英国火炮在一天多时间内能发射一百二十四次，1440年，在莱茵费尔登（Rheinfelden），这些武器每天可发射七十四次”。[1]火炮技术的提高极大地增强了对城堡的攻击能力，过去那些能在任何敌人的围攻下坚持一年的雄固城池，现在在一个月内就陷落了。军事评论家尼古拉·马基雅维利在1549年写道：“没有什么城墙能留存下来，无论多么厚，大炮也会在几天内将之摧毁。”[2]阿夫勒尔城堡曾在1415年反围攻中坚持了六个星期，在1440年坚持了六个月，而在1449年12月法王查理七世的围攻中，由于专门为此造的十六门大炮的轰击破坏，只坚持了十七天就沦陷了。而它只不过是法国从1449年5月到1450年8月，在诺曼底地区攻陷的七十多座英国要塞中的一座。可见，火炮武器发挥其最大威力的时候，已经是中世纪后期了。即使在这时，城堡的攻陷也不能仅仅归因于火炮，围城战的胜利需要火炮与其他攻城武器的通力合作，甚至在一些情况下，城堡的最终攻陷与城堡守卫者因食物匮乏所导致的饥荒有关。例如有史料记载的一场由英格兰人对苏格兰城镇的围攻：他们用大炮和其他围城装备向城镇发动了多次进攻，摧毁了许多民房；射出的巨石毫不留情地把教堂也夷为平地。但是苏格兰人抵抗得很英勇，以至于英格兰人无法迅速攻入。于是，他们采取了长期围困的方式，

[1] 毛里斯·基恩：《中世纪战争史》（Maurice Keen, *Medieval Warfare: A History*），牛津：牛津大学出版社（Oxford: Oxford University Press），1999年版，第181～182页。

[2] ［美］杰弗里·帕克等：《剑桥战争史》，傅景川等译，长春：吉林人民出版社，2001年版，第110页。

直到城里人粮食耗尽，束手就擒。

在分析新式火药武器与城堡衰落的关系时，既不能过分夸大火药武器的作用，也不能无视其在城堡演变过程中的影响。首先，可以肯定地说，城堡逐渐淡出中世纪舞台的根本原因不是因为火药武器的出现。火炮有能为对城堡形成毁灭性打击时已经是15世纪的中期了，而包括英格兰在内的整个西欧，城堡至迟在13世纪末，无论是在数量上还是在功用方面，就已经显露出明显的变化或衰态。究其根本原因，是封建制度的逐渐瓦解，反映的是中央集权、经济发展、民族国家意识增强、国内相对和平、社会文明等历史因素。即使没有火炮出现，这一历史进程也会持续下去。城堡厚厚的砖石城墙能够抵挡炮弹的攻击，也能够为自己的大炮提供平台，而且居高临下更能发挥其巨大的威力。“无论是城堡还是带甲的骑士都不是被新式火药自动地从战争中去除的，事实上，两者在整个16世纪，甚至更晚的时候，仍继续参与战争中”，[1]只不过已经不是战争的主要角色罢了。其次，尽管火药武器不是城堡衰落的根本原因，但火药武器对城堡的历史演变确实具有直接或间接的影响。第一，新型武器的出现对骑士构成了致命威胁。随着中世纪晚期火器不断改良并得到愈来愈广泛的使用，军队构成及作战方式都发生了巨大的变化。封建骑士需以城堡为依托，骑士衰落，城堡也必将随之衰落。第二，火炮等武器的使用削弱了城堡的防御能力，是城堡功能从军事转向民用的主要因素之一。火枪的引进和火炮的采用不仅影响城堡的设计，而且迫使小城堡主弃用了许多实际上没有多少军事意义的小城堡。第三，火炮的普遍使用不仅加速了中世纪后期城堡军事功能与民用功能的进一步分离，而且还在单纯军事城堡的基础上，促进了西欧近代早期国家防御体系的建造，这就是新型的火炮要塞。例如，16世纪亨利八世建造的沿海火炮要塞。由

[1] 约瑟夫、弗朗西斯·吉斯:《中世纪城堡中的生活》(Joseph and Frances Gies, *Life in a Medieval Castle*), 纽约：哈帕和罗出版社（New York: Harper & Row Publishers), 1974年版，第218页。

于法国的弗朗西斯一世和德意志皇帝共同入侵的危险不断增加，1539年，亨利八世制定了保护南部海岸的要塞计划。火炮被安置在从亨伯（Humber）到康沃尔（Cornwall）的易受攻击的防线上，尽管入侵危险消失，但建造计划仍然被继续执行。直到1547年，十八座火炮要塞从道文思（Downs）到法尔茅斯海港（Falmouth Harbour）被建造完成，大多数集中在多佛海峡，在通往朴次茅斯（Portsmouth）和南安普顿（Southampton）的通道上。这些要塞与中世纪城堡有很大不同，"它们并不为周边的庄园和行政区域服务；全部的海岸防御工事都由王室建造和支付费用；国王指派指挥官并派遣军队驻扎"[1]。毫无疑问，此类要塞的建造完全是经过深思熟虑的国家公共行为。

[1] N. J. G. 庞兹：《英格兰和威尔士的中世纪城堡：一部社会政治史》（N. J. G. Pounds, *The Medieval Castle in England and Wales: A Social and Political History*），剑桥：剑桥大学出版社（Cambridge: Cambridge University Press），1990年版，第300页。

第五章

中世纪社会文化与城堡

到目前为止，很少有学术文章直接探讨中世纪社会文化与城堡之间的关系。国外学者即使对城堡中的文化因素有所涉及，也多是只言片语，点到为止，缺乏系统与深入的研究。事实上，人类社会生活与其他动物群体生活的本质区别，就在于人类社会是一个文化社会。自从人类社会出现以来，人们的活动就脱离了盲目和本能，是一种社会文化活动。从广义上说，人类创造的一切都是文化；从狭义上说，文化主要反映的是人类生活的非物质形态，包括知识、信仰、艺术、伦理道德、法律、风俗以及作为一个社会成员的个人通过学习获得的其他任何能力和习惯。无论是广义还是狭义，文化都是一个宏大范畴，全面探讨城堡与文化的关系绝非本人能力所及，本章的研究思路是从狭义文化出发，对影响中世纪城堡兴衰的若干文化因素、城堡的符号象征主义表现以及与城堡相关的城堡文学、史学和建筑艺术等进行尝试性的简要分析。

第一节　影响城堡兴衰的文化因素

西欧中世纪城堡的兴衰不仅受制于当时经济、政治和军事等实在的社会结构及其变迁。日耳曼早期部族社会的暴力习俗、基督教文化的长期濡染，以及骑士精神的重塑等非物质文化因素在中世纪城堡兴衰的过程中也具有重要影响。

一、暴力习俗对城堡兴起的影响

暴力习俗是中世纪西欧承继的早期部落野蛮文化的一部分。暴力行为包括对他人人身的伤害以及对他人财产的抢掠，其实质是无视他人生命权利和财产权利的。中世纪西欧社会是由尚武的蛮族在罗马帝国的废墟上建立起来的，带有非常浓重的日耳曼蛮族嗜血尚武、残暴自私、掠夺成性的习惯特征，在当时人们的观念中，一个成年男子不仅要拥有健壮的体魄，还需要无所畏惧的勇气，在战斗中不怕流血和死亡。这些民族的战争文化带有某种原始的野蛮性，他们对生命与尊严有自己特殊的理解。

中世纪骑士面对战争即将来临，对战争的渴望心态，在下面的史料中得到了充分反映："令人愉悦的季节来临了，城墙将被摧毁，城楼将要倒塌，敌人将会饱尝囹圄和锁链的滋味。我喜欢矛被折断、盾被击穿，乌亮的头盔被劈成两半，我喜欢厮杀格斗。"[1]"当我听到交战双方'冲啊！杀啊！'的呐喊声和'救命！救命啊！'的呼叫声，当我看到有人倒下去……以及躺在路旁系有鲜艳三角旗的长矛所刺杀的死者时，我才吃得香，睡得沉，酒也喝得痛快。"[2]一位僧侣曾这样谈到一位骑士："他的一生是在抢劫、毁坏寺院与教堂、袭击朝山进香者和压迫孤儿寡妇中度过的。他特别喜欢砍去无辜者的手脚，仅在一所寺院里，人们便发现有一百五十个男女被他砍去了手臂或挖去了眼睛。他的妻子和他一样残忍，她让人割去那些妇女的乳房或让人拔去她们的

---

[1] ［德］诺贝特·埃利亚斯：《文明的进程Ⅰ：西方国家世俗上层行为的变化》，王佩莉译，北京：生活·读书·新知三联书店，1998年版，第298页。

[2] ［美］沃伦·霍莱斯特：《欧洲中世纪简史》，陶松寿译，北京：商务印书馆，1988年版，第158页。

指甲，使她们丧失劳动能力。”[1]这种崇尚暴力的习俗，不仅仅在骑士中盛行，而且整个社会都如此。“就连市民，那些小人物，比如像铸币匠、裁缝和牧童，也动不动就拔刀子。”[2]私人械斗司空见惯，家族仇杀屡见不鲜，无论生活在乡村，还是生活在城市，也不管身为贵族，还是底层平民，人们特别喜欢用直接暴力这种私力救济的方式来表达自己的激情。即使可能会为此付出生命，他们仍然在所不惜。可以毫不夸张地说，中世纪早期的文化，充满了好战与残暴，是有违人性的暴力文化和野蛮文化。“在这里凶暴，在那里又是精心制造的残酷，总之，到处都是腐化和背信弃义。难得有灵魂和善意的伟大心性，是能够穿透那个深沉的黑夜的。”[3]

中世纪早期在西欧普遍存在的这种崇尚暴力的传统习俗，虽然不是城堡兴起的直接社会条件，但毫无疑问是一种有利于城堡产生的文化氛围的构成部分。一方面那些被侵害的人们，在充满暴力的社会环境里，普遍感受到生命与财产面临着严重的现实危险，这种危险迫使人们寻求有效的保护，与当时其他历史条件相结合，集多种社会功能于一身的城堡迅速兴起就成了水到渠成之事。另一方面那些主动实施暴力行为的人们，在一个私人仇杀盛行的社会环境里，想必也会不断品尝到他人以暴制暴所带来的恶果，于是纷纷建城堡以自保。在暴力肆虐、抢劫横行的社会中，且不说身处底层的普通民众，即使是包括教会人员在内的封建贵族们也不免深受其害，因为贵族的人身和家庭更具经济价值，所以更有可能成为暴力侵扰的目标。于是，在这个施暴与受暴经常纠缠不清的世界里，无论是贫穷还是富贵，人们都充满了对和平的渴望。基督教会就是在这种背景下，率先扛起了引领社会和平发展的大旗。

---

[1] ［德］诺贝特·埃利亚斯：《文明的进程Ⅰ：西方国家世俗上层行为的变化》，王佩莉译，北京：生活·读书·新知三联书店，1998年版，第299页。

[2] 同上书，第307页。

[3] ［法］孔多塞：《人类精神进步史表纲要》，何兆武、何冰译，北京：生活·读书·新知三联书店，1998年版，第78页。

二、基督教文化对城堡发展的影响

中世纪西欧的世俗社会是四分五裂、封建割据的社会，这种权力碎片化的政治现实促使私人城堡变得活跃。在世俗世界分裂的同时，人们精神层面的统一却正在悄悄地形成。“10 世纪末到 12 世纪初，西方基督教世界真正诞生了，那些把拉丁语作为礼拜仪式用语的人们看到了一种超出他们差异的一致性……实际上，西方是在另一个基础，即宗教联合的基础上，逐渐重建起文化共同体意识的，这一意识将以前分散的人们聚合在一起。”[1] 随着罗马教会地位的上升，教会对世俗社会事务的影响和干预的范围日益扩大，对人们思想观念和行为模式的引导、规范和控制越来越富有成效。

“教会在将加冕仪式与教会仪式强加于基督教国家的国王或基督徒婚姻的同时，也在努力通过引入和平规则控制世俗社会的暴力”，[2] 从而实现所谓上帝的和平。教会在缔造上帝和平（休战）的进程中，对上帝和平的规则是逐步明确并不断改进的，其结果是对暴力行为的规制越来越严厉。首先，教会认为人们在社会结构中处于不同地位，不同的社会阶级或阶层应当分工明确，各司其职。就当时的社会构成而言，教会人员负责打造精神世界，商人、农民和手工业者负责物资生产，而身为贵族的骑士才有权实施武力。如此一来，也就意味着教会是想把暴力行为限制在基督教徒的一小部分人身上，即只有那些手持宝剑和盾牌的骑士才是合法暴力的实施者，不允许其他人动辄使用非和平手段解决纠纷。接着，教会又宣布即使是有权使用武力的骑士，也只能在大致对等的情况下以武力定胜负，不允许对其他没有构成武

[1] [法] 罗伯特·福西耶：《剑桥插图中世纪史（950～1250 年）》，李增洪、李建军、陈志坚等译，济南：山东画报出版社，2008 年版，第 73 页。

[2] 马乔里·奇布诺尔：《奥德瑞克·维塔里斯的世界》（Marjorie Chibnall, *The World of Orderic Vitalis*），伍德布里奇：博伊德尔出版社（Woodbridge: The Boydell Press），1984 年版，第 132 页。

力威胁的人滥施暴力，尤其要禁止对教会和教职人员施暴。如果有骑士违背教会的禁令，攻抢教会或伤害手无寸铁的牧师，或劫掠或伤害其他无辜，一律开除教籍。再后来，教会对实现上帝和平有了更高的标准和要求，教会认为每一个基督徒都有原罪，为了赎罪就要克制甚至禁止自己过分的欲望，其中与上帝和平密切相关的举措就是实行适时休战，不允许放纵施行暴力的欲望。在11世纪中期的阿雷斯会议上，上帝休战的规则得到了更加明确具体的阐述，即从星期三到下个星期一早上这段时间，像神职人员被严格禁止买卖圣职、发生性关系一样，领主被禁止从事战争。教会要求所有的人，即使是那些以从事战争为业，在暴力中寻求最大快感的骑士，也必须在战争中学会自我克制。“在1095年的克莱芒宗教会议上，上帝和平规则又被重新修订，不仅要求在一些重大的宗教节日期间，并且在其他所有时期，从星期三日落到下个星期一日出，上帝休战必须被遵守。”[1]上帝的和平不仅仅是教会发起的孤立运动，也得到了世俗力量的有力支持，事实上上帝和平一直是教会与世俗力量共同推动的结果。到了12世纪，上帝的休战禁令不仅是西欧教会法的一部分，同时也成了世俗民法的一部分。

当然，这些禁令在当时并不可能得到完全的遵守，正如沙特尔（Chartres）的主教伊沃（Ivo）曾写信向菲利普一世抱怨的那样，“如果将那些破坏上帝和平的骑士都开除教籍的话，他就不可能带着军队为国王而战了，因为几乎所有的骑士都会被开除教籍”[2]。尽管如此，那些禁令也绝非是一纸空文。基督教会的呼吁和禁令，明显减少了战争的频次或降低了战争的残暴性，正是经过教会发动的“和平运动”和“休战运动”，“11世纪前后骑士发生了三个方面的变化：其一是骑士皈

[1] 托马斯·弗雷斯特：《奥德瑞克·维塔里斯的英格兰和诺曼底教会史》第三卷（Thomas Forester, M. A., *Ecclesiastical History of England and Normandy by Orderic Vitalis*, Vol.3），纽约：AMS出版社（New York: AMS Press），1968年版，第64页。

[2] 马乔里·奇布诺尔：《奥德瑞克·维塔里斯的世界》（Marjorie Chibnall, *The World of Orderic Vitalis*），伍德布里奇：博伊德尔出版社（Woodbridge: The Boydell Press），1984年版，第136页。

依了基督教，由教会的敌人变成了‘基督的战士’，并将他们之间的自相残杀转变为对异教徒开战；其二是早期因拥有武艺和昂贵的战马装备而产生的自豪感变成了一种全新的自我意识——身份地位的神圣感、宗教使命感、社会责任感和骑士阶层的荣誉感；其三是其暴力活动受到限制，骑士宣誓要维护和平，并成为教会和平民的保护者”。[1]

基督教文化的长期濡染对当时人们的精神世界和行为模式产生了深刻影响。就与西欧中世纪城堡发展的关系而言，基督教文化至少在以下四个方面对城堡的发展产生了重要的影响或制约：一是普遍增加了城堡的宗教色彩，城堡不仅通常与教会中心、教堂、修道院等宗教场所相伴而建，而且在大贵族的城堡中，私人教堂是不可或缺的重要空间结构，成为社区重要的精神文化中心。二是随着基督教影响范围的扩大和精神控制力的增强，再加上各国专制君主权力的集中、城市的兴起，以及十字军东征对战争力量的移转，中世纪中后期各王国内部的封建私战逐渐减少。战争是城堡兴起的直接原因，战争的减少无疑会造成城堡总量的降低。三是“上帝和平”所导致的城堡军事功能的衰弱，也是中世纪中后期大量出现仅有城堡之表，而无城堡之实的宫殿型贵族府邸，以及城堡内部的结构向更加侧重民用与舒适化方向发展的重要原因。四是由于基督教的倡导与教化，一种不同于封建骑士风习的基督教骑士制度出现了。“教会不仅通过‘十字军东征’为欧洲失业的强盗找到了一份工作；而且还有效地开始了把封建城堡中那些残暴而又道德败坏的野蛮人改造成‘完美绅士’的艰巨工作。”[2]可以说，从中世纪中期开始，基督教在骑士精神的塑造中起到了至关重要的作用。骑士精神的再造改变了骑士的自我定位及整个社会对骑士角色的期许。封建骑士绅士化的过程，在客观上即一个封建军人逐渐

[1] 陈志坚：《西欧中世纪骑士的起源和演变》，《首都师范大学学报》（社会科学版），2002年第4期，第24页。

[2] ［英］F. J. C. 赫恩肖：《骑士制度及其历史地位》，载埃德加·普雷斯蒂奇：《骑士制度》，林中泽、梁铁祥、林诗维注译，上海：上海三联书店，2010年版，第9～10页。

减少对城堡依赖的过程，同时也是在一定程度上提高城堡中人们的生活品位或者改变其活动性质的过程。

三、骑士精神重塑对城堡演变的影响

中世纪早期的骑士，无论在欧洲还是在英国，都完全是一个封建式的人物。他们性格叛逆、野蛮好斗，带有非常浓重的日耳曼蛮族嗜血尚武、残暴自私、掠夺成性的习惯特性，其形象与古典文学作品中的典雅骑士相去甚远。随着社会的发展进步，封建骑士越来越成了不合时宜的人，他们的废除或转型成为新时代最迫切的需要。“西欧中世纪骑士在精神再造过程中经历了两次重要转变，一次大致是在 11 世纪，骑士从野蛮暴虐的武夫转变为‘基督的战士’；另一次是在 13 世纪左右，骑士由战士向绅士转变。教会的影响和社会环境的变化对骑士的转变起了主要作用。”[1] 骑士精神再造之所以能够得以实现，大致有这样几个原因：

第一，教会长期对其改造的结果。教会先后通过对骑士的授封仪式、对骑士行为的各种规制，逐步将基督教原则与骑士规范密切联系起来，引导骑士具有了一种超越现实利益的宗教意识，这种意识是骑士精神形成的重要基础。教会的官员最初可能只是为了限制基督世界内部的私斗而推行骑士精神准则。“到 12 世纪，在年轻人晋升骑士贵族的仪式上，要求他们将剑放到教会的圣坛上，宣誓要为上帝服务。这样一来，遵守骑士准则的贵族将会致力于为秩序、虔敬和基督教信仰的事业而献身，而不再是谋求财富和权力了”。[2] 毋庸置疑，教会长期不懈地对骑士形象的理想化塑造，“大大提升了社会道德与荣誉的水

---

[1] 陈志坚：《西欧中世纪骑士的起源和演变》，《首都师范大学学报》（社会科学版），2002 年第 4 期，第 23 页。

[2] ［美］杰里·本特利、赫伯特·齐格勒：《新全球史——文明的传承与交流》（第三版）上册，魏凤莲、张颖、白玉广译，北京：北京大学出版社，2007 年版，第 549 页。

平，丰富了骑士义务中的尊严思想。同样不可怀疑的是，有关完美女性的诗意概念，极大地扩展了礼节的范围，导致了一般性礼仪风俗的改良。在整个12～14世纪，涌现出来一批出类拔萃的个人，在世人的眼中，他们在体现骑士的美德与高雅方面做出了很好的榜样，只有通过他们，社会才从野蛮状态中逐渐地摆脱出来”。[1]

第二，贵族阶级内部学习与教育的结果。没有人会天生地举止高雅，骑士的优雅风度离不开后天的学习和教育。“在和平环境中，骑士不必再以习武打仗为要务，他们的大部分时间都在国王宫廷或主人城堡中度过，在这里人们并不看重膂力和武艺，骑士不能再以此获得荣誉。现在他们必须努力学习新东西，比如宫廷礼节和室内游戏，衣着服饰和审美品位，潇洒得体的举止和文雅风趣的谈吐，以及文学、诗歌和音乐……总之需要适应和掌握各种高雅时髦的社会风尚，以使自己能够融入上流社会生活，取悦于那些名媛贵妇。通过努力学习和贵族生活的潜移默化，过去雄赳赳的战士变成了文质彬彬、风度翩翩的绅士。”[2]不仅如此，从12世纪开始，在城堡或贵族居所中还逐步形成了培养贵族骑士的一般流程及主要的教育内容。社会普遍倾向于把人培养成为一个全才，服装要整洁漂亮，谈吐要高雅文明，社交要掌握分寸。未来的骑士往往从七岁开始就被告之：“敬畏上帝，坚守基督教信仰；虔诚和勇敢地服侍上帝；保护弱者和毫无抵抗力的人；不随意冒犯别人；为荣誉而活，对金钱不屑一顾；为全人类的利益而战斗；服从权威人士；捍卫骑士团的荣誉；避免不公正、卑鄙和欺骗；坚持信仰，讲真话；做事有恒心，坚持到底；尊重妇女；敢于接受来自同等地位的人的挑战，绝不临阵逃脱。”[3]这些

---

[1] ［英］F. J. C. 赫恩肖：《骑士制度及其历史地位》，载埃德加·普雷斯蒂奇：《骑士制度》，林中泽、梁铁祥、林诗维注译，上海：上海三联书店，2010年版，第24页。

[2] 陈志坚：《西欧中世纪骑士的起源和演变》，《首都师范大学学报》（社会科学版），2002年第4期，第23页。

[3] ［英］F. J. C. 赫恩肖：《骑士制度及其历史地位》，载埃德加·普雷斯蒂奇：《骑士制度》，林中泽、梁铁祥、林诗维注译，上海：上海三联书店，2010年版，第26页。

誓言的具体内容，反映了人性的高贵与尊严，体现了上流社会对文明的良好期待，经过数代人在一二百年间如此有意识、相对普及的骑士社会化过程，不仅对后来骑士的思想观念与行为举止产生相当重要的影响，也有利于行为规范在全社会的流行与统一，推动社会的文明进步与发展。

第三，宫廷文学的流行与传播对骑士精神的再造有潜移默化的影响。宫廷文学是中世纪欧洲特有的一种文学现象。从文学史的角度观察，宫廷文学具有这样四个方面的特质：一是在空间范围方面，它主要产生与流行在宫廷之中，作品的创作主体及受众大都属于上流社会；二是在传播方式方面，以特定人员面对面的直接语言媒介为主；三是在体裁方面，以骑士文学为主，包括歌曲、抒情诗、历史传奇、骑士小说等；四是在内容方面，以崇尚典雅高贵为主，讴歌男女浪漫爱情，崇拜勇武忠诚，赞美谦逊优雅，反映了骑士贵族的理想和追求，同时，又都对骑士贵族的价值观、人生目的与追求产生了不可低估的影响。12 世纪末至 13 世纪，游吟诗人们往来于各个贵族宫廷之间，在这些地方，他们吟唱歌曲和诗歌、朗读小说、表演戏剧，推动了以骑士生活为主要内容的宫廷文学的广泛传播。当然，宫廷文学不会在一个早晨就把粗鄙的武夫立即改造成为优雅的绅士，骑士原则的确立和新型骑士的塑造是一个长期的过程，文学的影响是潜移默化的。正如埃德加·普雷斯蒂奇所说："中世纪文学的特殊重要性，在于它比编年史更能够让人了解骑士的行为，而且给人以激励。从儿童时代就熟知骑士浪漫，青年时竭力效仿他们所崇拜的英雄，期望有那么一天，他的名字也能载入编年史册。"[1] 托马森甚至认为："即使诗以虚假的方式呈现给我们。我也不会鄙视它，因为它创造了文雅智慧的人物形象；即使编写的故事不是真实的，那么它也给那些渴望追求诗中所描绘的

[1] 埃德加·普雷斯蒂奇：《骑士制度：它的历史意义以及文化影响》（Edgar Prestage, *Chivarlry, Its Historical Significance and Civilizing Influence*），伦敦：劳特里奇（London:Routledge），1996 年版，第 183 页。

生活的人以希望与心理上的满足。”[1]受亚瑟王圆桌骑士传奇故事等宫廷文学的影响，到了13世纪末，一种被称为“圆桌骑士式”的比武大会也开始流行起来，比武按既定的规范进行，骑士们使用非实战性的钝兵器代替过去那种轻易就能致人伤亡的锐器，以表演性的格斗招式取代了以往真刀实枪的血腥混战。比武形式的这种变化，也说明了典雅正逐渐成为骑士追求的一种新的时尚，骑士们正从原来的那种英勇、粗野的形象向英勇且典雅的目标转换。

从社会文化变迁角度看，骑士精神的重塑，明显是一种社会进步。尽管有时现实角色与理想角色还有较大距离，但它还是坚定地朝着更完美的时代与自由的方向迈进。由于城市的繁荣，商品经济的日益活跃，各种各样的社会交往越来越频繁，人与人之间的关系日益密切。人们越来越注意不能伤害别人，越来越希望顾及别人。甚至到后来的14、15世纪，随着行会市民阶层的崛起，“人们说话的语气，甚至连风俗习惯都发生了某些变异”。[2]骑士精神的重塑及对社会风气的影响，促进了社会的文明进步与和平发展，在减少了社会对城堡需求的同时，也使城堡的类型与功能发生了明显的改变。一些城堡开始不再囿于或侧重其军事功能，而是逐渐发展成为社会交际的场所和中心。在相对和平的环境下，骑士们再也不用像中世纪早期那样，频繁地在各式各样的战场上厮杀。“于是便有时间更多地融入到妻子和家庭的活动圈子中去。领主们开始在自己那较为宽敞的大厅里，或在外面筑起一个聚会的庭院，在这里，女士的优雅有了一展芳华的机会；土地租佃中间商[3]的儿女们，被送到这里来学习艺术以及与他们的未婚身份相适应的各种技能；歌手、小贩、游方僧及其他徒步旅行的教师，把世界各

---

[1] 约阿希姆·布姆克：《宫廷文化：中世纪盛期时期的文学与社会》（Joachim Bumke, *Courtly Culture: Literature and Society in the High Middle Age*），伯克利：加利福尼亚大学出版社（Berkerly: California University Press）,1991年版，第321页。

[2] ［德］诺贝特·埃利亚斯：《文明的进程Ⅰ：西方国家世俗上层行为的变化》，王佩莉译，北京：生活·读书·新知三联书店，1998年版，第133页。

[3] 指的是从地主处租赁土地，再转租给农民，从中获利的商人或有钱人。

地的消息和他们行业的产品带到这里来。文明之花开始再度绽放；音乐、诗歌、手工工艺、绘画、雕塑、建筑开始萌发出新的生命来。”[1]

第二节　城堡的象征意义

几乎所有的城堡都是所在地区的标志性建筑。城堡代表了人文景观与自然景观的完美融合，两种景观的交相辉映使城堡具有了更加特别的象征意义，贯穿于城堡兴衰的整个过程。作为有意识构建的象征符号，城堡体现了当时的社会结构和思想观念，是特定社会时代精神的外部表现形式。城堡空间结构的组合与变化蕴含着丰富的社会信息。与实用功能比较，城堡的象征功能具有能动性、久远性、稳定性和多样性等特点。

一、城堡具有满足精神需要的功能

在中世纪西欧的大地上，城堡绝不是随意建造的，建造时也不会仅仅因为实用功能而改造相关景观。是否建造城堡？城堡建在哪里？如何与已经存在的景观有机结合？这些都是需要认真思考的问题，对这些问题的回答，展现了当时社会的价值观念、审美思想以及那个时期特定的社会背景。毫无疑问，“建筑是人类表达思想观念的最好载体之一，记载着人类存在意义的历史”。[2]

为了更好地说明城堡具有满足精神需要的功能，这里不妨引一个普通的中世纪城堡建造的例子。诺福克的阿卡城堡（Castle Acre）大约于11世纪70年代由瓦伦（Warenne）家族开始建造，12世纪40年代改造后基

[1] ［英］F. J. C. 赫恩肖：《骑士制度及其历史地位》，载埃德加·普雷斯蒂奇：《骑士制度》，林中泽、梁铁祥、林诗维注译，上海：上海三联书店，2010年版，第18页。

[2] ［挪威］克里斯蒂安·诺伯格－舒尔茨：《西方建筑的意义》，李璐珂、欧阳恬之译，王贵祥校，北京：中国建筑工业出版社，2005年版，第7页。

本定型。[1]从历史记载上看，这个时期整个诺福克地区并没有什么大的战乱，这个城堡也几乎没有什么防御能力，瓦伦家族建造这座城堡的直接动因只是因为“其他几位贵族在这个地区建了城堡”。该城堡坐落在纳尔河（Nar River）以及著名的佩达尔斯大道（Peddars Way）这两个重要的交通要道附近。从城堡现存的遗址上可以清楚看出，佩达尔斯大道在城堡的南边明显地偏离了它原有的路线。来访者从南面接近城堡时，首先展示给他的精美景观是至关重要的隐修院；然后道路转入到洼地，这时隐修院隐而不见，而当来访者穿过峡谷底部并爬上对面的斜坡时，一幅完整的视觉影像变得格外明晰。尽管已经过去九百多年了，但包括隐修院、城镇和城堡在内的远景仍令人震惊，隐修院占据了前景，城镇位于中心，城堡在背景中极为醒目。毫无疑问，阿卡城堡为人们展现了一个为了进入城堡而精确设计路线的实例。经由这条重新改道的路线进入阿卡城堡，是为了向拜访者展示一种合适的令人印象深刻的画面，可见城堡景观需要有意识地构建。城堡内外的道路不是随意安排的，除了考虑实用功能外，还要考虑到人们如何进入城堡，应当看到什么，不应当看到什么，也就是说城堡景观并不是随意进入他人视野的，城堡主希望有目的地向他人传达某种他希望传达的信息。该城堡的设计不仅注意到了主要路径的景观，其他次要的路径也没被忽视。佩达尔斯大道在城堡的北面被不同程度地改造，改造的结果是任何拜访者或旅行者想要从这个方向接近城堡，将不得不经由城堡主的公园和养殖场，正如我们所知，这些场所的有无及规模大小恰是领主经济实力的一个重要象征。

阿卡城堡的兴建以及在建造过程中对相关景观的改造，对我们理解“城堡是时代精神内涵的外部表现形式”[2]的观点颇具有启发意义。

---

[1] 罗伯特·利迪亚德:《环境中的城堡：权力，象征和景观，1066～1500》(Robert Liddiard, *Castles in Context: Power, Symbolism and Landscape, 1066～1500*), 伯灵顿：温德盖德出版社 (Bollington: Windgather Press Ltd.), 2005 年版，第 134～139 页。

[2] [瑞士] 雅各布·布克哈特:《世界历史沉思录》，金寿福译，北京：北京大学出版社，2007 年版，第 71 页。

第一，城堡在战争中是人们赖以保护自己性命与财产的有效工具，这就在它上面罩上了一种特殊的光环。它们通常会受到尊重，是力量的象征，有时甚至是崇拜的对象。西欧中世纪是战争频发的时代，“更是有雄心的人努力追求社会地位和维持权力的年代，而这些荣誉和成功的最明显标志，就是建造和拥有城堡”。[1]第二，城堡在建造之初，以及之后的各种改造都不得不对其自身和附近景观做必要的改动。这种改动在通常情况下都是有意识的。有些时候，只要自然和技术条件允许，为了满足当时的社会价值取向和城堡主自身的审美需求，领主们不会对大自然或原有景观手下留情的。第三，在当时，该城堡所处地区并没有经历什么较大的战役，该城堡也几乎没有什么军事功能。阿卡城堡之所以得以兴建并不断完善，在很大程度上是因为城堡是会说话的建筑，是城堡主地位的象征，是权力等级和财富的展示，是有意识并能够为外界明确感知的符号，是封建领主完美的建筑表达方式。这说明在有些情况下，城堡并非仅是为了满足军事、政治需要而建，甚至与这些实用功能没有多大关系，而仅是城堡主们在权力、地位和财富方面“和平”式比拼的产物。关于城堡整体上的象征意义，有一位当代历史学家的见解十分精到：“卡那封及类似的城堡给人的整体印象是：这是国王长期的军事支持者，一群贵族好战分子，为满足战争欲望而穷奢极欲、挥霍无度的结果。他们就是当今美国‘星球大战’计划在中世纪时期的前驱。”[2]

二、城堡象征意义的若干具体表现

城堡空间结构的组合和变化传递着重要的社会信息，城堡特殊部

[1] 利泽·E. 赫尔：《不列颠的中世纪城堡》(Lise E. Hull, *Britain's Medieval Castles*)，伦敦：格林伍德出版社（London: Greenwood Press)，2006年版，第125页。

[2] [以] 马丁·范克勒韦尔德：《战争的文化》，李阳译，北京：生活·读书·新知三联书店，2010年版，第46页。

分的位置和设计不仅为具体的实用功能服务，城堡的结构也包含着骑士的习俗、特殊的生活形式和以往历史的传说，同时也象征性地反映着人们不同的社会地位。下面选择几处城堡的重要空间结构，做一稍微具体的描述。

首先，来到城堡的门楼前。门楼是城堡的门面，门楼的规模、结构代表了城堡主的经济实力、政治权力和在社会精英阶层中的地位。门楼正面有两个地方最能引人关注：一是家族纹章，城堡主把具有浓厚历史沉淀的家族纹章或制成金属徽章悬挂于城门之上，或直接嵌刻在城堡的墙体上，十分醒目，述说着该城堡主家族的历史；二是城门两边城墙上的垛眼，城堡垛眼必须经过王室许可才可以修筑，每一个建造城堡的贵族都希望自己能够获得筑垛许可，这对城堡主而言，更多地是为了展示地位和身份，而不是军事功能。“中世纪西欧城堡筑垛在与同时期或稍后的日本城堡相比较中，更能反映其文化象征意义。日本的城堡，也是既有军事价值，也有象征作用。令人奇怪的是，日本从来没有建造过雉堞形城墙，有人推测，这说明这种前现代时期军事建筑中最常见的特色，其创意都是更多地出自文化传统而非军事上的实用考虑。”[1]当来访者在门前等待时，有充足的时间通过纹章和城堡垛眼来确定城堡主的身份，了解城堡主的社会关系和社会地位，因为这些都可以通过城堡的“表面”展现给世人。

随后，要通过城门进入城堡。城门的不同设计及开启场合也同样具有重要的社会文化意义，被允许通过哪种规格的城门进入城堡，则要根据来访者的社会地位的不同而区别对待。对社会地位较高的来访者，可能需要打开大门，城堡主站在城墙垛上在喇叭声中亲自迎接，而跟随这位尊贵客人来的其他人则可能通过旁边的小门，或者嵌在较大城门上的小型城门进入。许多小门的高度设计得非常低，而门槛又

[1] [以]马丁·范克勒韦尔德：《战争的文化》，李阳译，北京：生活·读书·新知三联书店，2010年版，第44页。

很高，以致低等级的客人不得不抬起他们的腿跨过高高的门槛，以相当没有尊严的弯腰姿势进入。不仅如此，等级更低的客人往往只能期待通过级别更低的城门进入，这种门基本上是永久性或至少是半永久性开放，它是19世纪仆人入口在中世纪的初级版。

接着，走进城堡大厅（Hall）。城堡大厅是中世纪城堡建筑中最重要的一个场所，是城堡内人们集会、生活、用餐和节日庆祝的中心，是城堡主进行司法活动和实施行政管理的地方，是展现封建权力、表达贵族之间敬意乃至交换礼物的地方。随着城堡大厅重要性的不断提高，它的装饰、物品摆放等都具有权力、等级的象征意义。“以桌子的摆放为例，为了增强社会联系和彼此之间的支持和信任，当大厅出现活动时，重要人物的桌子通常置于房间的末端，便于主人进行演讲，而其他人的桌子则与主桌成垂直角度放置；同时，主人背后巨大的窗户可以使主桌更加明亮。”[1]大厅的空间、窗户、家具和纹章等也都体现了城堡主的身份地位。如“格洛斯特郡的伯克利城堡（Berkeley Castle）大厅，高32英尺、长62英尺、宽32英尺，巨大的空间使得来访者感到庄严肃穆。进入大厅时首先要通过一条两侧有精美雕刻的长廊，大厅对门那面墙的正中悬挂着一个令人瞩目的纹章盾牌，大厅顶部有反映中世纪特点的木制横梁和彩绘天花板，此外，还有典雅的家具、墙壁挂毯、彩色的玻璃窗户以及大型的古朴屏风”。[2]这一切都恰到好处地显示了主人的社会地位、经济实力和生活品位。

最后，参观卧室。当客人们在大厅用餐后，主人经常会带领他们来到城堡中的卧室，卧室通常也是一个炫耀主人身份和辨别客人身份、地位的重要地点。城堡主的卧室一般都有壁炉和衣橱柜，且用绘有动

---

[1] 玛丽莲·斯托克泰德：《中世纪城堡》（Marilyn Stokstad, *Medieval Castles*），韦斯特波特：格林伍德出版社（Westport: Greenwood Press），2005年版，第67页。

[2] 利泽·E. 赫尔：《不列颠的中世纪城堡》（Lise E. Hull, *Britain's Medieval Castles*），伦敦：格林伍德出版社（London: Greenwood Press），2006年版，第138页。

植物的精美壁画装饰墙壁，主人与重要的客人经常在这儿讨论商业和政治上的问题。一篇 14 世纪晚期的法国文章特别提醒人们要留意下面的花园，领主“思索的地方通常有私人通道与花园相连”。[1] 罗伯特·吉尔克里斯特（Roberta Gilchrist）更指出城堡的卧室不仅显示了“私人”空间被逐渐认可和尊重，更表明了一种城堡内部权力识别和性别区分的重要性。女主人在紧靠花园或小教堂的位置上有单独的卧室，在一些城堡中，女主人这些“私人”套间通过长长的廊道与城堡花园相连，并且还有通往私人小教堂的独立通道。作者暗示这些卧室并不是简单的“私人空间”，“它们展示了一套城堡主人与周边环境联系的权力鉴别及选择系统”。[2] 简而言之，在城堡内不同地位的人占据不同的空间，而到达相同的公共区域，不同的人要走不同的路线。

三、城堡象征功能的几个特点

第一，城堡的象征功能具有能动性。城堡的象征功能需以实用功能为基础，但并不是实用功能简单的被动反映，实际上城堡的象征功能往往有助于促进实用功能的充分发挥。当人们看到巍峨耸立的城堡，震惊于眼前高大的门楼和塔楼、坚固的城墙以及宽阔的壕沟和护城河；看到塔楼上站岗的护卫及进出大门的骑士，惊叹于它内部强悍的军事力量，即使有时城堡内没有军人护卫，人们也会把城堡和可怕的军事能力等同起来。同样，城堡的政治和经济功能也是如此，城堡之所以具有政治、经济功能主要是因为它是当地统治者的宅邸和行政中心，领主在城堡内处理其所管辖地区的相关事务。但这些具体的管理活动并不是所有人都有机会亲身感知的，城堡周边的人往往会将城堡

---

[1] 马修·约翰逊：《城堡大门的背后：从中世纪到文艺复兴》（Matthew Johnson, *Behind the Castle Gate: From Medieval to Renaissance*），纽约：劳特里奇出版社（New York: Routledge），2002 年版，第 81 页。

[2] 同上。

内行使上述权力的城堡主与城堡紧密联系在一起，以至于将城堡与领主的政治或经济支配力等同起来。当他们看到领主在城堡的大厅或城门前审理案件后，就会认为城堡自身具有一种神秘的力量，这种日益强化的意念反过来更加增强了城堡的现实统治力。

第二，城堡的象征功能具有久远性。这是指在时间上城堡的象征功能要早于实用功能存在，而且存在得更加永久。城堡的军事功能、政治功能和经济功能随着城堡建筑完成而存在，并随着时间的流逝和时代的变化而逐渐衰弱，最终这些实用功能分别在中世纪末期或近代早期，最晚在17世纪都相继消失了。城堡的象征功能则不同，它从开始建造就已经存在，而不是像实用功能那样，只有在城堡建造完成后才能体现。当城堡主为他的城堡选址，为建造城堡强征劳工时，或当建设者刚刚堆起土堆、筑起城墙时，它就已经成为暴力与权力的象征。同时，城堡的象征功能具有相对独立性，不仅贯穿城堡兴亡的始终，即使是在城堡被彻底摧毁或遗弃后，仍然存在。例如，有的城堡哪怕只剩下废墟，所见者也能感受到当初掌控一方的封建领主的威风。甚至有的城堡连废墟都没剩下，遗址被其他建筑物所取代，就算只是立个“原某城堡所在地”的牌子；或者就凭导游的讲解或当地人的传说，也能让人们对久远之前存在过的城堡遐想万千，可见城堡象征功能的永久性多么明显。

第三，城堡的象征功能具有稳定性。这是指城堡象征功能从其产生伊始，其强度相当稳定，并没有因社会变迁而产生波动。稳定性与久远性不完全是一回事，久远性体现的是时间长度，稳定性体现的是功能强度。城堡的政治、经济和军事等实用功能的强度，在中世纪初期最高，随着时代的发展在中世纪中后期有明显的衰弱趋向，而象征功能则不同。在城堡的实用功能先后呈现明显下降趋势之后，城堡的象征功能并没有随之一同下降，由于对历史文化的怀念与传承的需要，城堡的象征功能反而得到了进一步的提升。甚至当城堡的实际作用几乎被淡忘了几个世纪之后的18世纪晚期，作为时尚与浪漫运动的一部分，“中世纪城堡”模样的房子还被建造在一些显眼的地方，甚至在外观上故意标榜自己为“城堡”。从社会学的视角看，近代这种城堡建筑形式的短暂复苏，完全缘于城堡所固有的象征魅力，是新贵族攀附高贵、彰显传统文化的一种特殊表现方式。

第四，城堡的象征功能具有多样性。从总体上看，城堡的实用功能在多数情况下是单一的，城堡的军事、政治和经济功能彼此之间有着比较清楚的界限。而城堡的象征功能则有所不同，每一个象征符号都可能具有两重甚至多重意义，这是由它的形成特点所决定的。抽象的符号象征依托具体的事物而存在，而该事物因为具体情况的不同，可以被理解成多种含义。例如主要体现政治功能的城堡大厅，既可以象征政治权力，也可以象征经济实力；体现军事功能的城堡垛眼，既可以象征尚武传统与骑士精神，也可以作为反映城堡主与王室亲密关系的政治性纹章；再如城堡附近的鱼塘、鹿苑等景观具有实际的经济功能，它既象征了领主的经济实力，也象征了领主的政治身份，因为没有一定的经济实力建不了鱼塘和鹿苑，而没有一定的政治背景也不允许修建这些场所。当然，城堡象征功能的多样性与其实用功能是密切相关的，并以实用功能为基础，如城堡在其军事需要占上风时，它的军事象征意义就会相对明显；而在和平时期，城堡的政治、经济象征意义则往往更加突出。

第三节　城堡与文学、史学及建筑艺术

中世纪城堡，历来都让人感到恐惧和神秘。牢固的城墙、高耸的塔楼、宏伟的门楼和宽阔的护城河，令人恐惧；传说中的黑暗地窖、监狱、贵妇人的卧室以及那些围在她们身边的骑士们，让人们感到神秘。这种神秘、恐惧的氛围，为中世纪直至今天的文学、艺术家提供了不竭的创作灵感。城堡与中世纪的文学、史学及建筑艺术的关系，是一个比较大的题目，既涉及历史问题，更涉及文学、艺术的专业问

题，这里只是对这些有必要进一步拓展的研究空间，略做探察。

一、城堡与浪漫文学

城堡是充满浪漫风格与神秘色彩的地方，“城堡在浪漫文学中作为文学手段扮演了特殊的角色”。[1] 在反映西欧中世纪社会生活的文学中，城堡与骑士经常密不可分，但就范围而论，可以将与城堡相关的文学作品单独称为城堡文学。它不仅包括骑士文学中的史诗、抒情诗、传奇、浪漫故事等文学作品，还包括与“龙”相关的屠龙小说、与女巫相关的童话故事等更为离奇的作品。以城堡为重要背景之一的中世纪文学，在其发展的过程中大致可分为三个阶段。

首先，11 世纪和 12 世纪是浪漫文学的英雄史诗阶段。最早的作者以拉丁语作为创作的主要语言，主题是歌颂原始部落中英雄人物的勇敢精神和光辉事迹。后来，诗人们可以同时使用传统的拉丁文和各国的本土语言进行写作，这种方言史诗最开始在法国北部的贵族阶层中流行，常在贵族的城堡大厅中吟诵，内容大多是中世纪早期的英雄传说，如《贝奥武夫》，[2] 讲述济兹王子贝奥武夫与怪物格伦德尔搏斗，怪物断臂而死。怪物之母为子复仇，又被追踪杀死。贝奥武夫成为国王后，面对火龙来犯，他以老年之身杀死恶龙，自己也重伤而死。最后，人民为他举行了隆重的葬礼。该诗通过不同人物的对话，突出不同人物的性格，描写当时贵族社会的生活状况，显示贝奥武夫那种豪爽、正直、勇敢、爱民的品质。总之，“英雄史诗里的主角们都是情感丰沛，并且擅于表达情感的男子汉式形象，表现的是封建社会早期的尚武精神和骑士间的铁血友情”。[3]

---

[1] 罗伯特·利迪亚德：《环境中的城堡：权力、象征和景观，1066～1500》(Robert Liddiard, *Castles in Context: Power, Symbolism and Landscape, 1066～1500*)，伯灵顿：温德盖德出版社（Bollington: Windgather Press Ltd.），2005 年版，第 122 页。

[2] 《贝奥武夫》(*Beowulf*)，是一部完成于 8 世纪左右英国盎格鲁－撒克逊时代的英雄史诗。

[3] ［美］朱迪特·M. 本内特，C. 沃伦·霍利斯特：《欧洲中世纪史》，杨宁、李韵译，上海：上海社会科学院出版社，2007 年版，第 317 页。

其次，12 世纪初至 14 世纪末是浪漫文学的盛期。这一阶段文学发展的最大特点，是由前期的战争史诗，开始向富有情感的浪漫传奇转变，创作语言也开始以本民族语言为主。但英国的文学创作因诺曼征服而深受法国影响，法语在 12 世纪流行于英国，并持续了很长时间，早期的法国浪漫文学在英格兰的贵族礼仪形成上起过重要作用。在法语继续流行的同时，以一种称之为盎格鲁 - 诺曼方言撰写的浪漫文学在英格兰得以发展，并在之后越来越多地提供了中世纪英国浪漫文学的基础和灵感，在风格上展现出了独有的特征和魅力。在 12 世纪晚期至 13 世纪中期的英格兰，浪漫文学不仅在内容和表现方式上有所变化，而且阅读与传播的地方也发生了变化。“阅读成了少数人的高雅和休闲活动，城堡大厅已经不再是吟诗和阅读的理想场所，吟诗和阅读这种高雅活动越来越多地转移到了贵族城堡或其他宅邸中的私人卧室里。”[1] 这个变化与这一时期的社会变迁相适应，1100～1300 年是中世纪社会各个方面不断发展进步的时段，社会财富增多，新兴城镇和旧城镇都有所发展，城堡建筑在这一时期也逐渐向更大程度上的民用化和私人化转变，不再像前期那样在城堡大厅中同时进行私人和公共活动，而是将阅读、会客等活动置于他们的私人房间之中，这些地方成为展示包括浪漫文学和英雄史诗在内的文学作品的重要舞台。

14 世纪末至中世纪结束，是浪漫文学的衰落阶段。在这段时间里反对战争的文学作品越来越多，骑士传奇或战争故事仅能够作为理解和阐释上帝关于战争观念的文字被阅读，如乔叟的《坎特伯雷故事集》。[2] 乔叟就生活在这个时代，亲眼看到英国在英法战争中从胜利逐步走向衰落的过程，战争的残酷和厌战情绪在他后期作品中多有体现。再如 15

---

[1] 彼得·科斯:《中世纪英格兰的骑士，1000～1400》(Peter Coss, *The Knight in Medieval England, 1000～1400*), 转引自斯特劳德·格罗斯:《艾伦萨顿》(Stroud Glos, *Alan Sutton*), 1993 年版，第 136 页。

[2] 可参见［英］杰弗里·乔叟:《坎特伯雷故事集》，方重译，北京：人民文学出版社，2004 年版。

世纪80年代出版的《亚瑟王之死》，[1] 由英国作家托马斯·马洛礼综合关于亚瑟王传说的不同故事和版本而著，描写了亚瑟王及圆桌骑士英勇战斗、扶弱抑强的骑士精神，讴歌了兰斯洛特与桂乃芬王后、特里斯坦和伊索尔德之间凄婉的爱情故事，通过亚瑟王为莫俊德所杀、各位圆桌骑士为争夺圣杯而先后死去等情节，反映了这些骑士们的悲惨命运，抒发了作者的悲剧情怀。该书成书于15世纪末，恰好是西欧封建制度的衰落时期，反映了封建制度开始走向衰亡的社会现实。

二、城堡与城堡史学

除了城堡与浪漫文学之间息息相关外，城堡也是众多编年史家回避不了的历史现象，在许多中世纪编年史作家的著作中描述了围绕城堡进行的战争、爱情与阴谋。可以说以中世纪城堡为中心，中世纪的历史舞台上活动着无数的历史人物和重要事件，为史家们提供了丰富的史学材料。如《盎格鲁－撒克逊编年史》、蒙茅斯的杰弗里的《不列颠诸王史》和奥德瑞克·维塔里斯所著的《教会史》等都是当时的重要史书，直到今日仍然具有不可替代的重要史学价值。其中《盎格鲁－撒克逊编年史》在我国早有中文译本，人们了解较多，下面仅对蒙茅斯的杰弗里与《不列颠诸王史》和奥德瑞克·维塔里斯与《教会史》略做介绍，以便加深理解城堡现象对同时代史学的影响。

1. 蒙茅斯的杰弗里与《不列颠诸王史》

杰弗里，威尔士人，出生于1095年，确切的出生日期和地点不得而知。他是牛津圣乔治学院（St. George's College）的一位奥古斯丁修会教士，但教士生涯并不顺利，也许正因为如此，他才将自己的聪明才智转向了历史和文学，专注于《不列颠诸王史》的写作，1138年或1139年，在圣乔治学院完成了这部著作。1152年，他成为神父，

[1] 可参见［英］马洛礼：《亚瑟王之死》，黄索峰译，北京：人民文学出版社，2005版。

1155年去世。他在书中采用了比德和马姆斯伯里的威廉（William of Malmesbury）的文献以及传说、民间故事和当地传说等各种资料，他甚至声称找到了来自早期不列颠书中的关于凯尔特不列颠历史的信息。“杰弗里讲述的历史情节鲜活生动，之后的历史学家们都将他视为讲故事的高手，在今天仍然可以从他描述的亚瑟王和李尔王的故事中体察出中世纪的一些社会情形。”[1]

下面一段是《不列颠诸王史》中对亚瑟王如何被孕育的描述：

> 当复活节临近时，国王命令各地的贵族们到他所在的城市，参加以向国王宣誓为主要内容的一次高规格的庆典活动。各地贵族接到命令后，在节日前夕聚集在了一起。于是，国王按计划举办了这个典礼，典礼后开始宫廷宴会。这些贵族因国王对他们很友好而非常高兴，所有跟贵族们一起过来的妻女也高兴地参加这个宴会。康沃尔公爵戈洛斯（Gorlois）也参加了宴会，而他的妻子伊格尼（Igerne）在这里比所有不列颠的贵妇都要貌美。当国王远远看到她时，刹那之间就坠入了爱河，国王的眼睛里只剩下了她。他将自己盘子里丰盛的食物只分给她一个人，并通过他的侍从将带有示爱讯息的金杯传给她，他对着她不知笑了多少次。当她的丈夫戈洛斯察觉到这些时，非常不高兴，未经国王许可就愤然离席了……
>
> 国王聚集了强大的军队追赶戈洛斯至康沃尔省，戈洛斯因其实力不强而不敢在战场上与国王正面交锋。他将妻子安置于位于海岸附近的廷塔杰尔（Tintagel）城堡中，那是更为安全的庇护所，而他自己则进驻迪米洛克（Dimiloc）城堡。当国王知道伊格尼在廷塔杰尔城堡后，立即转而去围攻廷塔杰尔城堡。国王为了

[1] 玛丽莲·斯托克泰德：《中世纪城堡》（Marilyn Stokstad, *Medieval Castles*），韦斯特波特：格林伍德出版社（Westport: Greenwood Press），2005年版，第97~98页。

能够得到伊格尼，请教他的朋友乌夫因（Ulfin），乌夫因则告诉他这件事应该去找梅林。

没有军队可以强行攻取廷塔杰尔城堡，更不要说见到正在廷塔杰尔城堡的伊格尼了。因为它坐落在海上，除一条狭窄的岩石通道，这里没有其他的通道，而这个通道十分险峻，一夫当关，万夫莫开。但是，如果有先知梅林的魔法帮助，国王心中的渴望就能够实现。梅林的魔法就是将国王变成伊格尼的丈夫戈洛斯。

于是，梅林施展魔法把国王的外貌变成了戈洛斯，接着又以这种方式，把乌夫因变成乔丹（Jordan），梅林自己变为布雷希尔（Brecil）。他们三人在黄昏时来到廷塔杰尔城堡。看门人看到是公爵回来，迅速打开城门，三位被允许进入。国王那天与伊格尼睡在了一起，他依靠假的外貌诱骗了她，伊格尼也因此相信国王的每一句话，而没有去阻止国王的亲昵行动。而就在这一天晚上，最著名的亚瑟被孕育了，亚瑟在之后的岁月里成了非常著名的人物，他的超凡能力使他获得了所有他配得上的声望。[1]

因为是对久远之前国王传说的追溯，凡对英格兰中古史稍有了解的人都会知道上面这个故事文学性有余，而历史真实性不足，当作文学作品来读可能更吸引人一些。尽管如此，这样的描述仍然具有相当重要的史学意义，虽然其中的历史人物和事件发生在（如果确实存在过的话）中世纪之前，但这些故事中包含了作者所处的中世纪特有的文化、观念及物质等许多重要元素。人物是古代的，但人物的行为举止及社会背景却是中世纪的。这里至少包含以下这些重要的与中世纪关系密切的信息："向国王宣誓为主要内容"的封建封授仪式；"国王刹那之间就坠入"的典雅爱情；更重要的是数次提及城堡，并暗含了

[1] 蒙茅斯的杰弗里：《不列颠诸王史》（Geoffery of Monmouth, *History of the Kings of Britain*），伦敦：J. M. 邓特（London: J. M. Dent），1911年版，第14章，第147～149页。

城堡的军用与民用、城堡的围攻与坚守、城堡的易守难攻，以及公爵“城堡”的私属性。在短短的千字叙述中，竟然含有如此之多的城堡信息，可见中世纪城堡对当时史学产生了多么大的影响。

2. 奥德瑞克·维塔里斯与《教会史》

作为当时历史的亲历者，奥德瑞克·维塔里斯的《教会史》是对中世纪城堡，特别是诺曼英格兰时期的城堡研究最为重要的一部著作。这部十三卷本的《教会史》是研究诺曼英格兰教会和世俗历史的重要材料，其中有不少关于城堡的论述，后来的学者根据奥德瑞克·维塔里斯的《教会史》写下了不少关于城堡方面的论文。

1075 年 2 月 16 日奥德瑞克·维塔里斯出生于麦西亚地区的偏僻地带，在什鲁斯伯里附近的亚琛（Atcham）的圣埃塔（St. Eata）教堂受洗，他十岁以前一直生活在这个地区。1085 年，他随父亲来到诺曼底的圣艾弗洛尔修道院，1086 年，成为一名修道士，之后，成为助祭，1107 年成为司祭，他一生的大部分时间在修道院中度过。为了学习和撰写诺曼底和不列颠的历史，他曾经到过不列颠的伍斯特、佛兰德斯（Flanders）的康布雷（Cambray）去收集历史资料，他在 67 岁时完成了这部著作，1142 年去世。《教会史》一书从基督诞生之日一直写到亨利一世统治时期。尽管是写基督教的历史，并以教会史为名，但主要内容还是以英格兰和诺曼底的世俗社会的历史为主。书中有许多是他听到的冒险故事、口头传说、各种丑闻以及他亲身经历的事件，奥德瑞克将这些内容整合成扣人心弦的故事。该部著作对城堡学研究至关重要，现代许多学者都能从中寻找到可用的只言片语。如体现城堡重要性方面最出名的论断：“由于诺曼人称之为城堡的防御工事在英国各地鲜为人知，因此，尽管英国人有勇敢而好战的精神，但仅能做出微弱的抵抗。”[1]

---

[1] 托马斯·弗雷斯特：《奥德瑞克·维塔里斯的英格兰和诺曼底教会史》第二卷（Thomas Forester, M. A., *Ecclesiastical History of England and Normandy by Orderic Vitalis*, Vol.2），纽约：AMS 出版社（New York: AMS Press），1968 年版，第 19 页。

奥德瑞克生活的时代是战争频繁的时代，战争中的城堡占了《教会史》中的许多篇幅，甚至有许多让人身临其境的细节描述。例如他对1090年罗伯特·科索斯的城堡围攻战的描述中，描写伯莱昂城堡有一座木制屋顶的大厅。紧急时刻，进攻者在一位铁匠的火炉里将他们的投掷物的铁尖加热，射向城堡大厅的屋顶，“以至弓箭和标枪的红热铁尖如阵雨般落下，扎在干燥的旧木板里，引起大火，从而迫使驻军投降”。他还在书中描述了林肯城堡因诡计而陷落的细节：切斯特伯爵雷诺夫和鲁梅尔的威廉（William of Roumare）发动暴动反对国王斯蒂芬，且利用一个诡计攻占了国王在林肯的城堡。他们先是发现城堡驻军的家庭居住得很分散，然后找个借口领他们的夫人去拜访城堡内守军将领的妻子们。切斯特伯爵来时没有佩带武器，仅仅是护送夫人来拜访。在那里，两位伯爵夫人与本应该防御城堡的骑士们的妻子谈笑风生，负责守卫的三位骑士认为没有任何危险，放松了警惕。就在这时，切斯特伯爵突然抢夺下城堡护卫的弩弓和武器，粗暴地大开杀戒，与此同时，另一个反叛贵族，鲁梅尔的威廉则根据先前的安排，率领一群士兵迅速冲入城堡。依仗这种狡猾的方式，二人控制了城堡和整个城市。[1] 奥德瑞克除了描述战争中的城堡外，还多次指出城堡在和平时期所具有的重要民用功能，城堡是领主的住宅，王室城堡是行政与经济中心，有时也是财富的储存地。奥德瑞克特别提及亨利一世的第一个重要活动，就是在他的兄弟威廉·鲁弗斯死亡之后，以最快的速度直奔温彻斯特城堡，以便立即控制王室储藏在那里的巨额财产。

奥德瑞克生活的时代恰好诺曼征服已基本结束，重心已转移到了巩固政权上，大量的新兴诺曼贵族开始建造适于维护统治的城堡。“威廉在靠海的富裕城市温彻斯特城市中修建城堡，交给威廉·菲茨－奥斯本看守，使他成为王国南部的最高长官；把奇切斯特城市及阿伦德尔城堡

[1] 托马斯·弗雷斯特：《奥德瑞克·维塔里斯的英格兰和诺曼底教会史》第四卷（Thomas Forester, M. A., *Ecclesiastical History of England and Normandy by Orderic Vitalis*, Vol.4），纽约：AMS出版社（New York: AMS Press），1968年版，第214～219页。

给予罗格·德·蒙哥马利管理，不久又授予他什鲁斯伯里伯爵领。”[1]同时，奥德瑞克在书中还多处提到木制城堡向石制城堡的转化，并说明石头材料主要是那些狂妄自大的新兴权贵，在建造新城堡或加筑宅邸时使用。“理查德·巴西特（Richard Basset），亨利一世的法官之一，坐拥英格兰的财富，利用这些财富，在他的蒙特勒伊－恩－霍尔米（Montreuil-en-Houlme）的诺曼世袭地修建了一座防御出色的石砖城堡。”[2]

奥德瑞克在《教会史》中对城堡的描述俯拾皆是，反映了城堡在中世纪日常生活和社会发展中的重要性，向后人展示出城堡的不同存在方式和前途命运。在他的笔下，城堡既是维护公共秩序的工具，也可能是土匪的巢穴。城堡还是贵族居住的宅邸，是行政中心和防御要塞。正是这样，通过《教会史》这部巨著，奥德瑞克成为真正的最早关注诺曼城堡的历史学家之一。

三、城堡与建筑艺术

在探讨中世纪英格兰城堡等大型建筑的艺术特色之前，有必要对古罗马时期的建筑做一简单回顾。罗马帝国时期，帝国凭借广阔的领土、丰富的自然资源、超强的国家机器，为帝国近五千多万居民的生活提供了较为和平与舒适的环境，从而使罗马帝国的大型公共建筑、军事建筑等有着较大程度的发展，在建筑形制、技术和艺术方面有着广泛的创新，形成了一种多用拱券技术的古罗马建筑风格，达到西方古代建筑的高峰。众所周知，“随着帝国在5世纪的土崩瓦解，支撑建造大型建筑的各种社会条件逐渐消失，直到加洛林帝国时期，各种因

[1] 托马斯·弗雷斯特：《奥德瑞克·维塔里斯的英格兰和诺曼底教会史》第二卷（Thomas Forester, M. A., *Ecclesiastical History of England and Normandy by Orderic Vitalis*, Vol. 2），纽约：AMS出版社（New York: AMS Press），1968年版，第5、48页。

[2] 同上书，第四卷，第165页。

素结合促使兴起了一种新的大型建筑——城堡”。[1]中世纪的欧洲可以说是一个建造大型建筑的黄金时期或鼎盛时期，城堡、教堂等大型建筑如雨后春笋般出现。在中世纪初期，其建筑风格承袭古罗马建筑风格，是一种似罗马类型的建筑；在中世纪末期，从初期似罗马建筑发展至哥特式建筑，为文艺复兴的建筑风格打下深厚的基础。可以说中世纪西欧的建筑特点和风格在世界建筑史中至关重要。下面将以中世纪英格兰城堡建筑的风格为例，大致介绍并分析其演变过程。

从诺曼征服到12世纪末，是罗马式建筑盛行的时期。这一时期的山冈—城廓式城堡几乎都是罗马式建筑。正如其名字所暗示，它从罗马帝国建筑风格发展而来，是罗马石制建筑传统的延伸。“该传统是如此的普遍和显著，以至从12世纪中叶的每个石制建筑中，都可以轻易地观察到源于古罗马的基本特征。”[2]这些基本特征表现为：城墙体积巨大而厚实，墙面用连列小券，大门用同心多层小圆券；通常在横厅上有一两座钟楼；大厅的大小立柱有韵律地交替布置；建筑的窗户通常十分窄小，如果是建在大教堂之中，容易制造出一种阴暗神秘的气氛。

13世纪，开始出现属于早期英国哥特风格（Lancet）的建筑。12世纪上半叶，建筑师们开始在教堂中采用新的结构元素，“一是石头做的助拱开始交叉地出现在圆顶下面；二是突出的尖拱在圆顶和拱廊中占据了更重要的位置”。[3]这些都为一种全新的建筑风格——哥特式建筑奠定了基础。它的一般性特征是较高的主体建筑，巨大明亮的窗户，由飞扶壁（flying buttress）支撑，由尖拱和圆顶助拱包围。哥特式建筑发源于法国，早期哥特风格刚刚传入英格兰时主要表现在宗教建筑上。如英格兰南部的坎特伯雷和威尔斯的教堂、北部的里彭大

[1] 埃里克·弗尼：《诺曼英格兰的建筑》（Eric Fernie, *The Architecture of Norman England*），牛津：牛津大学出版社（Oxford: Oxford University Press），2000年版，第3页。

[2] 同上书，第5页。

[3] ［美］朱迪特·M. 本内特，C. 沃伦·霍利斯特：《欧洲中世纪史》，杨宁、李韵译，上海：上海社会科学院出版社，2007年版，第330页

教堂（Ripon Minster）和比格兰的西多会修道院（Cistercian Abbey of Byland）等。不久，在教堂中广泛使用的哥特式风格在城堡等世俗建筑中也流行起来。早期英国哥特风格具有六个基本特点：一是石头多被精细地切割，以前使用的块状砖石逐渐被制成各种形状的石头取代；二是以往的中空城墙被结实的城墙和柱子取代，这可以使它们能够支持更重的重量，这是建造更大型城堡的必要条件；三是强调建筑高度，并使用尖拱，而尖拱能支撑更大的重量，这可以减轻城墙负重进而缩小墙体面积，以便可以安置更加宽敞的窗户；四是飞拱的引入将屋顶和城墙的重量向下分散至地面，可以在建筑设计上把重量分散至建筑的各种点上；五是主楼经常和非常纤细的其他塔楼一起被附上顶盖，更加注重装饰性的设计；六是石头滴水嘴的雕刻被引进作为贮水器和引水器，以保护建筑免遭雨水浸泡。

14世纪是装饰性哥特建筑（Decorated Gothic Architecture）的阶段。这一阶段，装饰性哥特建筑的最大特点是宽阔的窗户。这些彩色玻璃窗户被窗饰点缀，不仅易于采光，也更加漂亮，更加有气势。装饰性哥特建筑改变了以往大型教堂、城堡等建筑的空间结构，巨大的窗户使得传统的三层设计逐渐消失，如1270年重建的埃塞克斯教堂，中间层被缩小至一条狭窄的教堂拱门之上的三拱式拱廊通道，在一些较小的建筑中，中间一层甚至被取消。15世纪体现的是垂直式哥特建筑（Perpendicular Gothic Architecture）艺术。这一阶段的特点是：扇形穹顶的使用；悬臂托梁的屋顶；非常纤细的塔楼；进一步加强了装饰性设计。

中世纪城堡从诺曼时期的罗马建筑风格向后来哥特式建筑风格的转变，有着较为复杂的社会背景和历史文化原因：第一，以防御强度来说，早期的山冈—城廓式罗马式城堡通常仅有一层防御城墙，方形主楼的角落处的视野也不够开阔，其防御强度达不到设计者和领主的需求，不能满足中世纪后期战争的需要。另外这类城堡以土木为主要建筑材料，缺乏坚固性，使它们在遭到坑道技术的攻击时易于倒塌，容易被攻克。第二，以居住条件来说，这些早期罗马式城堡因采集阳光的能力很弱，加上其他因素，变得较为灰暗、潮湿和阴冷，尽管与底层民众相比，领主们的生活空间还算不错，但他们还是希望有防御能力更强、居住更加舒适的建筑出现。随着人们生活水平的提高，贵族精英们纷纷要求更加舒适的城堡内部环境，而先前的罗马式风格因其结构上的局限性无法适应这一变化。第三，新的建造技术与观念的传播。随着十字军东征的不断持续，西欧的骑士看到来自君士坦丁堡和阿拉伯人的防御要塞的建筑特点，将其引入西欧，丰富了城堡等大型建筑的风格，特别是促进了较为复杂的城堡的产生。随着时代的发展，战争越来越少，贵族想要展现他们的骑士风采和社会地位，通常就要在建筑上下功夫，例如，“诺福克伯爵重修的廷特恩修道院（Tintern Abbey），采取了最新的窗花设计；吉尔伯特伯爵的凯尔菲利（Caefici）城堡的设计，也采取的是复杂型设计”。[1]第四，从中世纪中期开始，欧洲社会经济、文化和教育都有明显发展，人们的精神面貌也随之发生变化。越来越多的人把建筑当作自己的精神依托，希望建筑壮观、高耸，这种积极向上的精神力量促进了哥特式建筑风格的产生与发展。反过来，哥特式建筑所表达的向上升腾的气势和超凡脱俗的品味，也恰好契合了西欧社会在中世纪末期即将迎来的文艺复兴辉煌的蓬勃向上的时代精神。

---

[1] 纳吉尔·撒母耳：《牛津中世纪英格兰插图史》（Nigel Saul, *The Oxford Illustrated History of Medieval England*），牛津：牛津大学出版社（Oxford: Oxford University Press），1997年版，第235页。

结 语

第一，关于中世纪城堡的特有意涵。城堡对中世纪西欧而言，具有重要和丰富的社会意义。中世纪城堡与以往的堡垒或要塞不同，不能作为单纯的防御工事予以关注。从城堡与封建社会关系的角度看，“私属性”是西欧中世纪城堡的本质属性，最能反映当时社会的封建性质。一个社会在特定时期的防御工事的类型，并不是仅由军事方面决定的，只有在中世纪那些特定的军事因素与落后的农业领地经济及以封臣、采邑为核心的封建政治交汇在一起的时候，修筑城堡才能成为优先的选择。

第二，关于城堡兴起的社会条件。城堡的兴起乃是中世纪早期西欧社会经济、政治、军事和文化结构剧烈变化的结果，而不是简单的抵御外族入侵的产物，抵御外族入侵只是中世纪城堡出现的一个直接原因。城堡产生的最根本的社会因素是当时社会特殊的经济结构；同时，中世纪早期的政治统治和军事活动从中央日渐下移到地方或地方性的权威手中，为城堡的产生创造了必要的政治条件。城堡本质上与封建主义一样，不是历史的随意安排，体现的是当时地方分权化的政治现实。中世纪初期战争的多发性、残暴性、割据性和围攻战的特点，以及暴力文化习俗等，也是有利于城堡兴起的总体社会条件中的有机构成。

第三，关于城堡分布的主观考察。研究城堡分布除对城堡存在区位进行客观确认外，更有必要对城堡的分布进行基本的主观性考察。对中世纪城堡的分布是否存在全国防御和政治统治的战略考量，需要分层次进行讨论。不是所有的城堡分布都具有战略意图，具有战略意图的城堡仅存在于王室城堡之中。城堡应负载的社会功能是多种多样的，很明显没有一个理想的地点使得城堡能够发挥其所有的功能。因此，一般来说，王室及其领地辽阔的大领主，往往会为了不同的目的、满足不同的需要，选择不同的地点，建造数个或数十个不同类型的城堡。

第四，关于城堡的社会功能及演变。中世纪早期政治分权、庄园经济、外族入侵与豪强纷争等社会因素，促使集多种社会功能于一身的城堡的兴起。城堡在中世纪同时具有国家与地方的政治中心、防御工事与进攻基地、领主的宅邸、文化象征符号等多种社会功能。在分析城堡的变化趋势时，用"城堡演变"替代通常所用的"城堡衰落"可能更为妥当一些。因为城堡演变不仅包括城堡功能的变化，还包括数量与类型的变化。即使是单说城堡功能的变化，也不能用简单的兴、盛、衰的单一曲线来描述，实际上城堡功能呈现的是不同功能，因不同原因，在不同阶段或不同地域有强有弱、有增有减的错综复杂状态，非仅用一个"衰落"就能表达清楚。

第五，关于城堡演变的社会原因。促使城堡演变的因素有很多，也非常复杂，但主要原因还是随着中世纪早期的结束，西欧社会所发生的一系列的变化，尤以经济的发展为甚。中世纪中晚期庄园经济开始解体，货币重新活跃，农奴逐渐获得自由，劳役地租和实物地租逐渐转化为货币地租。雇工经济、商品经济、远程贸易、城市化等获得较快发展。这些经济方面重大的社会变迁，从根本上动摇和削弱了中世纪城堡赖以生存的经济基础。

从政治层面看，国家主权碎片化或地方分权化是中世纪城堡得以兴起的政治条件，没有政治上的地方分权化，就没有中世纪的城堡。包括英国在内的西欧主要国家，在中世纪中后期越来越明显的中央集权化趋势，使得城堡赖以生存的政治基础，即封建制度发生了根本性的变化。

城堡是西方社会发展到特殊阶段的产物，存在于中世纪早期部落社会和现代中央集权国家出现之间，它的产生代表着一个政府不成熟、权力分散、以封建制度为标志的历史阶段。城堡的历史是西欧中世纪封建社会的历史，从城堡等防御工事的变迁史中，可以透视到西欧中世纪前后近千年社会历史发展的基本脉络。在罗马帝国时期，防御工事属于国家事务，为国家所垄断，是国家权力的体现；中世纪，与封建制度相适应，建筑防御工事的权力逐渐向下让渡，最后交到了大小城堡主手中；之后情势倒转，伴随着现代意义上的民族国家的逐步形成，在这种政治权力向中央回流的大趋势中，在贵族兴建与维持城堡的主观意志受到遏制的同时，城堡功能与类型的流变也必然相继发生，防御体系又最终回到了君主或国家的掌控之中。这难道不是一种非常耐人寻味的历史现象吗！

参考文献

一、原始材料

1.《盎格鲁－撒克逊编年史》[M]．寿纪瑜译，北京：商务印书馆，2004.

2. Anna Comnena, *The Alexiad of the Princess Anna Comnena* [M]. London: Kegan Paul, 1928.

3. Geoffery of Monmouth, *History of the Kings of Britain* [M]. London: J.M.Dent, 1911.

4. G.Martin, Ann Williams, *Domesday Book: A Complete Translation* [M]. London: Penguin Classic, 2004.

5. Orderius Vitalis, Thomas Forester, M.A.eds., *The Ecclesiastical History of England and Normandy* Vol. Ⅰ-Ⅳ[M]. New York: AMS Press, 1968.

二、英文文献

（一）著作

1. Barlow, Frank. *The Feudal Kingdom of England, 1042～1216* [M]. Now York: Longman, 1988.

2. Jurgen, Brauer. *Castles, Battles, and Bombs: How Economics Explains Military History* [M]. Chicago: University of Chicago Press, 2008.

3. Charles, Coulson. *Castles in Medieval Society: Fortress in England, France, and Ireland in the Central Middle Age* [M]. Oxford: Oxford University Press, 2003.

4. Chris Given-Wilson, Ann Kettle, Len Scales. *War, Government and Aristocracy in the British Isles, C.1150～1500: Essays in Honour of Michael Presteich* [M]. Woodbridge, UK: Rochester, 2008.

5. Christopher Gravett. *Norman Stone Castles (2):Europe 950～1204* [M]. Oxford: Osprey Publishing, 2004.

6. Colin Platt. *Medieval England: A Social History and Archaeology from the Conquest to 1600AD* [M]. London and New York: Routledge, 1994.

7. Creighton, O.H.. *Castles and Landscapes* [M]. New York: Continuum, 2002.

8. D.Renn. *Norman Castles in Britain* [M]. London: John Baker Publishers Ltd, 1968.

9. David Grouch. *The Reign of King Stephen, 1135～1154*[M]. New York: Longman, 2000.

10. Edward Miller, John Hatcher. *Medieval England: Towns, Commerce and Crafts 1086～1348* [M]. New York: Longman Group Limited, 1995.

11. Ella S. Armitage. *The Early Norman Castles of the British Isles* [M]. London:John Murray, 1912.

12. Ellenblum, Roni. *Crusader Castles and Modern Histories*[M]. Cambridge: Cambridge University Press, 2007.

13. Eric Fernie. *The Architecture of Norman England* [M]. Oxford: Oxford University Press, 2000.

14. F. Gies. *The Knight in History* [M]. New York: Harper & Row, 1984.

15. F.M.Stenton. *The First Century of English Feudalism 1066～1166* [M]. Oxford: Clarendon Press, 1932.

16. Frank Sear. *Roman Architecture* [M]. New York: Cornell University Press, 1983.

17. Gerald A.J.Hodgentt. *A Social and Economic History of Medieval Europe* [M].

London: Routledge, 2006.

18. Gies, Joseph. *Life in a Medieval Castle* [M]. New York: Crowell; Harper and Row, Pub., 1974.

19. H. R. Loyn. *Anglo-Saxon England and the Norman Conquest*[M]. London: Longman Group Ltd., 1979.

20. Hamilton Thompson. *Military Architecture in England During the Middle Age* [M]. Oxford: Oxford University Press, 1912.

21. Helen J. Nicholson. *Medieval Warfare: Theory and Practice of War in Europe,300～1000* [M]. New York: Dalgrave Macmillan, 2004.

22. Higham Robert. *Timber Castles*[M]. London : B.T. Batsford Ltd., 1992.

23. Hilarire Belloc. *Warfare in England* [M]. London: Williams and Norgate, 1912.

24. Hull Lise. *Understanding the Castle Ruins of England and Wales: How to Interpret the History and Meaning of Masonry and Earthwork* [M]. Jefferson, N.C.: McFarland, 2009.

25. Hull Lise. *Britain's Medieval Castles* [M]. Westport: Greenwood Publishing Group, Inc, 2006.

26. J.F.Verbruggem. *The Art of Warfare in Western Europe During the Middle Age: From the Eighth Century to 1340* [M]. New York: Boydell Press, 1997.

27. John Gillinghum and Kalph A.Griffiths. *Medieval Britain: A Very Short Introduction* [M]. Oxford: Oxford University Press, 1984.

28. John R. Kenyon, Kieran O'Conor. *The Medieval Castle in Ireland and Wales: Essays in Honour of Jeremy Knight* [M]. Dublin: Four Courts Pre., Ltd., 2003.

29. Johnson, Matthew. *Behind the Castle Gate: Castles at the End of the Middle Ages* [M]. New York: Routledge, 2002.

30. Judith A. Green. *The Aristocracy of Norman England* [M]. Cambridge: Cambridge Press University, 2002.

31. King, D.J.C.. *The Castle in England and Wales: An Interpretative History* [M]. London: Croom Helm, 1988.

32. Konstantin Nossov. *Ancient and Medieval Siege Weapons:A Fully Illustrated Guide to Siege Weapons and Tactics* [M]. Staplehurst: Spellmount Ltd., 2006.
33. Lepage, Jean-Denis G.G.. *Castles and Fortified Cities of Medieval Europe: An Illustrated History* [M]. Jefferson, N.C.: McFarland, 2002.
34. M.H.Keen. *England in the Later Middle Age: A Political History* [M]. London: Routledge, 1975.
35. M.W.Bereford. *New Towns of Middle Age* [M]. London: Lutterworth Press, 1967.
36. Marilyn Stokstad. *Medieval Castles*[M]. Westport: Greenwood Press, 2005.
37. Matararasso, François. *The English Castle* [M]. NY : Sterling Pub. Co., 1993.
38. Maurice Keen. *Medieval Warfare: A History* [M]. Oxford: Oxford University Press, 1999.
39. McNeill, Tom. *Castles in Ireland: Feudal Power in a Gaelic World* [M]. London : Routledge, 2000.
40. Michael Preswich. *Armies and Warfare in the Middle Age: The English Experience* [M]. New Haven: Yale University, 1996.
41. Molin, Kristian. *Unknown Crusader Castles* [M]. London, UK: Hambledon and London, 2001.
42. Morshead O.F., Sir, *Windsor Castle* [M], London: Phaidon Pr., 1951.
43. N.J.G.Pounds. *An Economic History of Medieval Europe* [M]. London: Longman, 1990.
44. N.J.G.Pounds. *The Medieval Castle in England and Wales: A Social and Political History* [M]. Cambridge: Cambridge University Press, 1990.
45. Nigel Saul. *The Oxford Illustrated History of Medieval England* [M]. Oxford: Oxford University Press, 1997.
46. P. David, Sweetman. *Medieval Castles in Ireland* [M]. Woodbridge : Boydell Press, 2000.
47. Peter Coss. *The Knight in Medieval England 1000～1400* [M]. Stroud, Glos: Alan Sutton, 1993.

48. Quentin Hughe. *Military Architecture* [M]. NewYork:St.Martin's Press, 1975.

49. R.Allen Brown. *English Castles* [M]. Woodbridge: Boydell Press, 2004.

50. R.Allen Brown. H.M.Colvin, A.J.Taylor. *The History of the King's Works*, Vol Ⅰ [M]. London: Her Majesty's Stationery Office, 1963.

51. R.Allen Brown. H.M.Colvin, A.J.Taylor. *The History of the King's Works*, Vol Ⅱ [M]. London: Her Majesty's Stationery Office, 1963.

52. R.Allen Brown. *The Architecture of Castles: A Visual Guide*[M]. New York: Facts on File, 1984.

53. R.Allen Brown. *The Normans and the Norman Conquest Second Edition* [M]. Woodbridge: Boydell Press, 1985.

54. Robert Bartlett. *England Under the Norman and Angevin Kings 1075～1225* [M]. Oxford: Clarendon Press, 2000.

55. Robert Liddiard. *Anglo-Norman Castles*[C]. Woodbridge: Boydell Press, 2002.

56. Robert Liddiard. *Castles in Context: Power, Symbolism and Landscape, 1066～1500* [M]. Windgather Press, 2005.

57. S. Ireland. *Roman Britain: A Sourcebook* [M]. London and New York: Routledge, 1996.

58. S. Painter. *A History of the Middle Ages 284～1500*[M]. London: Macmillan 1975.

59. Sidney Toy. *Castles: Their Construction and History* [M]. New York: Dover Publications, INC., 1985.

60. Stephen Johnson. *Later Roman Britain* [M]. London & Henley: Routledge and Kegon Paul Ltd, 1980.

61. Stokstad, Marilyn. *Medieval Castles*[M]. Westport, Conn: Greenwood Press, 2005.

62. Susan Reynolds. *An Introduction to the History of English Medieval Towns* [M]. Oxford: Clarendon Press, 1982.

63. Thompson, M.W.. *The Decline of the Castle* [M]. Cambridge: Cambridge University Press, 2008.

64. Thompson, M.W.. *The Rise of the Castle*[M]. Cambridge: Cambridge University Press, 2008.

65. Wheatley, Abigail. *The Idea of the Castle in Medieval England* [M]. Woodbridge: Boydell Press, 2004.

66. Whitehead, Christiania. *Castles of the Mind: A Study of Medieval Architectural Allegory* [M]. Cardiff: University of Wales Press, 2003.

（二）论文

1. E. Prince. The Payment of Army Wages in Edward Ⅲ's Reign[J]. *Speculum,* Vol.19, No.2 (1944): 137～160.

2. E. Prince. The Strength of English Armies in the Reign of Edward Ⅲ[J]. *The English Historical Review*, Vol.46, No.183(1931): 353～371.

3. Andrew Ballantyne. Downton Castle: Function and Meaning[J]. *Architectural History,* Vol.32(1989): 105～130.

4. Andy King. Fortress and Fashion Statements: Gentry Castle in Fourteenth-Century Northumberland[J]. *Journal of Medieval History*, Vol.33(2007): 372～397.

5. Bernard S. Bachrach. Medieval Siege Warfare: A Reconnaissance[J]. *The Journal of Military History,* Vol.58, No.1(1994): 119～133.

6. G. Harfield. A Hand-List of Castles Recorded in *the* Domesday Book[J]. *The English Historical Review,* Vol.106, No.419(1991): 371～392.

7. Carl Stephenson. The Anglo-Saxon Borough[J]. *The English Historical Review,* Vol.45, No.178(1930): 177～207.

8. Carl Stephenson. The Origin of English Towns[J]. *The American Historical Review*, Vol.32, No.1(1926): 10～21.

9. Carleton Brown. The Attack on the Castle[J]. *PMLA*, Vol.51, Supplement (1936): 1294～1306.

10. Caroline Shillaber. Edward Ⅰ, Builder of Towns[J]. *Speculum*, Vol.22, No.3(1947): 97～309.

11. Charles Coulson. The State of Research Cultural Realities and Reappraisals

in English Castle-Study[J]. *Journal of Medieval History*, Vol.22, No.2(1996): 171～208.

12. Clifford J. Rogers. The Military Revolutions of the Hundred Years' War[J]. *The Journal of Military History*, Vol.57, No.2(1993): 241～278.

13. David S. Bachrach. The Military Administration of England: the Royal Artillery(1216～1272)[J]. *The Journal of Military History*, Vol.68, No.4 (2004): 1083～1104.

14. Douglas Knoop and G. P. Jones. Masons and Apprenticeship in Medieval England[J]. *The Economic History Review*, Vol.3, No.3(1932): 346～366.

15. Douglas Knoop and G. P. Jones. The English Medieval Quarry[J]. *The Economic Historical Review*, Vol.9, No.1(1938): 17～37.

16. Eduard Prokosch. Treason Within the Castle[J]. *PMLA*, Vol.52, Supplement (1937): 1320～1327.

17. Ella S. Armitage. The Early Norman Castles of England (Continued)[J]. *The English Historical Review*, Vol.19, No.75(1904): 417～455.

18. Ella S. Armitage. The Early Norman Castles of England[J]. *The English Historical Review*, Vol.19, No.74(1904): 209～245.

19. F.W. Maitland. The Origin of the Borough[J]. *The English Historical Review*, Vol.11, No.41(1896): 13～19.

20. G. H. Martin. The English Borough in the Thirteen Century[J]. *Transactions of the Royal History Society*, Fifth Series, Vol.13(1963): 123～144.

21. Goddard H. Orpen. Motes and Norman Castles in Ireland(Continued)[J]. *The English Historical Review*, Vol.22, No.87(1907): 440～467.

22. H. M. Colvin. Castles and Government in Tudor England[J]. *The English Historical Review*, Vol.83, No. 327(1968): 25～234.

23. J. E. Morris. Mounted Infantry in Medieval Warfare[J]. *Transaction of the Royal Historical Society*, Third Series, Vol.8(1914): 77～102.

24. Jean Manco, David Greenhalf, Mark Girouard. Lulworth Castle in the Seventeenth Century [J]. *Architectural History*, Vol.33(1990): 29～59.

25. John Archer. Character in English Architectural Design[J]. *Eighteenth-Century Studies*, Vol.12, No.3(1979): 339～371.

26. John H. Beeler. Castles and Strategy in Norman and Early Angevin England[J]. *Speculum*, Vol.31, No.4(1956): 581～601.

27. Lawrence Weaver. Some English Architectural Leadwork. Part Ⅰ-The Early Period[J]. *The Burlington Magazine for Connoisseurs*, Vol.7, No.28(1905): 270～280.

28. Lawrence Weaver. Some English Architectural Leadwork. Part Ⅱ-The Later Period[J]. *The Burlington Magazine for Connoisseurs*, Vol.7, No.30(1905): 428～434.

29. M. R. Powicke. Edward Ⅱ and Military Obligation[J]. *Speculum*, Vol.31, No.1(1956): 92～119.

30. Mark Lee. Coastal Defence and the Habitats Directive: Predictions of Habitat Change in England and Wales[J]. *The Geographical Journal*, Vol.167, No.1(2001): 39～56.

31. Maurice Howard. Inventories, Surveys and the History of Great Houses 1480～1640[J]. *Architectural History*, Vol.41(1998): 14～29.

32. Nicola Coldstream. Architects, Advisers and Design at Edward Ⅰ's Castles in Wales[J]. *Architectural History*, Vol.46(2003): 19～36.

33. R. Allen Brown. A List of Castles, 1154～1216[J]. *The English Historical Review*, Vol.74, No.291(1959): 249～280.

34. R. Allen Brown. Royal Castle-Building in England, 1154～1216[J]. *The English Historical Review*, Vol.70, No.276(1955): 353～398.

35. R. C. Smail. Crusaders' Castles of the Twelfth Century[J]. *Cambridge Historical Journal*, Vol.10, No.2(1951): 133～149.

36. Richard R. Heiser. Castles Constables, and Politics in Late Twelfth-Century English Governance[J]. *A Quarterly Journal Concerned with British Studies*, Vol.32, No.1(2000): 19～36.

37. Sarah Speight. British Castle Studies in the Late 20th and 21st Centuries[J].

History Compass 2(2004): 1～32.

38. Sidney Painter. Castellans of the Plan of Poitou in the Eleventh and Twelfth Centuries[J]. *Speculum*, Vol.31, No.2(1956): 243～257.

39. Sidney Painter. Castle-Guard[J]. *The American Historical Review*, Vol.40, No.3(1935): 450～459.

40. Sidney Painter. English Castles in the Early Middle Age: Their Number, Location, and Legal Position[J]. *Speculum*, Vol.10, No.3(1935): 321～332.

41. Simon Thurley. Royal Lodging at the Tower of London 1216～1327[J]. *Architectural History*, Vol.38(1995): 36～57.

42. Singleton Peabody Moorehead. The Castle[J]. the *Virginia Magazine of History and Biography*, Vol.42, No.4(1934): 298～333.

43. Stanley C. Ramsey. English Villages and Small Towns: No.5. Corfe Castle, Dorset[J]. *The Town Planning Review*, Vol.10, No.2(1923): 123～125.

44. T. A. Heslop. Orford Castle, Nostalgia and Sophisticated Living[J]. *Architectural History*, Vol.34(1991): 36～58.

45. Tadhg O' Keeffe. Concepts of "Castle" and the Construction of Identity in Medieval and Post-Medieval Ireland[J]. *Irish Geography*, Vol.34(1)(2001): 69～88.

三、中文文献

（一）译著

1.［比］R. C. 范・卡内冈，《英国普通法的诞生》［M］，李红海译，北京：中国政法大学出版社，2003。

2.［比］亨利・皮郎，《中世纪欧洲经济社会史》［M］，乐文译，上海：上海人民出版社，2001。

3.［比］亨利・皮朗，《穆罕默德和查理曼》［M］，王晋新译，上海：上海三联书店，2011。

4.［比］亨利・皮雷纳，《中世纪的城市》［M］，陈国梁译，北京：商务印书馆，2006。
5. ［德］汉斯－维尔纳·格茨，《欧洲中世纪生活》［M］，王亚平译，北京：东方出版社，2002。
6. ［德］诺贝特·埃利亚斯，《文明的进程Ⅰ：西方国家世俗上层行为的变化》［M］，王佩莉译，北京：生活·读书·新知三联书店，1998。
7. ［德］韦伯，《韦伯作品集Ⅱ经济与历史支配的类型》［M］，康乐、吴乃德、简惠美等译，桂林：广西师范大学出版社，2004。
8. ［德］韦伯，《韦伯作品集Ⅲ支配社会学》［M］，康乐、简惠美译，桂林：广西师范大学出版社，2004。
9. ［法］让·梅斯基，《城堡：从战争时期到和平年代》［M］，赵念国译，上海：世纪出版集团，上海书店出版社，2004。
10. ［法］P. 布瓦松纳，《中世纪欧洲的生活和劳动（5 至 15 世纪）》［M］，潘源来译，北京：商务印书馆，1985。
11. ［法］费尔南·布罗代尔，《文明史纲》［M］，肖昶等译，桂林：广西师范大学出版社，2003。
12. ［法］基佐，《法国文明史》［M］：第三卷，伊信译，北京：商务印书馆，1999。
13. ［法］孔多塞，《人类精神进步史表纲要》［M］，何兆武、何冰译，北京：生活·读书·新知三联书店，1998。
14. ［法］罗伯特·福西耶，《剑桥插图中世纪史（950～1250 年）》［M］，李增洪、李建军、陈志坚等译，济南：山东画报出版社，2008。
15. ［法］马克·布洛赫，《法国农村史》［M］，余中先、张朋浩、车耳译，北京：商务印书馆，2003。
16. ［法］马克·布洛赫，《封建社会》（上）［M］：李增洪、侯树栋、张绪山等译，北京：商务印书馆，2007。
17. ［法］马克·布洛赫，《封建社会》（下）［M］：李增洪、侯树栋、张绪山等译，北京：商务印书馆，2007。
18. ［美］威廉·哈迪·麦克尼尔，《西方文明史纲》［M］，张卫平、谭朝洁、李守京等译，北京：新华出版社，1992。

19. [美] H·W. 埃尔曼，《比较法律文化》[M]，贺卫方、高鸿钧译，北京：清华大学出版社，2002。

20. [美] 道格拉斯·诺斯，罗伯特·托马斯，《西方世界的兴起》[M]，厉以平、蔡磊译，北京：华夏出版社，2009。

21. [美] 杰弗里·帕克，《剑桥插图战争史》[M]，傅景川等译，济南：山东画报出版社，2004。

22. [美] 杰弗里·帕克等，《剑桥战争史》[M]，傅景川等译，长春：吉林人民出版社，2005。

23. [美] 杰克逊·J. 斯皮瓦格尔，《西方文明简史》上册，第四版 [M]，董仲瑜、施展、韩炯译，北京：北京大学出版社，2010。

24. [美] 杰里·本特利，赫伯特·齐格勒，《新全球史——文明的传承与交流》上，第三版 [M]，魏凤莲、张颖、白玉广译，北京：北京大学出版社，2007。

25. [美] 克里斯·马歇尔，《中世纪的战争》[M]，黄福武译，山东：青岛出版社，2003。

26. [美] 罗宾·弗莱明，《诺曼征服时期的国王与领主》[M]，翟继光、赵锐译，北京：北京大学出版社，2008。

27. [美] 罗伯特·E. 勒纳、斯坦迪什·米查姆、爱德华·麦克纳尔·伯恩斯，《西方文明史 I 》[M]，王觉非等译，北京：中国青年出版社，1994。

28. [美] 迈克尔·V. C. 亚历山大，《英国早期历史中的三次危机——诺曼征服、约翰治下及玫瑰战争时期的人物与政治》[M]，林达丰译，北京：北京大学出版社，2008。

29. [美] 帕雷特主编，《现代战略的缔造者：从马基雅维利到核时代》[M]，时殷弘等译，北京：世界知识出版社，2006。

30. [美] 乔纳森·德瓦尔德，《欧洲贵族 1400～1800》[M]，姜德福译，北京：商务印书馆，2008。

31. [美] 斯塔夫里阿诺斯，《全球通史》上册，第七版 [M]，董书慧、王昶、徐正源译，北京：北京大学出版社，2005。

32. [美] 汤普逊，《中世纪经济社会史（300～1300 年）》上册 [M]，耿淡如译，北京：商务印书馆，1984。

33. [美] 汤普逊,《中世纪经济社会史（300～1300年）》下册 [M], 耿淡如译，北京：商务印书馆，1984。

34. [美] 威尔·杜兰,《信仰的时代》[M], 幼师文化公司译，北京：东方出版社，1998。

35. [美] 维克多·李·伯克,《文明的冲突：战争与欧洲国家体制的形成》[M], 王晋新译，上海：上海三联书店，2006。

36. [美] 沃伦·霍莱斯特,《欧洲中世纪简史》[M], 陶松寿译，北京：商务印书馆，1988。

37. [美] 约翰·巴克勒等,《西方社会史》第一卷 [M], 霍文利等译，桂林：广西师范大学出版社，2005。

38. [美] 朱迪斯·M. 本内特，C. 沃伦·霍利斯特,《欧洲中世纪史》第10版 [M], 杨宁、李韵译，上海：上海社会科学院出版社，2007。

39. [挪] 克里斯蒂安·诺伯格－舒尔茨,《西方建筑的意义》[M], 李璐珂、欧阳恬之译，王贵祥校，北京：中国建筑工业出版社，2005。

40. [瑞士] 雅各布·布克哈特,《世界历史沉思录》[M], 金寿福译，北京：北京大学出版社，2007。

41. [以] 马丁·范克勒韦尔德,《战争的文化》[M], 李阳译，北京：生活·读书·新知三联书店，2010。

42. [意] 卡洛·奇波拉主编,《欧洲经济史》第一卷 [M], 徐璇译，北京：商务印书馆，1988。

43. [英] J. F. C. 富勒,《西洋世界军事史》第一卷 [M], 钮先钟译，桂林：广西师范大学出版社，2004。

44. [英] J. H. 伯恩斯主编,《剑桥中世纪政治思想史：350年至1450年》上册 [M], 程志敏、陈敬贤、徐昕、郑兴凤等译，北京：生活·读书·新知三联书店，2009。

45. [英] J. H. 伯恩斯主编,《剑桥中世纪政治思想史：350年至1450年》下册 [M], 郭正东、涛林、帅倩、郭淑伟译，北京：生活·读书·新知三联书店，2009。

46. [英] M. M. 波斯坦、E. E. 里奇、爱德华·米勒主编,《剑桥欧洲经济史：

中世纪的经济组织和经济政策》第三卷［M］，周荣国、张金秀译，北京：经济科学出版社，2002。

47.［英］M. M. 波斯坦、爱德华·米勒主编，《剑桥欧洲经济史：中世纪的贸易和工业》第二卷［M］，钟和、张四齐、晏波、张金秀译，北京：经济科学出版社，2004。

48.［英］M. M. 波斯坦主编，《剑桥欧洲经济史：中世纪的农业生活》第一卷［M］，郎立华、黄云涛、常茂华等译，北京：经济科学出版社，2002。

49.［英］S. F. C. 密尔松，《普通法的历史基础》［M］，李显冬等译，北京：中国大百科全书出版社，1999。

50.［英］阿萨·勃里格斯，《英国社会史》［M］，陈叔平、刘成等译，北京：中国人民大学出版社，1991。

51.［英］埃德加·普雷斯蒂奇，《骑士制度》［M］，林中泽、梁铁祥、林诗维注译，上海：上海三联书店，2010。

52.［英］爱德华·甄克斯，《中世纪的法律与政治》［M］，屈文生、任海涛译，北京：中国政法大学出版社，2010。

53.［英］杰弗里·乔叟，《坎特伯雷故事》［M］，方重译，北京：人民文学出版社，2004。

54.［英］杰克·古迪，《偷窃历史》［M］，张正萍译，杭州：浙江大学出版社，2009。

55.［英］克里斯托弗·丹尼尔，《周末读完英国史》［M］，侯艳、劳佳译，上海：上海交通大学出版社，2009。

56.［英］克里斯托弗·戴尔，《700～1600 年英格兰的领主、农民和村庄——1989 年至 2009 年的新方法》［C］，李艳玲译，载钱乘旦、高岱主编，《英国史新探——全球视野与文化转向》，北京：北京大学出版社，2011。

57.［英］克里斯托弗·戴尔，《转型的时代——中世纪晚期英国的经济与社会》［M］，莫玉梅译，北京：社会科学文献出版社，2010。

58.［英］李约瑟，《军事技术：火药的史诗》［C］，《中国科学技术史》第五卷《化学及相关技术》第七分册［M］，刘晓燕译，北京：科学出版社，2005。

59.［英］马洛扎，《亚瑟王之死》［M］，黄索峰译，北京：人民文学出版社，

2005。

60. [英] 迈克尔·曼,《社会权力的来源》第二卷 [M], 陈海宏等译, 上海: 上海人民出版社, 2007。

61. [英] 迈克尔·曼,《社会权力的来源》第一卷 [M], 刘北城、李少军译, 上海: 上海人民出版社, 2007。

62. [英] 温斯顿·丘吉尔,《英语国家史略》[M], 薛力敏等译, 北京: 新华出版社, 1983。

63. [英] 约翰·克拉潘,《简明不列颠经济史: 从最早时期到1750年》[M], 范丁九、王祖廉译, 上海: 上海译文出版社, 1980。

(二) 中文著作

1. 陈刚,《西方精神史》上册 [M], 南京: 江苏人民出版社, 2000。

2. 陈志强等,《城堡·骑士·贵族》[M], 昆明: 云南人民出版社, 2002。

3. 侯建新,《前近代中英两国农业雇佣劳动比较》[C], 载钱乘旦、高岱主编,《英国史新探——全球视野与文化转向》, 北京: 北京大学出版社, 2011。

4. 黄春高,《分化与突破——14～16世纪英国农民经济》[M], 北京: 北京大学出版社, 2011。

5. 姜德福,《社会变迁中的贵族: 16～18世纪英国贵族研究》[M], 北京: 商务印书馆, 2004。

6. 林国华、王恒,《古代世界的自由与和平》[M], 上海: 世纪出版集团, 2010。

7. 刘城,《英国中世纪教会研究》[M], 北京: 首都师范大学出版社, 1996。

8. 马克垚,《欧洲封建经济形态研究》[M], 北京: 人民出版社, 2001。

9. 马克垚,《英国封建社会研究》[M], 北京: 北京大学出版社, 2005。

10. 孟广林,《英国封建王权论稿——从诺曼征服到大宪章》[M], 北京: 人民出版社, 2002。

11. 倪世光,《西欧中世纪骑士的生活》[M], 保定: 河北大学出版社, 2004。

12. 钱乘旦、许洁明,《英国通史》[M], 上海: 上海社会科学院出版社, 2007。

13. 施诚,《中世纪英国财政史研究》[M], 北京：商务印书馆，2010。

14. 阎照祥,《英国贵族史》[M], 北京：人民出版社，2000。

15.《中国大百科全书·社会学》[Z], 中国大百科全书出版社，1991。

16. 朱孝远,《中世纪欧洲贵族》[M], 广州：广东人民出版社，1996。

（三）论文

1. 陈志坚,《西欧中世纪骑士的起源和演变》[J],《首都师范大学学报》(社会科学版)，2002（4）：20～25。

2. 胡志峰,《中世纪城堡的军事作用及其历史影响》[D], 河北师范大学硕士论文，2011（3）。

3. 李栋,《试论中世纪英格兰法律职业共同体的形成》[J],《广州大学学报(社会科学版)》，2011（1）：49～55。

4. 李云飞,《杜能的经济圈境理论与中世纪英格兰领主经济》[J],《世界历史》，2010（2）：47～55。

5. 刘衍钢,《马塞里努斯笔下的罗马工兵装备考》[J],《古代文明》，2011（1）：36～45。

6. 孟广林,《中古前期英国封建王权与世俗贵族的关系》[J],《历史研究》，1997（1）：92～108。

7. 倪世光,《西欧中世纪骑士军事装备与服役报酬》[J],《历史研究》，2008（3）：88～183。

8. 王晋新,《近代早期不列颠空间整合及类型论》[J],《世界历史》，2006（3）：60～68。

9. 王云龙,《英国封建制度“诺曼起源说”的论争述析》[J],《古代文明》，2008（2）：47～52。

后 记

本书是在我的博士论文基础上修改、完善而成的。春华秋实，在中世纪城堡研究这片远未被充分开垦的土地上，我终于取得了点滴而实在的收获。面对最后完成的书稿，作为世界历史学科的一位后来者，心中难免会有一点欣喜之情，但更多地还是充满了感激。

2009 年 9 月至 2012 年 7 月我在东北师范大学攻读世界历史专业的博士学位。诚挚感谢历史文化学院精心培育我成长的各位老师，正是他们的精彩授课，为我打开了世界中古史研究殿堂的一扇扇门窗；感谢东北师范大学的朱寰教授、王晋新教授、宫秀华教授、徐家玲教授、张晓华教授，吉林大学的张广翔教授，清华大学的张绪山教授，他们在我的博士论文答辩过程中给予我热情的鼓励和宝贵的意见。这些学者的勤勉执著，博识广记，真诚豁达和厚朴睿智，使我在物欲横流的世俗中感到有一份难得的恬静与超然，使我在平淡如水的史学研读里仍能不浮不躁，怡然自得。

特别要感谢我的导师王晋新教授。王老师为人厚道，处世超然，行事稳健，学术严谨，既教我以文，又授我以道，一步一个脚印扎扎实实地将我引进了世界历史研究这一神圣境地。无论是当年的选题及写作，还是今天对书稿的修改及出版，老师始终都在关心我，教诲我，鼓励我，支持我，这浓浓的师恩与情谊，我会铭记在心，终生不忘。

感谢我的硕士导师，广西师范大学的罗爱林教授；感谢渤海大学政治与历史学院院长解晓东教授；感谢渤海大学教学委员会主任潘德昌教授。感谢他们多年以来对我学业及工作上的关怀、指导和帮助。

感谢出版本书的三联书店。感谢三联书店的张荷老师在编审本书时所做的辛勤工作。同时，还要感谢中华书局的余喆先生在本书出版过程中所给予的热心支持和帮助。

最后，还要感谢我的父母。感谢他们对我的养育，更感谢他们的人生观和价值观对我潜移默化的影响。他们并不在意我是否能从事一个热门的职业，也从不企盼我在未来会给他们以多大的经济回报。他们始终看重的是人要在温饱之余，打造精神家园，追求文化品位，提高人生境界，他们的殷殷期许过去是，今后也仍然是我在漫漫人生中前进的不竭动力。

赵　阳

2015 年 6 月 10 日于渤海大学